LE
PETIT BOTANISTE
DE L'ENFANCE

OU

LEÇONS SUR L'HISTOIRE ET LES USAGES DES PLANTES

LES PLUS UTILES A CONNAITRE

PAR

A. PASCAL

MÉDECIN DU COUVENT ET DE L'HOPITAL DE LA GRANDE-CHARTREUSE
MEMBRE DE LA SOCIÉTÉ DE MÉDECINE ET DE LA SOCIÉTÉ DE STATISTIQUE,
SCIENCES ET ARTS DE GRENOBLE,
LAURÉAT DE L'ÉCOLE DE MÉDECINE DE LA MÊME VILLE, ETC.

> Le premier livre à mettre entre les mains de l'enfance doit se rapporter à l'histoire naturelle.
> M. L. FIGUIER.

GRENOBLE
MAISONVILLE ET FILS, IMPRIMEURS-LIBRAIRES
Rue du Quai, 8.

1864

LE

PETIT BOTANISTE

DE L'ENFANCE.

C.

LE
PETIT BOTANISTE
DE L'ENFANCE

OU

LEÇONS SUR L'HISTOIRE ET LES USAGES DES PLANTES

LES PLUS UTILES A CONNAITRE

PAR

A. PASCAL

MÉDECIN DU COUVENT ET DE L'HOPITAL DE LA GRANDE-CHARTREUSE
MEMBRE DE LA SOCIÉTÉ DE MÉDECINE ET DE LA SOCIÉTÉ DE STATISTIQUE,
SCIENCES ET ARTS DE GRENOBLE,
LAURÉAT DE L'ÉCOLE DE MÉDECINE DE LA MÊME VILLE, ETC.

> Le premier livre à mettre entre les mains de l'enfance doit se rapporter à l'histoire naturelle.
> M. L. Figuier.

GRENOBLE

MAISONVILLE ET FILS, IMPRIMEURS-LIBRAIRES

Rue du Quai, 8.

1864

Au Très-Révérend Père

DOM JEAN-BAPTISTE,

Prieur de la Grande-Chartreuse et général de l'Ordre des Chartreux.

Très-Révérend Père,

En composant ce petit ouvrage, mon unique but a été d'inspirer à mes enfants l'amour de la vertu et du travail en leur faisant aimer la campagne, source du vrai bonheur. C'est à vous que je dois ces précieux avantages; c'est vous qui, dans ma jeunesse, m'avez inspiré le goût des études sérieuses. Bien plus, vous m'avez donné la preuve de la plus haute confiance lorsque vous m'avez nommé le médecin de votre Maison et du bel hôpital que vous avez fondé pour les malades pauvres; permettez-moi donc, Très-Révérend Père, de vous offrir mon premier travail littéraire comme une marque de la profonde gratitude et de la bien sincère reconnaissance avec lesquelles,

Je suis,

Très-Révérend Père,

Votre très-humble et très-obéissant serviteur,

A. PASCAL.

APPROBATION.

Monseigneur l'Evêque de Grenoble a fait examiner un ouvrage intitulé : *Le petit Botaniste de l'enfance*, par M. le docteur Pascal.

Cet ouvrage, qui est principalement destiné aux enfants, comme son titre l'indique, a pour but de leur faire connaître les plantes les plus utiles sous le rapport de l'agriculture, de l'industrie, de la médecine et de l'économie domestique.

Les notions fournies par la science à cet égard, ainsi que les résultats de l'observation et de l'expérience personnelles de l'auteur, sont exposés dans un ordre naturel, facile à saisir, et en une forme simple et intéressante.

M. Pascal a su y joindre des réflexions morales et des conseils de conduite pratique qui contribueront à rendre son livre vraiment utile aux enfants.

Grenoble, le 18 mai 1864.

P. SERVONNET,
Chanoine honoraire.

PRÉFACE.

Occupé, l'année dernière, à collationner notre herbier pour la rédaction d'un ouvrage de botanique auquel nous consacrons tous nos loisirs, nous étions constamment distrait par les questions que nous faisait notre petit garçon sur le nom et les usages des plantes qu'il avait sous les yeux. Nous nous empressâmes d'abord de lui donner les explications à la portée de sa jeune intelligence ; mais ces conversations familières nous éloignaient du but que nous nous étions proposé et l'enfant oubliait souvent ce qu'il avait déjà appris. Nous eûmes alors la pensée de rédiger un cahier dans lequel nous ne mettrions que des notions élémentaires et simples de botanique, afin de ne pas le rebuter pour l'étude d'une science qui paraît difficile aux commençants, mais qu'on aime bientôt pour les jouissances qu'elle nous offre quand on la connait.

Dix années passées dans l'enseignement nous ont appris que l'attention des enfants ne peut être soutenue qu'en variant la forme dans l'exposition des faits qu'on veut leur apprendre. D'un autre côté, les premières impressions se gravant profondément dans leur cerveau encore tendre, elles influent plus ou moins sur leur conduite à venir. Il importait donc de ne leur donner que des notions justes et simples. Nous avons étudié avec soin les meilleurs ouvrages de botanique et d'agriculture pour la rédaction de ce petit cahier. L'excellent dictionnaire d'histoire naturelle de M. le docteur Bossu nous a été d'un grand secours pour l'histoire des plantes exotiques. Des ecclésiastiques instruits et dévoués ont bien voulu aussi nous aider et nous encourager de leurs conseils. Nous devons ici une reconnaissance toute particulière à MM. les abbés Morand et Thomas, curés des deux paroisses de Saint-Pierre de Chartreuse ; c'est surtout d'après les instances de M. l'abbé Berthet, directeur du collége du Pont de Beauvoisin, et du vénérable et savant père dom Basile, secrétaire et bibliothécaire du monastère de la Grande-Chartreuse, que nous nous sommes enfin décidé à publier un ouvrage que nous n'avions fait que pour notre famille.

Si aujourd'hui les sociétés offrent si peu de stabilité, cela tient uniquement au mauvais système d'éducation. A peine l'enfant commence-t-il à parler, qu'on s'empresse autour de lui à bercer sa jeune imagination par les contes de fées, de revenants, de sorciers, etc.; faut-il s'étonner alors si l'on rencontre dans le monde tant d'esprits faux, faibles, irrésolus, prompts à la crédulité, enclins au mysticisme, prosélytes acquis d'avance à toute conception chimérique, à tout extravagant système? Nourris, dès leur plus tendre enfance, de fictions et de mensonges, ils se laissent facilement éblouir. Le merveilleux les flatte; mais aussi que de déceptions les attendent! Privés de l'appui qui soutient l'homme dans sa carrière, la crainte de Dieu, l'amour du travail et de l'ordre, ils deviennent le jouet des passions. Combien de jeunes gens, qui sont devenus inutiles à eux-mêmes et souvent nuisibles aux autres, auraient fait d'excellents pères de famille, d'honnêtes et utiles citoyens, si on les avait habitués de bonne heure à la vie réelle, en leur montrant les avantages de la vie des champs! Mais les parents eux-mêmes ont trop souvent contribué à dégoûter leurs enfants de l'agriculture, en la leur présentant comme le plus pauvre et le dernier des métiers; tandis qu'elle est, au contraire, la plus noble, la plus utile et la première des professions. L'industrie peut bien transformer de mille manières les produits agricoles, mais il n'y a que le cultivateur qui puisse donner du pain et fournir les matières premières qui alimentent l'industrie et le commerce. Ne voyons-nous pas tous les jours les preuves frappantes de cette vérité? Que ces matières premières viennent à manquer pour une cause quelconque, et aussitôt une foule innombrable de personnes sont réduites à la plus affreuse misère. La guerre dans un seul pays, en arrêtant la production du coton, suffit aujourd'hui pour anéantir la prospérité de plusieurs provinces et réduire à la mendicité des milliers de familles. Heureusement, l'abondance des céréales, en faisant baisser le prix du pain, a atténué les conséquences fâcheuses de cette crise commerciale, car on peut, à la rigueur, se passer d'un vêtement neuf, mais on ne peut pas se passer de manger. « Le labourage et le pâturage seront toujours les deux mamelles qui alimentent les peuples et les deux véritables sources de la richesse des états. »

Le gouvernement et les sociétés d'agriculture font de louables efforts pour ramener enfin nos jeunes gens vers l'agriculture ; les récompenses qu'ils accordent à ceux qui se distinguent dans cette honorable carrière sont dignes d'éloges ; mais cette sage réforme ne pénétrera que lentement dans nos campagnes, où l'engouement pour les migrations dans les villes est poussé à ses dernières limites. Il n'y a que les curés et les instituteurs qui puissent réellement avoir une influence efficace. C'est, en effet, du presbytère et de l'école communale que partent les premiers conseils ; c'est aussi de là que doit nécessairement venir le progrès moral et agricole. Que les instituteurs, aidés des sages conseils de leurs vénérables pasteurs, choisissent avec soin les meilleurs livres qui traitent de la science agricole pour les donner en prix à leurs élèves; qu'un petit jardin soit partout annexé à l'école communale, afin que les enfants puissent étudier l'horticulture sous les yeux du maître; alors on verra bientôt les enfants de nos cultivateurs aimer leurs champs, soigner leurs petits jardins, parce qu'ils apprendront peu à peu à en tirer le meilleur parti possible. Le jardin de l'école deviendrait naturellement une pépinière pour la commune. Nous-même, nous nous féliciterons d'avoir suivi les conseils qui nous ont été donnés, si la lecture de ce petit livre peut inspirer à nos jeunes lecteurs cet amour de la vie champêtre que nous éprouvons depuis notre enfance.

Ce n'est donc pas un ouvrage de botanique proprement dit, avec la nomenclature et la description sèche et aride de chaque plante, que nous offrons aujourd'hui. On peut facilement trouver ces milliers de noms dans les flores spéciales. Cependant, comme les plantes qui composent chaque famille naturelle ont toutes, en général, les mêmes propriétés, il importait de faire connaître les caractères généraux qui distinguent les principales familles, afin que l'enfant s'habituât de bonne heure à reconnaître, par l'étude analytique d'une plante, qu'elle appartient à telle ou telle famille. Cette méthode a l'avantage de n'offrir aux commençants que des notions générales qui, loin de les décourager, leur inspirent de plus en plus le désir de connaître les détails. Ces grandes divisions ou familles deviennent ainsi comme des jalons de repère entre lesquels se placent facilement les genres et les espèces. Considérant, en outre, que les enfants ne cherchent le plus souvent dans leurs lectures que la distraction, nous nous sommes surtout attaché à donner avec soin les propriétés et les usages des végétaux que nous désirions leur faire connaître. Souvent les descriptions sont suivies de réflexions morales, amenées par le sujet lui-même et puisées dans les exemples que les enfants observent tous les jours autour d'eux. Ces petites digressions nous ont paru le meilleur moyen pour habituer les enfants à réfléchir et leur inspirer de bonne heure le goût du travail, de l'ordre et d'une conduite sage et réglée.

Enfin, nous avons réservé pour un chapitre spécial placé à la fin de l'ouvrage, tous les termes scientifiques qui demandent quelques explications pour être compris, afin de ne pas fatiguer le jeune lecteur, encore peu familiarisé avec tous ces noms plus ou moins difficiles à retenir.

LE
PETIT BOTANISTE
DE L'ENFANCE.

CHAPITRE PREMIER.

LA BOTANIQUE.

Quand on parcourt la campagne par une belle journée du mois de juin, on est frappé du grand nombre de végétaux qui peuplent les forêts et les champs ; les prairies, émaillées des plus belles fleurs, présentent partout des tapis de verdure que l'art s'efforcerait en vain d'imiter. Quelle richesse, quel éclat, quelle variété infinie dans les couleurs et la forme des fleurs !

Au premier coup-d'œil, tous ces végétaux semblent présenter un même type organique ; mais il suffit de les examiner avec un peu d'attention pour reconnaître combien ils diffèrent entre eux par la forme, le port, la couleur, la grandeur, etc. Nous voyons bientôt les plantes les plus disparates placées les unes à côté des autres ; les mousses les plus délicates croître au pied et jusque sur le tronc des chênes gigantesques,

On connaît aujourd'hui plus de cent mille espèces de plantes; la mémoire la plus heureuse serait insuffisante pour retenir tous ces noms, et l'on ne pourrait jamais se reconnaître au milieu de cet amas confus de tant de richesses, sans une méthode, c'est-à-dire sans une connaissance approfondie des caractères particuliers qui distinguent ces divers végétaux, et des caractères généraux qui permettent d'en grouper un grand nombre pour en former des classes ou des familles.

La science qui a pour objet la connaissance, la description et la classification des végétaux, s'appelle *la Botanique*. De toutes les branches de l'histoire naturelle, elle est la plus intéressante, la plus utile et la plus cultivée. Le règne végétal offre, en effet, à l'homme une foule d'aliments sains et variés, des ressources innombrables pour combattre les maladies qui l'affligent, des substances ou des matières indispensables aux arts les plus utiles. Il nous charme, d'ailleurs, par la beauté et la variété infinie de ses productions, répandues à profusion sur la terre comme dans un jardin immense.

On appelle *végétal* un être organisé, vivant, mais dépourvu de la faculté de sentir et de celle de se mouvoir, qui s'accroît, se reproduit et se nourrit des substances qu'il puise dans le sol et de celles qu'il reçoit de l'atmosphère.

Chaque végétal ou plante se compose de deux parties : la *tige*, qui s'élève dans l'air et porte les feuilles, les fleurs ou les fruits; l'autre, la *racine*, s'enfonce dans la terre pour y puiser les sucs nécessaires à la croissance du végétal.

Il y a eu plusieurs méthodes ou systèmes de classification; mais je ne parlerai ici que de celle généralement adoptée aujourd'hui : elle consiste à diviser tous les végétaux connus en trois grands embranchements, d'après le nombre ou l'absence des *cotylédons*; puis, chaque embranchement en classes, familles, et enfin les familles en genres, espèces et variétés.

Quand on sème des graines, les unes, comme les haricots, se partagent, au moment de la germination, en deux moitiés égales ; ces deux parties s'appellent les *cotylédons*, ce sont les feuilles séminales. Au milieu des cotylédons on aperçoit la jeune plante, qui pousse une tige et des racines. D'autres, comme le blé, ne montrent qu'un seul cotylédon ou feuille séminale au moment où la petite tige sort de terre. Enfin, il y a des végétaux chez lesquels on n'aperçoit aucune feuille séminale.

On a donné le nom d'*acotylées* aux plantes qui paraissent dépourvues de cotylédons, celui de *monocotylées* à celles qui montrent une seule feuille séminale, comme le blé, et enfin celui de *dicotylées* (1) ou plantes dicotylées, aux végétaux chez lesquels on observe deux cotylédons. Ces trois groupes présentant des caractères distincts pendant toute la durée des végétaux, par la texture de la tige et les nervures des feuilles, on en a formé trois grandes divisions, appelées embranchements, embrassant toutes les plantes. On a ensuite divisé chaque embranchement en classes ou sous-divisions, d'après l'insertion de la fleur par rapport à l'ovaire. Dans chaque classe, on a réuni

---

(1) Nom adopté par la *Société de Botanique de France*, au lieu de celui de Dicotylédonées autrefois employé.

toutes les plantes qui présentaient les mêmes caractères généraux et, à part quelques exceptions, les mêmes propriétés, pour en former de petits groupes appelés *familles*. Enfin, dans chaque famille on a ensuite distingué les *genres*, les *espèces* formant un même genre et, dans les espèces, les *variétés*.

Nous allons étudier les principales familles et les genres qui offrent quelque intérêt pratique, car mon unique but, en composant ce petit ouvrage, a été de vous faire connaître les ressources immenses et les plaisirs toujours purs qu'offre la campagne. Heureux si je puis contribuer à votre bonheur en vous faisant aimer la plus aimable et la plus utile des sciences !

PREMIER EMBRANCHEMENT.

DICOTYLÉES.

PREMIÈRE CLASSE.

Thalamiflores.

Le Plantes composant cette classe présentent deux cotylédons. Les étamines s'insèrent sous l'ovaire, c'est-à-dire sur le thalamus, d'où le nom de Thalamiflores.

CHAPITRE II.

FAMILLE DES RENONCULACÉES.

LE BOUTON D'OR.

Vous connaissez tous, mes enfants, une jolie petite plante dont la fleur jaune, ronde, grosse comme une belle gobille, est portée sur une tige verte, longue de deux décimètres environ. Vous la remarquerez souvent dans les jardins, où sa fleur, par les soins de la culture, double facilement et présente alors une petite tête ronde d'un jaune doré, d'où lui vient le nom de Bouton d'or. Les botanistes appellent le Bouton d'or Renoncule. Les Renoncules sont très-communes dans les champs, où elles font le désespoir des cultivateurs, et dans les prés humides, où elles gâtent les fourrages, car ces plantes ont un suc âcre et vénéneux ; aussi les bestiaux ne les mangent jamais, et s'il leur arrive quelquefois d'en avaler, ils ne tardent pas à en éprouver des malaises et même des diarrhées.

Le Bouton d'or ou Renoncule appartient à la famille des Renonculacées, dont les principaux caractères sont : calice à 3-6 sépales ; la corolle est formée d'un nombre égal, double ou triple des sépales du calice ; ses pétales sont plans ou en forme de capuchon comme dans les aconits, les étamines en nombre indéfini. Le fruit est une capsule, souvent agrégée, à une ou plusieurs graines.

Outre le genre Renoncule, on remarque encore dans cette nombreuse famille les Clématites, dont les tiges sarmenteuses grimpent sur les haies et les arbres, où leurs jolies fleurs en panache répandent une odeur assez suave. Les jardiniers se servent des tiges de la Clématite des haies pour faire des paniers ou des hottes. Les enfants s'amusent quelquefois à fumer ces tiges, qui sont ligneuses et remplies de petits canaux dans lesquels circulait la sève ; mais c'est une mauvaise habitude, l'âcreté de la Clématite fait noircir et gâter les dents. Cette âcreté est telle dans la Clématite verte, que des hommes paresseux s'en servent pour se faire aux jambes des plaies hideuses et repoussantes afin d'attirer l'attention et d'exciter la pitié des passants.

Ces hommes, mes enfants, déshonorent l'humanité ; ils ne méritent que le mépris ; gardez-vous de leur donner l'argent que vous avez reçu en récompense de votre travail. Il ne faudrait cependant pas que cette idée vous rendît insensibles au malheur d'autrui ; au contraire, elle doit éclairer votre charité et non fermer votre cœur aux prières de votre prochain. On est si heureux, mes enfants, quand on peut soulager ceux qui souffrent ! Vous trouverez souvent parmi vos camarades de classe de pauvres petits enfants qui n'apportent pour leur dîner qu'un mauvais morceau de pain noir, trop heureux encore quand l'indigence de leurs malheureux parents ne les prive pas quelquefois de cette chétive nourriture. Hé bien ! mes amis, quand vous aurez parmi vos camarades de classe quelques-uns de ces déshérités de la fortune, donnez-leur une portion de votre goûter. Cette petite privation vous portera bonheur ; vous apprendrez mieux vos leçons, vous serez plus sages, car le bon Dieu ne laisse jamais l'aumône sans récompense. D'ailleurs, souvent ceux à qui vous aurez fait part de votre superflu auront plus d'intelligence, seront plus laborieux que vous et, par conséquent, ils seront aussi plus instruits ; ils vous aideront alors à faire vos devoirs, et cette supériorité intellectuelle les relevant à vos propres yeux, vous comprendrez que l'intelligence, unie au travail, vaut souvent mieux que la fortune. D'un autre côté, cet échange de bons procédés fera naître entre vous une estime réciproque qui deviendra bientôt le fondement d'une de ces amitiés si précieuses et si durables qui font le charme et la consolation de toute la vie.

On remarque encore, au milieu des prairies humides et le long des fontaines, les Trolles, dont la belle tête d'or s'élève au-dessus de leurs larges feuilles peltées. Les enfants cueillent souvent les pétales de la Trolle d'Europe pour en remplir leurs jolies petites corbeilles le jour de la fête du Saint-Sacrement.

P. B. — 2

Au milieu des bois, nous distinguons les gracieux Pigamons, dont le vent agite les beaux panaches de fleurs blanches et roses; les superbes Anémones qui, cultivées en corbeilles ou en planches, font l'orgueil et les délices des riches amateurs de belles fleurs. Une espèce, l'Anémone des Alpes, étale sa blanche corolle au pied des noirs sapins et sur les rochers escarpés de nos montagnes, dès que le soleil du printemps a fait disparaître le voile glacé de neige qui cachait ses magnifiques festons de feuilles vertes et dentelées. L'Actée ou Raisin d'ours, dont les fruits ressemblent parfaitement à une petite grappe de raisins noirs; mais malheur au jeune imprudent qui se laisserait aller à la tentation de les manger : trois ou quatre baies vertes suffisent pour donner la mort. Cette plante dangereuse abonde dans les bois humides de la Grande-Chartreuse, où elle atteint près d'un mètre de haut.

On cultive aussi dans les jardins : la Rose de Noël ou Ivrogne, dont la grosse fleur rouge-violet se montre au milieu des parterres tandis que toutes les autres plantes sont engourdies par leur sommeil hivernal. Les magnifiques Pivoines arborescentes, dont l'ampleur et la beauté des fleurs font l'ornement des parterres; mais si elles ont l'éclat et la beauté de la Rose, elles n'ont pas son parfum si suave. Les Pivoines, comme toutes les autres Renonculacées, n'ont qu'une amertume fade et nauséabonde qui décèle le poison contenu dans leur sève.

Le Pied-d'Alouette, cultivé pour ces jolis épis de fleurs roses ou bleues, éperonnées, avec lesquelles les petites filles tressent d'élégantes couronnes pour leurs poupées. Ces fleurs fournissent encore une belle couleur bleue, que l'on fixe au moyen de l'alun dans l'art de la teinture.

Les graines du Pied-d'Alouette, appelé Staphis-aigre, pilées et mêlées par parties égales avec du poivre de cuisine, infusées pendant vingt-quatre heures dans du bon vinaigre, forment le meilleur remède pour détruire la vermine qui ronge quelquefois les animaux domestiques; il suffit de les frotter deux ou trois jours de suite avec une brosse imbibée de ce mélange pour les débarrasser complètement de ces insectes parasites.

Les Aconits à fleurs bleues ou jaunes, si communs dans les bois. On les appelle aussi Tue-Loup, Tue-Chien; ce nom vous fait comprendre de suite, mes enfants, que ces plantes contiennent un poison violent qui vous ferait mourir dans d'atroces douleurs si vous aviez l'imprudence d'en manger une quantité même assez minime. On a donc tort de les cultiver dans les jardins, où elles tiennent trop souvent la place d'un bon petit poirier qui fournirait en abondance d'excellentes poires que vous mangeriez avec plaisir et sans aucun danger pour votre vie.

CHAPITRE III.

FAMILLE DES BERBÉRIDÉES.

L'ÉPINE-VINETTE.

L'Épine-Vinette ou Berbéride, qui donne son nom à la famille des Berbéridées, est un petit arbrisseau fort épineux, de un à trois mètres de haut; les feuilles sont disposées en petits faisceaux alternes. Aux mois de mai et de juin, il sort du milieu de ces groupes de feuilles de jolies fleurs jaunes en grappes pendantes. Les petits filets que vous remarquerez au centre de la fleur, et qu'on appelle les étamines, présentent un phénomène bien singulier : ils se rapprochent vivement, comme les feuilles de la Sensitive, lorsqu'on les touche avec la pointe d'une épingle. En exposant ces fleurs à la vapeur de l'éther ou du chloroforme, cette contractilité des étamines de l'Épine-Vinette cesse, ce qui annoncerait que ces organes sont doués d'une certaine sensibilité comme les tissus des animaux.

L'Épine-Vinette croît au bord des chemins et dans les bois ; on en forme de jolis massifs dans les parcs et dans les jardins anglais ; elle fait aussi de bonnes haies vives à cause des nombreux piquants ou aiguillons dont elle est armée. — Sa racine, bouillie, fournit une très-belle couleur verte pour les peaux de chèvre et de mouton ; l'écorce moyenne, lessivée, teint en jaune. — Le fruit, vert, se confit comme les câpres qu'il peut remplacer ; bien mûr, on en fait des gelées, des sirops rafraîchissants très-agréables. Vous pouvez, mes enfants, manger sans crainte les petits fruits rouges de cet arbuste : l'acidité dont ils sont doués désaltère et rafraîchit pendant les chaleurs de l'été.

L'Épine-Vinette est donc du nombre de ces plantes utiles dont toutes les parties servent à l'homme. Hé bien ! le croiriez-vous, au lieu de propager ce joli arbrisseau, d'en former des haies autour des jardins, où ses jolies grappes de fleurs jaunes et de fruits rouges produiraient un si bel effet, on l'a accusé, sans fondement, de nuire à l'agriculture des céréales, d'arrêter le blé dans son parfait développement, d'exhaler un gaz délétère pouvant causer des désordres sur les prairies et les arbres fruitiers. C'est ainsi, mes enfants, que l'ignorance et la superstition calomnient trop souvent les bienfaits de la Providence, faute de savoir les utiliser pour le bonheur de l'humanité.

CHAPITRE IV.

FAMILLE DES NYMPHÉACÉES.

LE NÉNUPHAR BLANC.

Vous avez probablement déjà admiré, pendant le mois de juin, sur les eaux tranquilles des étangs ou des marais et sur le bord des rivières peu rapides, une belle fleur d'un blanc virginal et d'une pureté inaltérable, ayant au centre un magnifique bouton jaune doré, formé par les étamines. A côté d'elle se trouve une large feuille d'un beau vert, presque complètement ronde, épaisse, charnue, et qui semble lui servir de nacelle; l'une et l'autre sont fixées à l'extrémité d'une longue tige. La tige de la fleur s'appelle la hampe, et celle de la feuille le pétiole. La hampe et le pétiole s'enfoncent au fond des eaux pour aller s'implanter dans une racine très-longue, blanche, épaisse, noueuse et charnue, couverte d'écailles brunes. Ainsi retenues à leur place, comme un vaisseau à l'ancre, les fleurs du Nénuphar se balancent gracieusement sur l'onde quand la brise du soir vient agiter les eaux paisibles. De petits coquillages d'eau douce, appelés buccins, se fixent à la face inférieure de ces larges feuilles, en sucent la partie charnue, et trouvent là une retraite assurée et une nourriture abondante.

Une autre observation non moins curieuse que fournit l'étude du développement de ces feuilles est de prévoir la température de l'hiver suivant. Aux premiers jours de l'automne, les feuilles de Nénuphar sortent des écailles de la souche ou racine ; elles restent très-petites et totalement enroulées pendant cette saison et la suivante ; aux approches du printemps, elles commencent à grandir et à s'étaler ; le pétiole, d'abord à peine sensible, s'allonge, la feuille monte peu à peu au niveau de l'eau ; mais au moindre refroidissement, elle s'arrête et attend le beau temps. Dès que celui-ci est assuré, dès que la chaleur a triomphé de la mauvaise saison, les feuilles se déploient, forment de doux tapis sur lesquels la fleur viendra plus tard flotter somptueusement. Si, dans le mois de septembre, pour nos climats, le Nénuphar a disparu de la surface des eaux, ce qui, d'ordinaire, n'a lieu qu'en octobre, vous pouvez en conclure que l'hiver avance à grands pas, que les gelées ne tarderont pas à se faire sentir, et que la saison des frimas sera rigoureuse et de longue durée.

La famille des Nymphéacées renferme encore : le Nénuphar jaune ou Nuphar, qui diffère du Nénuphar blanc par ses fleurs qui sont jaunes et plus petites ; les feuilles, au contraire, sont plus grandes et plus rondes que celles du précédent.

Il y a quelques années on a découvert, dans les lacs de l'Amérique du Sud, une espèce de Nénuphar blanc dont la fleur est extraordinairement grande ; on l'a dédiée à la reine d'Angleterre et on l'a nommée *Victoria regia*.

C'est encore à la même famille qu'on dit appartenir le célèbre Lotus du Nil, dont les rois d'Egypte se formaient des couronnes.

Il est facile de multiplier les Nénuphars; il suffit de jeter dans les eaux dormantes des capsules arrivées à maturité parfaite. Les semences tombent au fond de l'étang ou de la rivière, y germent et donnent des fleurs dès l'année suivante. Elles se propagent ensuite d'elles-mêmes, et finissent en peu d'années par couvrir l'onde jusque sur les bords. C'est une plante d'ornement très-pittoresque et du plus bel effet durant la floraison. Sous le point de vue de l'utilité, les Chinois nous ont appris que partout où elle abonde les poissons sont à l'abri de la voracité de la loutre. On assure aussi que les racines, pilées dans du lait, détruisent les belettes, les fourmis, les grillons et les courtilières.

Dans les temps de disette on a quelquefois utilisé les racines des Nénuphars; réduites en farine, on en a fabriqué du pain grossier. Les paysans suédois la mêlent encore aujourd'hui à d'autres farines pour en faire du pain qu'ils mangent. Tout le monde, comme vous voyez, mes enfants, ne mange pas de beau et de bon pain de froment. Beaucoup de familles et des peuples entiers n'ont à leur disposition qu'un pain grossier fait avec la farine d'orge, d'avoine, de sarrazin, dans laquelle ils mêlent encore d'autres substances grossières; mais l'habitude, la sobriété, une vie active, l'air vif des montagnes ou des régions du nord, tout cela aiguise l'appétit et ils trouvent excellente une nourriture que les peuples plus civilisés ne pourraient digérer.

CHAPITRE V.

PAPAVÉRACÉES.

LE PAVOT DES CHAMPS OU COQUELICOT.

Le Coquelicot est une petite plante herbacée, couverte de poils ; sa fleur, d'un rouge intense, offre quatre pétales plissés-chiffonnés au moment de la floraison ; ces pétales, avant leur épanouissement, sont enveloppés par les deux sépales du calice qui tombent ensuite. Au milieu des pétales on aperçoit quatre étamines. Le fruit est une capsule ou tête ovale renfermant un grand nombre de petites graines.

Le Coquelicot est très-commun dans les moissons et dans les champs arides où ses jolies fleurs rouges se montrent pendant une partie de l'été. Ces fleurs, mêlées à celles de violettes ou de primevères, etc., infusées dans de l'eau bouillante, font une excellente tisane sudorifique, très-calmante contre le rhume, la coqueluche, etc.

Le Pavot donne son nom à la famille des Papavéracées qui renferme un assez grand nombre d'espèces. Toutes les plantes de cette famille contiennent un suc laiteux, blanc ou jaune, âcre et nauséabond. On cultive souvent dans les jardins, comme plante d'ornement, une espèce de Pavot dont la fleur blanche double facilement ; sa capsule devient très-grosse : c'est le Pavot d'Orient ou Pavot somnifère, ainsi nommé parce qu'il produit l'opium dont la propriété est d'endormir. On fait un grand usage, en médecine, des têtes mûres de Pavot blanc, en décoctions anodines et calmantes.

En faisant des incisions aux capsules de Pavot blanc, pendant qu'elles sont encore vertes, il s'en écoule un suc visqueux blanchâtre, qui, desséché, forme l'opium brut du commerce. Les Anglais en font un objet de trafic considérable chez les Orientaux, qui fument et mâchent l'opium pour se procurer une sorte d'ivresse et des sensations agréables, comme on fait du tabac en Europe. Mais cet usage est très-nuisible à la santé; les fumeurs d'opium tombent bientôt dans une langueur nonchalante, dans une espèce d'hébétude qui anéantit peu à peu leurs facultés intellectuelles, les rend mous et paresseux et abrége leur vie.

L'opium entre dans un grand nombre de préparations pharmaceutiques très-utiles pour soulager les douleurs insupportables des malades; mais ces préparations demandant beaucoup de soins dans leur administration, il n'est pas prudent de les employer sans l'avis d'un médecin.

Nous venons de voir que les capsules du Pavot blanc contiennent, avant leur maturité, un suc dangereux qui produit l'opium. Quand on récolte ces capsules pour les employer en décoctions émollientes, il importe donc beaucoup de ne cueillir que celles qui sont parfaitement mûres; j'ai vu arriver des accidents graves chez des personnes qui avaient fait usage de têtes de pavot avant leur complète maturité. Mais une fois bien mûres et sèches, ces têtes de pavot ne présentent plus de danger, l'opium a presque complètement disparu; les graines sont très-mucilagineuses et fournissent une huile douce, appelée huile d'œillette, dont on fait un grand commerce dans le nord de la France. On mêle souvent l'huile d'œillette avec celle d'olive ; mais cette fraude se reconnaît facilement parce que l'huile d'œillette ne se congèle pas par le froid comme le fait l'huile d'olive pure. Les anciens employaient les graines de pavot à divers usages alimentaires ; la volaille s'en nourrit aussi avec plaisir.

Il y a quelques années, M. Cloëz a proposé la culture d'une autre plante de la même famille, connue le long des rivages de la mer, où elle croît spontanément avec une grande vigueur, et il a acquis la conviction que, dans les terrains légers d'une fertilité médiocre, elle serait préférable à toute autre plante oléifère, tant sous le rapport du rendement que sous celui de la qualité du produit.

A côté de cette plante, connue sur nos côtes sous le nom de Corblet, de Pavot cornu, vient se placer une espèce annuelle du même genre, que l'on trouve dans les îles de la Méditerranée, et que l'on distingue aisément de la précédente par la hauteur moindre de sa tige, par la couleur rouge de sa fleur et par la forme de son fruit ; les botanistes la désignent sous le nom de *Glaucium phœniceum*, ou de *Glaucium corniculatum*. La culture de la Glaucie rouge, essayée depuis trois ans au Muséum d'histoire naturelle de Paris, a fourni, l'année dernière, des résultats superbes et tout-à-fait inattendus.

Enfin on remarque encore dans la famille des Papavéracées, la Chélidoine ou Eclaire, qui est très-commune le long des murs, où elle montre ses fleurs jaunes pendant tout l'été. Dans son état de fraîcheur elle exhale une odeur désagréable ; son goût est amer, âcre, dû au suc jaune orange qui découle de toutes ses parties à la plus légère incision ou pression. Ce suc irritant et même caustique ne s'emploie plus aujourd'hui que pour détruire les verrues qui viennent aux mains. Dans la campagne, on emploie quelquefois la décoction de Chélidoine contre la jaunisse; mais son usage interne est très-dangereux à cause de son âcreté.

CHAPITRE VI.

FAMILLE DES FUMARIACÉES.

LA FUMETERRE.

La Fumeterre, qui donne son nom à la famille des Fumariacées, croît en si grande abondance dans certains lieux que, enterrée par le labour, elle devient un engrais pour la terre, d'où le nom de Fumeterre. On la reconnaît facilement dans les jardins, dans les champs, où elle abonde, par ses tiges ramifiées, par ses belles feuilles découpées à l'infini, par ses jolies fleurs purpurines en grappes lâches qui paraissent pendant tout l'été. Ces fleurs présentent, comme celles du Coquelicot, un calice à deux sépales caducs; quatre pétales irréguliers, dont un se présente à la base en forme d'éperon ou de bosse. Le fruit est en forme de silique.

La Fumeterre jouit d'une amertume très-prononcée, qui augmente encore par la dessication. On l'emploie fréquemment en médecine, comme dépurative, soit en infusion ou en décoction, soit en sirop pour les enfants.

Il y a plusieurs espèces de Fumeterre, les unes à fleurs roses et les autres à fleurs jaunes. On cultive aussi dans les jardins, pour la beauté de leur port, plusieurs espèces exotiques; entre autres le *Dicentra spectabilis* de la Chine, dont les fleurs, en grappes purpurines, allongées, produisent un très-bel effet.

CHAPITRE VII.

FAMILLE DES CRUCIFÈRES.

LE CHOU.

Le Chou! Ce nom vous fait sourire; il vous rappelle la bonne soupe qui vous attend le soir, en rentrant chez vous, après une journée bien employée à l'école ou aux champs. Il rappelle aussi à l'esprit de quelques-uns d'entre vous un nom néfaste qui leur a fait souvent verser des larmes; c'est que le Chou n'est pas seulement un aliment précieux et sain pour l'homme; les chèvres et les brebis en sont aussi très-friandes, et tous les petits bergers savent la peine qu'ils ont pour garder ces animaux dans les pâturages voisins d'une plantation de choux.

Comme toutes les plantes qui servent depuis bien longtemps à la nourriture de l'homme ont été améliorées et perfectionnées, on ne les retrouve plus à l'état sauvage; aussi la patrie primitive du Chou comme celle du Blé est inconnue aujourd'hui. On le cultive en effet partout comme plante alimentaire pour l'homme et pour les animaux domestiques, et dès la plus haute antiquité, le Chou a été en usage et même en vénération parmi les hommes. Les anciens le considéraient comme propre à évacuer la bile, à préserver de la peste, à guérir la goutte, à dissiper l'ivresse, etc. Quoique prodigieusement déchu, il est encore quelquefois employé en médecine ; mais c'est surtout comme plante alimentaire que le Chou est précieux. Ses feuilles, que la plupart des herbivores broutent avec avidité, ont une saveur âcre, mais elles acquièrent par la cuisson un goût sucré. L'eau dans laquelle on les fait bouillir s'empare de cette âcreté et acquiert une odeur forte et repoussante : abandonné à lui-même, le Chou se putréfie promptement en répandant une fétidité insupportable.

Par la culture, les jardiniers sont parvenus à obtenir plusieurs variétés de Choux; il y en a de très-gros; les feuilles se resserrent à mesure que le Chou grossit, s'imbriquent étroitement et forment une belle tête ronde. Cependant cette tête ne se forme pas toujours, dans les saisons sèches, surtout si le terrain est maigre, car il faut beaucoup de fumier pour le Chou ; la tige s'élance et bientôt elle forme une grappe très-allongée qui se couvre de fleurs blanches ou jaunes, quelquefois veinées selon les espèces.

Ces fleurs sont très-remarquables par leur forme ; elles se composent de quatre pétales disposés en croix, d'où le nom de Crucifères, qui portent une croix, donné aux plantes de la famille du Chou. Comme cette famille est une des plus naturelles et des plus intéressantes, nous allons en analyser les caractères généraux. On remarque d'abord dans la fleur des Crucifères, au-dessous de la corolle formée par les quatre pétales colorés, quatre petites folioles vertes ou *sépales* qui forment le calice; les sépales sont aussi disposés en croix et alternent avec les pétales de la corolle. Au centre de la corolle, on aperçoit six petits corps jaunes, allongés, fixés au bout de petits filets; ces petits corps jaunes sont les anthères des étamines. Dans toutes les Crucifères il y a quatre étamines égales, disposées aussi en croix, qui surmontent la corolle de la longueur des anthères; les deux autres, plus petites, paraissent à peine entre les onglets des pétales. Enfin, au milieu des étamines se trouve une petite aiguille verte dont la pointe présente une petite boule veloutée, jaune-verdâtre : c'est le style. Le style s'attache, par sa partie inférieure, à un petit corps creux appelé l'ovaire, parce qu'il renferme les graines. Peu à peu, l'ovaire grossit, s'allonge et forme alors ce qu'on nomme en botanique une *silique;* à la maturité, la silique s'ouvre en deux valves, appelées carpelles. Les graines sont attachées le long des carpelles.

La famille des Crucifères, une des plus naturelles, des plus faciles à reconnaître, des plus intéressantes à étudier, renferme plusieurs genres. Je ne vous parlerai que de ceux que vous pouvez facilement vous procurer et qui présentent quelque intérêt par leurs propriétés utiles.

Nous avons déjà vu les qualités précieuses du Chou commun; en lui faisant subir un commencement de fermentation qui y développe un principe acide, on obtient la *Choucroute*. Cette choucroute est un aliment qui se conserve bien, d'une digestion facile et qui possède quelques propriétés antiscorbutiques qui devraient en généraliser l'usage, surtout dans les voyages de long cours.

Les principales variétés du Chou sont : le Chou vert, à feuilles vertes, très-larges et non concaves; le Chou cavalier, le Chou branchu, le Chou-chèvre, le Chou en arbre, etc., qui ne sont que des variétés du même Chou, sont cultivés comme plantes fourragères, et rendent de grands services en agriculture pour la nourriture des bestiaux.

Le Chou-rave, dont la tige se dilate à la base en renflement charnu et succulent, est cultivé dans les montagnes à la place de la rave.

On cultive en grand le Colza et la Navette, dont les graines fournissent une huile excellente, propre à l'éclairage, connue dans le commerce sous les noms d'huile blanche ou de quinquet; cette huile sert encore à la préparation des laines et à la fabrication du savon noir. Dans les campagnes, on emploie souvent l'huile de Colza à la place du beurre. La culture du Colza est très-productive et forme un bon assolement.

Le Chou-Fleur ou Brocoli, production monstrueuse due à une déviation de la sève dans les rameaux de la tige florale, qui les convertit en une masse épaisse, tendre, charnue, mamelonnée; cette pomme du Chou-Fleur fournissant un mets assez délicat, recherché par beaucoup de personnes, est surtout cultivée autour des villes, où les jardiniers trouvent un bon placement pour ses produits.

Les Moutardes blanche et noire, dont les graines sont fréquemment employées par la médecine et l'art culinaire.

Le Cresson, dont la réputation est populaire pour guérir les maladies de poitrine.

Le Radis, Petite rave, Ravenelle, dont on fait une si grande consommation au printemps.

Toutes les plantes de cette nombreuse famille sont

bonnes; elles ont une action uniforme sur l'économie ; elles sont stimulantes à des degrés divers, propriété qu'elles doivent à la présence d'une huile volatile qui leur communique en même temps une odeur aromatique, et à un peu de soufre. C'est dans cette famille principalement qu'on trouve les antiscorbutiques, dont les plus connus sont le Cochléaria et le Cresson. Quelques-unes de ces plantes acquièrent par la culture des principes aqueux, mucilagineux et même sucrés qui les rendent alimentaires, comme nous avons vu pour le Chou, la Rave, le Navet, etc. Le Pastel fournit une belle couleur bleue employée dans l'art de la teinture. Outre les principes communs à toutes les parties de la plante, les Crucifères contiennent dans leurs graines une huile grasse qu'on retire en assez grande quantité de la Navette, du Colza et de la Cameline.

Comme plantes d'ornement, cette famille nous offre les Mathioles, à fleurs blanches, roses, rouges ou violettes; — la Giroflée, à fleurs d'un jaune rouillé, et les Juliennes, dont l'odeur est plus suave après le coucher du soleil; — les Lunaires, la Corbeille d'or et le Malcohmia maritima, qui sont employées pour bordures, etc. La Rose de Jéricho, qui a fourni le sujet de quelques jolis contes arabes, est une petite Crucifère d'Egypte qui ouvre ou ferme ses silicules, écarte ou rapproche ses rameaux, selon qu'elle s'imprègne d'humidité ou qu'elle se sèche. Il est de croyance parmi le peuple égyptien que la Sainte-Vierge a étendu les drapeaux de l'Enfant Jésus sur cette plante.

CHAPITRE VIII.

FAMILLE DES VIOLACÉES.

LA VIOLETTE.

Le soleil du printemps réchauffe à peine la terre, les prairies sont encore couvertes de neige, partout la nature repose ensevelie sous son blanc linceul; une petite plante, cachée au pied d'un buisson qui lui sert d'abri, secoue la première la torpeur du sommeil hivernal et répand au loin son suave parfum. Semblable à l'enfant sage et studieux qui, dès les premiers rayons de l'aurore, se lève promptement, offre son âme à Dieu et son cœur à ses bons parents, la petite Violette envoie vers le Ciel le premier encens de la nature et montre ses jolies fleurs pour guérir les rhumes contractés pendant l'hiver qui vient de s'écouler. O aimable et gentille Violette! tous les enfants te recherchent pour le doux parfum de tes fleurs et pour ton élégant feuillage; bien peu, hélas! imitent tes vertus. Loin de se contenter d'une honnête et paisible existence près du foyer qui les vit naître, ils courent chercher la fortune dans les grandes villes; mais il y en a bien peu qui parviennent à se faire remarquer au milieu de l'éclat des cités; obligés de vivre dans une atmosphère qui ne devait pas être la leur, ils ne tardent pas à s'étioler, heureux encore quand les maladies et la misère ne viennent pas abréger leur chétive et misérable existence! Toi aussi, pauvre Violette, quand la bouquetière vient t'arracher sans pitié de ta paisible retraite, pour orner les brillantes toilettes des bals, tu ne peux vivre au milieu de l'éclat des salons où n'arrive plus le soleil de la nature ; ta belle et modeste corolle se flétrit bientôt et tu meurs !

C'est à la campagne, mes enfants, que se trouve le vrai bonheur ; la vie y est moins bruyante et l'existence plus calme ; on y trouve des jouissances pures et sans remords ; on respire à pleins poumons le parfum balsamique des fleurs ; le regard se promène avec complaisance sur les moissons dorées, tandis que l'oreille est charmée par les concerts des oiseaux. L'exercice, le travail en plein air, fortifient les membres et l'appétit assaisonne toujours les mets. Heureux celui qui peut toujours labourer le champ que labouraient ses pères ; qui met toute sa gloire à faire le bonheur de ce qui l'environne et toute son ambition à améliorer son champ et à perfectionner ses étables ! Ses travaux seront toujours surpassés par les bienfaits de la nature, et d'ailleurs il sera toujours assez riche, puisqu'il saura borner ses désirs à ses moyens.

L'agriculture n'est pas seulement la source du vrai bonheur, des plaisirs purs et innocents, elle conduit tout aussi bien et plus sûrement à la fortune que l'industrie et le commerce. Dans l'industrie ou dans le commerce, on peut quelquefois, il est vrai, faire de gros bénéfices, réaliser en peu d'années des richesses considérables, mais que d'écueils ! que de soucis ! Souvent les spéculations les plus prudentes sont désastreuses. L'agriculture, au contraire, ne présente jamais ces fluctuations étonnantes ; ses bénéfices sont bornés, mais toujours sûrs. Là, comme pour l'industrie et le commerce, l'intelligence unie à un travail persévérant, peut créer des merveilles. Les concours agricoles démontrent tous les jours cette vérité frappante, et ce ne sera pas la moindre gloire du gouvernement impérial que d'avoir su comprendre les besoins de notre époque en favorisant l'art agricole.

La Violette, qui a été de tout temps l'emblème de l'innocence, de la pudeur et de la modestie, n'est pas seulement recherchée pour son parfum délicieux : ses fleurs servent à faire une tisane excellente pour les fluxions de poitrine et un sirop avec lequel on aromatise plusieurs médicaments. Ces fleurs fournissent encore aux teinturiers une couleur bleue pourpre et aux chimistes un réactif puissant; les acides font passer instantanément cette couleur au rouge, et les alcalis au vert.

On cultive dans les parterres plusieurs variétés de Violettes. Elles varient à l'infini pour la grandeur et les couleurs de leurs fleurs, mais la base de toutes ces nuances est toujours le jaune et le violet.

On emploie fréquemment les fleurs de Pensée en infusions chez les enfants qui sont atteints de fièvres éruptives.

Toutes les Violettes renferment dans leurs tiges souterraines ou racines, un principe âcre, plus ou moins actif et qui provoque le vomissement, tandis que leurs fleurs sont adoucissantes et pectorales. La racine de l'Ionide ipécacuanha, qui est une plante exotique de la même famille, est même souvent employée en médecine comme vomitive.

CHAPITRE IX.

FAMILLE DES CARYOPHYLLÉES.

L'ŒILLET.

Originaire de la Barbarie, aujourd'hui l'Algérie, la plante cultivée dans les jardins sous le nom d'OEillet fut apportée en France par les malheureux soldats de saint Louis, vers l'an 1270.

Fasciné par les merveilleux récits des croisés sur les vertus de l'OEillet, tout le monde voulut cultiver cette précieuse fleur pour en composer un élixir qui était un puissant sudorifique et une panacée universelle. Mais, par suite de cette culture incessante et enthousiaste, l'OEillet se dégagea rapidement de sa simplicité première. Le hasard, quelquefois si heureux, produisit des nuances admirables qui ouvrirent tout d'abord un nouveau champ à l'ingénieuse activité des contemporains émerveillés. On n'avait jusqu'alors cultivé l'OEillet que pour ses propriétés médicales; on commença à lui donner des soins pour lui-même et, comme la nature récompense toujours le travail, une multitude de variétés nouvelles dédommagèrent amplement les jardiniers.

Enfin, séduisant de plus en plus par la grâce de ses formes, par la richesse de son coloris et le parfum le plus suave, l'OEillet fut appelé par les uns Dianthus, c'est-à-dire Fleur de Dieu; d'autres le nommèrent OEillet à cause de la ressemblance qu'ils crurent lui trouver avec l'organe de la vue. Aussi les espèces ou variétés cultivées aujourd'hui sont innombrables comme celles de la Rose ; on en compte plus de cinquante pour les flamands et sept à huit cents pour les fantaisies.

A l'état sauvage, les OEillets appartiennent aux quatre parties du monde ; le plus grand nombre croît en Europe et en Asie ; sept on été trouvés en Afrique et deux seulement en Amérique. La flore française de MM. Grenier et Godron en indique vingt-neuf espèces pour la France ; j'en ai déjà trouvé sept sur les montagnes de la Grande-Chartreuse. Parmi ces dernières, on remarque surtout l'OEillet des Chartreux, dont la belle fleur pourpre forme de jolis bouquets sur la montagne du Grand-Som.

Les OEillets sont annuels, bisannuels ou vivaces, selon l'espèce. Ce sont des plantes herbacées, de peu de hauteur, à tiges articulées, noueuses ; à feuilles linéaires, entières, opposées, d'un vert particulier. Le calice forme un tube à cinq dents, avec calicule à sa base. La corolle est composée de cinq pétales à onglet très-long, dix étamines, deux styles ; capsule allongée à quatre valves ; graines nombreuses.

L'OEillet ou Dianthus donne son nom à la famille des Dianthacées, appelée le plus souvent Caryophyllées, dont il est le type principal. On remarque encore, dans cette famille, la Saponaire qui diffère de l'OEillet en ce que le calice est dépourvu de calicule ; elle croît naturellement dans les champs, le long des ruisseaux. Sa racine est vivace ; elle pousse chaque année plusieurs tiges dressées, rameuses, cylindriques et noueuses comme celles des OEillets. Cette racine jouit d'une propriété singulière ; elle communique à l'eau dans laquelle on la fait bouillir une certaine viscosité, et la fait mousser comme le savon, d'où le nom de Saponaire donné à cette plante. On s'en sert souvent pour dégraisser les étoffes. Cette propriété de remplacer le savon est encore beaucoup plus développée dans les racines des Saponaires d'Orient et d'Espagne. La Saponaire d'Orient commence à être très-employée pour le dégraissage des étoffes de laine. On emploie fréquemment la Saponaire commune en tisane diurétique et sudorifique. Les bestiaux ne touchent point à cette plante, mais ils recherchent au contraire une autre espèce de Saponaire, appelée vulgairement *Blé de vache*. Le Blé de vache croît au milieu des moissons où il montre ses jolies fleurs rouges pendant le mois de juillet.

Le Siléné à courte tige, dont les petites fleurs purpurines forment des gazons du plus bel effet dans les pâturages des hautes montagnes; et le Siléné à calice enflé, très-commun dans les champs. Ce calice en forme de cloche sert souvent de jouet aux enfants; en le frappant vigoureusement sur la main, l'air qu'il contient dans son intérieur se trouvant comprimé le fait éclater en produisant une petite détonation.

Les Lychnides dont plusieurs sont cultivées dans les jardins pour la beauté de leurs fleurs. Enfin la *Lychnide nielle*, très-commune dans les moissons; les graines de la Nielle ont une saveur âcre et peuvent causer des accidents graves lorsqu'elles sont mêlées en trop grande quantité au froment.

CHAPITRE X.

FAMILLE DES LINÉES.

LE LIN.

Voici une des plantes les plus utiles à l'homme ; le Lin, genre type de la famille des Linées ou Linacées, est caractérisé par un calice persistant, à deux folioles; une corolle à cinq pétales onguiculés; cinq étamines un peu soudées à leur base : cinq écailles en forme de filaments stériles, alternant avec les étamines; cinq styles. Le fruit est une capsule globuleuse à cinq valves rapprochées et dont les bords rentrants forment autant de loges qui paraissent être doubles.

Le Lin croît naturellement dans les champs et sur les montagnes où l'on en observe un grand nombre d'espèces ; mais on le cultive en grand dans plusieurs provinces de la France, principalement dans le nord. Le Lin cultivé est une plante herbacée, annuelle, haute de 4 à 7 décimètres ; la tige est simple, droite, grêle, cylindrique, glabre ; les feuilles sont sessiles, linéaires ; les fleurs sont assez grandes, d'un bleu-clair, paraissent en juin et juillet et durent très-peu ; mais que de richesses renfermées dans les tiges défleuries ! Le lin est célèbre, dès la plus haute antiquité, dans les arts et l'économie domestique. Tout le monde sait que le tissu cortical du Lin, préalablement dépouillé de sa gomme par le rouissage, sert à faire du fil, des toiles fines, des cordes, lesquels, usés, passent à la fabrication du papier, etc. Ainsi, mes enfants, sans le Lin, le Chanvre et le Coton on ne pourrait pas fabriquer du linge, ni ces bonnes étoffes qui servent à vous garantir du froid et de la chaleur; quand le linge est usé, vos mamans en forment de gros paquets de chiffons qu'elles vendent à des marchands ambulants. Ces marchands vendent ensuite ces chiffons aux fabricants de papier. Après plusieurs préparations et triturations, ces mauvais chiffons que vous dédaigniez sont transformés en beau papier blanc qui sert à faire vos cahiers d'écriture et de devoirs. Le papier de chiffon sert encore pour imprimer les livres que vous lisez tous les jours avec tant de plaisir.

Le Lin, cultivé depuis un temps immémorial, principalement dans le nord de l'Europe, a donné naissance à diverses variétés locales qui dégénèrent promptement en changeant de climat et de terrain.

Les variétés les plus estimées sont celles de Riga, de Flandre en Belgique et de Châlonnes-sur-Loire en France.

Le sol de la France est loin de produire tout le lin qui se consomme sur son territoire, soit pour le tissage des toiles, soit pour la filature des fils à coudre. La nécessité dans laquelle on se trouve de s'approvisionner en Belgique n'est pas un des moindres obstacles à la prospérité de nos fabriques de toiles fines, et la cherté plus grande de la filasse rend toute concurrence avec nos voisins du Nord de plus en plus difficile. La culture du Lin ne donnant de bons produits que dans les terres très-meubles et très-fertiles, sa production est nécessairement limitée.

Dans certaines contrées de l'Asie, le peuple se

nourrit quelquefois des semences du Lin, qu'il fait cuire après les avoir écrasées et mêlées avec le miel. Dans les temps de famine, on s'en est servi en Hollande comme aliment, mais elles constituent une nourriture fade, visqueuse, très-difficile à digérer. Leur huile sert pour l'éclairage, pour la fabrication de l'encre d'imprimerie, à faire des liniments, à délayer les couleurs des peintres et entre dans les vernis qu'ils emploient ; elle est siccative, c'est-à-dire qu'elle sèche promptement.

Mais c'est surtout en médecine qu'on fait le plus grand usage de la graine de Lin : on l'emploie soit en décoction pour la tisane, fomentations émollientes ; soit réduite en poudre (farine de lin) pour cataplasmes. Cette farine est souvent sophistiquée avec du son ou des tourteaux de lin dont on a retiré l'huile par expression. Pour être de bonne qualité, elle doit être douce, fraîche, jaune-brunâtre, molle, onctueuse et grasse au toucher ; elle doit graisser promptement le papier qui la contient. Pour faire un cataplasme de farine de lin, on prend environ 25 grammes de farine qu'on délaye dans 500 grammes d'eau, ou bien une petite poignée de farine pour un demi-litre d'eau bouillante. On fait bouillir ce mélange qui s'épaissit beaucoup au feu, en remuant constamment avec une cuiller. Au lieu d'eau simple, on peut employer du lait, ou bien de l'eau de mauves, ou de racines de guimauves. On ne doit employer que la farine de lin récente, car en vieillissant elle devient rance et cause une petite éruption à l'endroit où l'on place le cataplasme. On étend ensuite cette bouillie sur un morceau de linge, ou mieux sur un mouchoir de poche dont on relève les bords, et on l'applique à l'endroit indiqué, en ayant bien soin que le cataplasme soit seulement tiède, plutôt froid que chaud ; à moins qu'on ne l'applique pour un point de côté, ou au creux de l'estomac, dans le cas d'indigestion. Ces détails paraîtront peut-être minutieux à quelques personnes, mais ils ne sont pas inutiles, car à la campagne on trouve rarement une personne qui sache faire convenablement un cataplasme ; je voudrais donc que les enfants fussent initiés de bonne heure aux petites connaissances nécessaires pour soulager les malades.

Toutes les espèces et variétés de Lin sont adoucissantes, sauf le Lin catarthique, qui est légèrement purgatif. Cette espèce de Lin sauvage croît dans les prés secs, sur le bord des chemins humides. Sa tige est grêle et n'atteint que 15 à 20 centimètres de haut ; les fleurs sont blanches, petites, longuement pédicellées. On prend en infusion, pour se purger, 8 à 15 grammes des sommités dans un litre d'eau ou de petit-lait. Elle est rarement employée.

CHAPITRE XI.

FAMILLE DES MALVACÉES.

LA MAUVE.

La Mauve, dont on distingue plusieurs espèces, croît abondamment le long des haies, dans les bois et dans les jardins, où elle se propage avec tant de rapidité que les jardiniers sont obligés de la détruire.

Cette jolie plante présente, pendant tout l'été, ses

belles fleurs roses ou purpurines, qui donnent leur nom à une couleur fort à la mode aujourd'hui, la *couleur mauve*. Les tiges de la Mauve commune sont herbacées, atteignent près d'un mètre de haut ; rameuses, velues, les feuilles sont crénelées-dentées, munies à la base de deux petites stipules ; les inférieures ont cinq à sept lobes profonds et aigus. Les fleurs, au nombre de trois à cinq, sont placées à l'aisselle des feuilles et portées sur un long pédoncule. Le calice est double ; l'extérieur a trois divisions étroites ; l'intérieur, en forme de cloche, a cinq divisions ; la corolle est trois fois plus longue que le calice, a cinq pétales soudés entre eux par leur onglet. Le fruit est composé d'un grand nombre de petites coques réunies autour d'un axe en forme de roue.

Les fleurs de Mauve sont extrêmement utiles pour préparer des tisanes émollientes et pectorales ; il convient de les mêler avec les fleurs de Violette, ou de les couper avec du lait, autrement l'infusion de fleurs de Mauve, prise pendant longtemps, finit par ôter l'appétit en détruisant peu à peu l'activité de l'estomac.

Les feuilles peuvent remplacer la farine de lin, étant appliquées cuites sur la partie enflammée : elles lui sont même préférables dans les cas d'irritation vive de la peau.

On ne connaît point de plantes vénéneuses parmi les Mauves ; elles sont toutes émollientes, mucilagineuses et peuvent être employées indifféremment les unes pour les autres sans le moindre inconvénient. Les Egyptiens, les Grecs et les Romains faisaient un grand usage des Mauves comme aliment. Pythagore les considérait comme un aliment très-salutaire et propre à favoriser l'exercice de la pensée et la pratique de la vertu. Les feuilles de Mauve, préparées de différentes manières, sont encore, dit-on, servies sur les tables des Chinois.

Toutes les plantes de la famille des Malvacées, dont la Mauve est le type, peuvent donner une filasse grossière, mais qui fait de bonnes cordes.

On cultive dans les jardins la Guimauve pour ses magnifiques tiges dressées, atteignant jusqu'à deux mètres de haut, garnies de belles fleurs rouges, roses ou panachées. Dans quelques contrées, on la cultive aussi en grand pour les usages de la médecine; ce sont surtout les racines, qui sont longues, blanches, qu'on emploie fréquemment en tisane émolliente. La mastication de cette racine adoucit l'inflammation des gencives, calme un peu la douleur et facilite l'éruption des premières dents chez les jeunes enfants.

On peut aussi retirer des tiges une filasse susceptible d'être filée.

La Ketmie des jardins ou Althæa, est un joli arbrisseau à fleurs blanches ou roses, fréquemment planté dans les bosquets pour ornement.

Parmi les Malvacées exotiques, il y en a deux qui doivent particulièrement attirer l'attention, parce qu'elles sont aujourd'hui deux objets de première nécessité; ce sont le *Cotonnier*, qui fournit le coton, et le *Cacaoyer*, qui fournit le cacao.

Les Cotonniers sont des espèces végétales de l'Inde et de l'Arabie, qui se sont fixées aux îles Canaries et sur le continent américain; on les trouve aussi cultivés aux Antilles, etc. Les espèces herbacées sont particulièrement celles qui méritent toute l'attention des propriétaires ruraux et des peuples, à cause du duvet précieux que l'on recueille dans leurs gousses. Ces Cotonniers sont bisannuels et même trisannuels, provenant d'une multitude de variétés que l'on doit à la différence de cultures, et qui, croit-on, n'auraient eu pour souche primitive et unique que le Cotonnier annuel, dont la patrie est l'Asie. Quoi qu'il en soit, c'est aux Maures que nous devons la plante et son histoire, plante qui n'était point indigène de l'Amérique au moment de la conquête des Espagnols. mais qui, depuis, s'y est considérablement répandue, et fait l'objet d'une culture des plus considérables. Le Cotonnier est cultivé non seulement dans les contrées intertropicales, mais encore partout où le climat est assez chaud, en Algérie, à Naples et même jusque dans le midi de la France où des essais tentés depuis quelques années paraissent aujourd'hui donner des produits assurés. On sème les graines de Cotonnier à peu près comme les haricots ; la plante vit trois ans dans les pays très-chauds, et c'est pendant la seconde année qu'elle produit la plus belle récolte.

Le Coton est le duvet floconneux, long, très-fin, de couleur blanche ou rousse, que renferme la capsule ou coque du Cotonnier, et qui en déborde de toutes parts au moment de la maturité des graines, comme vous pourrez le remarquer sur quelques espèces de chardons indigènes et d'épilobes, qui produisent aussi une bourre grossière, peu abondante en comparaison de celle du Cotonnier, mais qui sert aux petits oiseaux à tapisser leurs nids. On ramasse le duvet du Cotonnier vers la fin de septembre, à mesure qu'il sort des coques ; on l'épluche une première fois pour en débarrasser les graines, et on le livre au commerce en balles énormes pesant 250 à 300 kilogrammes, qui nous arrivent du Levant et surtout de l'Amérique. Ce produit est, avec la soie, le lin et la laine, la matière la plus nécessaire à l'homme pour ses vêtements. Aussi est-il l'objet d'un commerce immense ; on en expédie plus de 400 millions de kilogrammes par an pour alimenter les fabriques d'Angleterre, de France et des autres contrées. On comprend facilement alors que, lorsque le Coton vient à manquer pour une cause quelconque, il en résulte une grande perturbation dans le commerce, et qu'un nombre considérable d'ouvriers doivent nécessairement être réduits à la plus affreuse misère par suite d'un chômage forcé, comme il arrive dans ce moment en Angleterre et dans le département de la Seine-Inférieure, par suite des guerres d'Amérique.

Les cotons les plus estimés sont ceux de Géorgie, de Bourbon, d'Egypte et de Cayenne.

Les graines du Cotonnier sont émollientes et mucilagineuses. Le coton écru sert, en chirurgie, à préparer des moxas et à remplacer la charpie dans le pansement des plaies, des brûlures, ulcères, etc.

Le Cacaoyer fournit le cacao avec lequel on fait le bon chocolat. Cet arbre croît dans l'Amérique du Sud, principalement dans la province de Nicaragua, au Mexique, dans les Guyanes, etc.; ce fut vers le milieu du XVIIe siècle que les Français commencèrent à le cultiver dans leurs colonies. Il a le port de nos cerisiers ; il est quelquefois élevé dans nos serres, mais il y reste rabougri et sans fructification. Son bois est inutile aux arts, à peine propre au chauffage ; on le cultive surtout pour ses graines, appelées Cacao, qui nous offrent un aliment agréable et sain.

Ces graines sont ovoïdes, de la grosseur d'une noisette, au nombre de quarante à cinquante dans chaque coque ou fruit, lequel est divisé en cinq cloisons. Le Cacao offre des différences dans sa forme, sa couleur et son goût, selon le mode de culture, la fertilité du terrain, les soins qu'on apporte à la dessication et au triage, etc. Le Cacao-Caraque, qui vient de la côte de ce nom, est le plus estimé. Sa récolte exige quelques soins. Lorsque les fruits sont en maturité, on les fait tomber à l'aide de petites gaules, qui doivent respecter ceux dont la maturité n'est pas complète. On les cueille ainsi tous les mois et même tous les quinze jours dans la saison favorable, c'est-à-dire pendant les mois de juin et de juillet. On met ces fruits en tas pendant quatre jours en évitant un commencement de germination ; on retire les amandes de l'intérieur des cosses, puis on les met en tas sur un plancher couvert de feuilles de *balisier ;* on recouvre ce tas de pareilles feuilles, et l'on attend un commencement de fermentation ; c'est ce qu'on appelle sur les lieux faire *ressuer*. On remue soir et matin ces tas de Cacao, jusqu'à ce que celui-ci acquière la couleur rousse qui indique que l'opération est poussée assez loin, ce qui arrive le cinquième jour. Enfin, on le fait sécher au soleil, sur des nattes préparées exprès, et on l'envoie en Europe.

Arrivé en Europe, on torréfie le Cacao, comme le café, pour en détacher la pellicule rousse ou arille qui recouvre ces graines, afin de les obtenir parfaitement nettes avant de les piler et de les réduire en pâte. On ajoute ensuite à cette pâte du sucre, des aromates, etc., pour faire le chocolat que vous connaissez tous. On retire encore du Cacao une huile blanche, concrète, nommée *beurre de cacao*, qui a la propriété de rancir difficilement et qu'on emploie, comme topique adoucissant, sur les gerçures, les excoriations, et comme antidote de certains poisons.

Le Boabab, qui est le plus gros de tous les arbres connus, appartient à un genre voisin des Malvacées ; il croît en Afrique.

CHAPITRE XII.

FAMILLE DES TILIACÉES.

LE TILLEUL.

Autrefois, dans les campagnes, l'église occupait le centre du village, comme le lieu le plus important où venaient se réunir les pieux cultivateurs ; autour de l'église se trouvait le cimetière afin d'inspirer à chaque fidèle la pensée d'une meilleure vie qui nous attend après le pélerinage que nous faisons sur la terre. Une petite croix de bois surmontait chaque tombe ; on n'apercevait point de ces superbes mausolées qui rappellent l'orgueil et la vanité des vivants plutôt que les vertus des morts. Quelques Tilleuls, plantés au devant de la porte du modeste sanctuaire, projetaient seuls leur doux ombrage sur la demeure éternelle. Les inscriptions qu'on grave aujourd'hui à grands frais sur le marbre étaient inutiles pour perpétuer le souvenir de ceux qui avaient vécu en faisant le bien. Assis, tous les dimanches, aux pieds des antiques Tilleuls dont le suave parfum des fleurs embaumait l'atmosphère, chacun était heureux de raconter les vertus des bons aïeux, des parents ou des amis qu'on avait perdus et qui reposaient en paix dans ce saint lieu. Aussi, dès que la cloche annonçait le commencement de l'office divin, l'église se remplissait promptement et le vénérable pasteur, en montant à l'autel pour offrir le sacrifice de foi et d'amour, avait la satisfaction bien douce de bénir tout son troupeau.

Mais ces vieux témoins des mœurs simples et naïves de nos pères disparaissent tous les jours avec elles, et aujourd'hui on voit, le dimanche, dans plusieurs de nos hameaux, quelques parvenus étaler pompeusement leur orgueil sur la place publique sans songer même à l'église : pour ceux-là on a raison de placer sur leur tombe un bloc de marbre ou de granit pour perpétuer le souvenir de la dureté de leur cœur.... D'autres, pour se mettre à l'abri des rayons brûlants du soleil, se retirent dans les cabarets où ils oublient trop souvent l'heure de la prière. Là, en effet, ils ne peuvent pas toujours entendre les vibrations de la cloche au milieu du choc des verres, et le dimanche devient ainsi un jour consacré à l'ostentation pour les uns et au vin pour les autres, au lieu de l'être au Seigneur, comme il nous en a fait le commandement. Faut-il s'étonner après cela de voir tant de familles, autrefois florissantes et heureuses, tomber tous les jours dans la dernière misère !!

Combien, après plusieurs années passées au milieu du tourbillon des villes, j'aime encore me reporter en esprit à cet heureux temps de mon enfance, où j'allais avec mes camarades de classe jouer à l'ombre d'un énorme Tilleul qui se trouvait au-devant de l'église du village. Je comprends bien à présent l'attachement des montagnards pour leur pays natal : c'est que là rien ne change, les rochers sont immuables, les vallons se couvrent chaque année des mêmes fleurs et les échos qui renvoient au vieillard les réflexions graves que lui inspire sa longue expérience sont les mêmes qui répétèrent si souvent les cris bruyants des jeux de sa jeunesse. O belle et riante nature! que de jouissances tu prodigues à ceux qui t'aiment et qui savent apprécier les innombrables trésors que renferme ton sein fécond! Heureux l'homme qui aime la retraite et qui se plaît à s'entretenir avec les hôtes paisibles des champs! Tout le charme, tout le séduit, même une petite plante que le vulgaire méprise devient pour lui un objet d'étude intéressante et agréable; il peut dire, comme un illustre général romain, qu'il n'est jamais moins seul que lorsqu'il est seul, ni moins inoccupé que lorsqu'il n'a rien à faire.

Apprenez de bonne heure, mes enfants, à apprécier les richesses que le bon Dieu a semées autour de vous; rien ne vous paraîtra alors inutile sur la terre. A mesure que votre intelligence se développera par l'étude, vous reconnaîtrez les sublimes harmonies qui existent dans les lois de la nature, et vous verrez alors qu'il n'y a rien d'imprévu, rien d'inutile, que tout a un but. Par exemple, ce sont ces Tilleuls gigantesques, que plantaient nos pères à côté des églises ou pour former ces belles et sombres avenues qui conduisaient aux antiques manoirs, qui produisent les fleurs si recherchées de la médecine et connues sous le nom de *fleurs de tilleul*. Ces fleurs, employées en infusion, sont antispasmodiques, calmantes et légèrement diaphorétiques; leur saveur est comme visqueuse, un peu sucrée. Mais la mode, ce tyran cruel de la simplicité, qui nous impose tous les jours de nouveaux besoins, remplace aujourd'hui cet excellent thé indigène par le thé chinois; ce dernier est bien inférieur aux bonnes fleurs de Tilleul dont le parfum est si doux et si suave, mais il vient de loin et il coûte cher...

Le Tilleul n'est pas seulement utile à cause de ses

fleurs, son bois est blanc et léger, sa maille est fine; il se travaille proprement et sert à faire divers ouvrages. On est même parvenu, au moyen d'un rabot particulier, à le convertir en lanières ou rubans étroits, avec lesquels on tresse des chapeaux très-blancs et très-légers. Les fibres de la seconde écorce sont très-tenaces et servent à fabriquer des cordes pour tirer l'eau des puits; on en fait aussi des toiles grossières, du papier, etc.

Le Tilleul croît naturellement en France et dans le nord de l'Europe; on le multiplie de semis, de marcottes et même de boutures. Il montre, pendant le mois de juin, ses jolies fleurs d'un blanc jaunâtre, réunies de deux à six en une petite grappe portée sur un long pédoncule; les pédoncules sont soudés par leur moitié inférieure à une petite foliole jaune, membraneuse, appelée *bractée*. La fleur se compose d'un calice caduc à cinq divisions profondes; d'une corolle de cinq pétales; étamines nombreuses et distinctes; d'un style terminé par un stigmate à cinq lobes. Le fruit est une capsule globuleuse à cinq loges contenant chacune une ou deux graines. Les feuilles sont simples, en forme de cœur, dentées en scie sur les bords, garnies de petits poils en dessous.

Le Tilleul donne son nom à la famille des Tiliacées, qui n'offre en Europe que le seul genre Tilleul. Il y en a deux espèces : le Tilleul à grandes feuilles, appelé Tilleul de Hollande, et le Tilleul à petites feuilles nommé Tillot ou Tillet, qui ne diffère du précédent que par ses feuilles moitié moins grandes et non cotonneuses en dessous. On plante de préférence le Tilleul de Hollande dans les promenades publiques; le Tillot abonde dans les forêts.

Mais cette famille renferme plusieurs genres de

plantes exotiques. Toutes les Tiliacées peuvent être employées comme mucilagineuses et émollientes, ce qui les rapproche des Malvacées. Quelques-unes même sont cultivées comme plantes alimentaires; c'est ainsi qu'en Égypte on mange le Corchorus olitorius comme plante potagère.

CHAPITRE XIII.

FAMILLE DES AURANTIACÉES.

L'ORANGER.

Ces belles pommes jaunes, si parfumées, que vous connaissez sous le nom d'*oranges*, sont les fruits d'une espèce du genre Citronnier, de la famille des Aurantiacées; dans les pays chauds, cet arbre s'élève à la hauteur de sept à dix mètres; ses rameaux forment une cîme touffue, arrondie et toujours verte par la persistance des feuilles; celles-ci sont parsemées de petites vésicules résineuses et transparentes. Les fleurs sont blanches, très-odorantes; les filets des étamines sont réunis à leur base en une membrane, qui ensuite se déchire en plusieurs lanières, chargées chacune d'un certain nombre d'étamines. Le fruit est rond, d'un jaune doré à l'extérieur; avant la maturité il est vert; il est divisé en plusieurs loges en dedans, par des cloisons membraneuses et diaphanes, renfermant plusieurs semences.

Originaire de l'Inde, l'Oranger a été introduit

d'abord en Arabie, en Égypte, de là en Italie et en Provence, où il se cultive en pleine terre. Dans l'intérieur et le nord de la France, on le place en caisse pour orner les jardins pendant l'été, on le rentre en serre pendant l'hiver, où il végète, manque de vigueur et ne produit pas de fruits mûrs.

La culture de l'Oranger a pris une grande extension en Algérie depuis la conquête des Français; les oranges sont aujourd'hui l'objet d'un commerce important entre cette colonie et Marseille, où il en arrive chaque année plusieurs millions qui sont ensuite distribuées partout à l'aide des chemins de fer.

L'Orange est un fruit tempérant qui contient beaucoup de suc; ce suc rafraîchit, désaltère, adoucit les âcretés de la gorge. On en prépare une limonade agréable, appelée orangeade, utile dans les maladies fébriles et inflammatoires en général, un sirop très-employé pour édulcorer les tisanes et les potions. L'écorce de ce fruit est comme chagrinée, parsemée de petites vésicules remplies d'une huile essentielle très aromatique; elle est très-amère, mais d'une amertume franche et agréable, et, par conséquent, elle est tonique, stomachique, vermifuge, etc., comme sont, en général, toutes les plantes amères. On en prépare un sirop et des liqueurs de table très-estimées; le fameux *curaçao* est fait avec l'écorce très-odorante et chaude de l'Orange amère, fruit du Bigaradier.

On ne cultive pas seulement l'Oranger pour ses fruits et pour la beauté de son port: cet arbre fournit encore en abondance des fleurs, dont le parfum suave est utilisé par les parfumeurs et surtout par la médecine. Elles sont amères, légèrement stimulantes et d'une action qui se porte spécialement sur le système nerveux, dont elles calment les désordres ou la tendance à l'aberration fonctionnelle. On les emploie journellement, soit en infusion, soit plus souvent sous forme d'eau distillée.

Enfin, les feuilles, qui sont moins odorantes que les fleurs, quoique, comme ces dernières, leur parenchyme contienne aussi de petites vésicules remplies d'huile essentielle, ont une saveur plus amère et ne sont pas moins usitées que les fleurs, et dans les mêmes cas. L'infusion de feuilles d'Oranger, bue avant le repas, ou même mêlée avec le vin, est très-propre à remédier aux accidents produits par la débilité de l'estomac; après le repas, elle facilite la digestion, calme les maux de tête, dissipe la flatulence; enfin, elle constitue une tisane très-convenable dans la période algide des fièvres intermittentes, des dyssenteries et du choléra. Mais on ne doit pas oublier que cette tisane, comme l'eau de fleurs d'Oranger, est un peu excitante, c'est-à-dire *échauffante,* comme disent les femmes.

L'espèce Oranger fournit plusieurs variétés qui diffèrent entre elles, surtout par la forme du fruit.

Le genre Citronnier fournit encore, dans le midi de la France, le Citronnier proprement dit. Cet arbre, originaire de la Médie, est moins cultivé dans les jardins que l'Oranger, quoiqu'il soit plus élevé, plus robuste, mais parce que ses fleurs sont moins belles et moins suaves.

On fait un grand usage de son fruit, appelé Citron ou Limon, en économie domestique, dans les arts et dans la médecine. On fait avec le suc du Citron des limonades très-agréables qu'on donne dans une foule de maladies. Le Citron entier est employé par les confiseurs pour faire diverses confitures. Le suc est précieux dans l'art culinaire. L'huile volatile ou essence de citron, qu'on extrait de l'écorce et qui est très-suave, sert dans la parfumerie, au dégraissage des étoffes, etc. C'est avec l'écorce de Citron, mêlée à plusieurs plantes aromatiques de ces montagnes que les Pères chartreux fabriquent leur excellente liqueur, dont la réputation si méritée est aujourd'hui universelle. Le bénéfice qu'ils en retirent est complètement consacré à de bonnes œuvres, de sorte qu'en la buvant, en même temps que le palais est flatté si agréablement par son arôme délicieux, on a le plaisir de participer aux bienfaits de tous genres que ces bons Pères ne cessent de répandre autour d'eux.

CHAPITRE XIV.

FAMILLE DES HYPÉRICINÉES.

LE MILLEPERTUIS.

Toute la plante, mais surtout les feuilles du Millepertuis sont couvertes de petites vésicules remplies d'une huile essentielle; quand on regarde ces feuilles en les interposant entre l'œil et la lumière, on aperçoit un grand nombre de petits trous, *pertuis*, d'où le nom de Millepertuis donné à ces plantes.

Le genre Millepertuis donne son nom à la famille des Hypéricacées, de son nom latin *Hypericum*. Les Hypéricacées sont des plantes herbacées, souvent sous-frutescentes à la base, rarement couvertes de poils; racine vivace, pivotante; feuilles opposées, ponctuées de glandes apparentes; fleurs disposées en panicules ou en corymbes; calice à cinq sépales libres ou soudés; corolle à cinq pétales, ordinairement bordée de glandes noires, dépassant longuement le calice; étamines très-nombreuses; trois styles; capsule ou baie à un-trois loges. — Les espèces sont nombreuses et croissent en abondance dans les champs arides, dans les bois, etc.

Le Millepertuis était autrefois très-employé en médecine, il passait pour astringent, vermifuge et surtout pour vulnéraire, c'est-à-dire favorisant la guérison des plaies. On en préparait plusieurs élixirs, baumes et onguents. Il est aujourd'hui à peu près sans usage. Cependant, comme il est balsamique et résineux, il pourrait être employé en tisanes pectorales contre le rhume.

Les habitants des montagnes font un fréquent usage d'une espèce de Millepertuis, le Millepertuis nummulaire qu'ils appellent *vénéraire*. Ce petit Millepertuis, dont les feuilles sont rondes, abonde sur les rochers des montagnes de la Grande-Chartreuse, où il montre ses jolies fleurs jaunes, très-odorantes, pendant les mois de juillet et août. Il donne, par infusion, une tisane pectorale, aromatique et assez agréable.

C'est à une famille voisine des Hypéricacées, les Guttifères, qu'appartient le Guttier. Cet arbre croît dans les Indes orientales; le suc, qu'on obtient par incision des feuilles, des branches et du tronc, forme la *Gomme-gutte* qui, délayée dans l'eau, donne une belle couleur jaune très-employée par les peintres et pour le lavis des plans et des cartes. Les pharmaciens préparent aussi, en mélangeant la gomme-gutte avec l'aloès, plusieurs pilules purgatives très-usitées en médecine.

CHAPITRE XV.

FAMILLE DES ACÉRINÉES.

L'ÉRABLE.

Les Érables sont, en général, de grands et beaux arbres ; ils constituent de vastes forêts dans les contrées septentrionales et sont maintenant indigènes à notre climat. Ils se multiplient de toutes les manières avec la plus grande facilité et profitent également bien dans les sols les plus arides et dans les vallées les plus profondes et les plus riches. Le bois de l'Érable est compacte, dur, souple, agréablement veiné et propre à toute sorte d'ouvrages d'ébénisterie, de lutherie, d'armurerie. Sa sève est sucrée et fournit même une certaine quantité de sucre, par exemple l'Érable à sucre d'Amérique.

Il y a plusieurs espèces d'Érables.

L'Érable champêtre, nommé vulgairement *Isérable*, dont l'écorce est dure, raboteuse comme le liége ; il abonde dans les haies et on le plante dans les vignes pour servir de support aux perches. Son bois est très-dur ; il est le meilleur pour le chauffage. Cette espèce croît lentement et ne s'élève pas au-delà de sept mètres.

L'Érable plane, appelé Platane, est un arbre fréquemment planté dans les avenues, les parcs, les promenades publiques; ses feuilles, grandes, vertes sur les deux faces, se couvrent, pendant la belle saison, d'un suc extravasé que l'on a comparé à la *manne* et dont les abeilles font d'amples provisions.

L'Érable sycomore diffère du précédent par ses feuilles, qui sont blanches en dessous, et par ses grappes pendantes de fleurs. Il est commun en Suisse, où il atteint jusqu'à vingt mètres de haut. Il existe dans les montagnes de la Grande-Chartreuse une espèce ou variété de Sycomore qui n'atteint que quatre à cinq mètres de haut; son bois est très-dur et très-liant. Les bûcherons s'en servent pour faire des manches de cognée.

L'Érable à sucre est un grand et bel arbre de vingt-cinq mètres de haut, originaire de l'Amérique septentrionale, où on le cultive en grand pour en retirer le sucre qui est contenu dans sa sève. Un seul arbre a fourni jusqu'à seize kilos de sucre dans une saison. Cet Érable réussit bien en France; il ressemble au Platane commun.

Enfin le Marronnier, que les botanistes modernes ont séparé des Acérinées pour en former une famille à part, diffère des Érables par ses fleurs en grappes dressées et par ses fruits qui ressemblent aux châtaignes.

Ce bel arbre, originaire d'Asie, a paru pour la première fois en Europe vers 1576 et fait depuis partout l'ornement de nos promenades et de nos jardins publics. Il épanouit ses fleurs suaves et disposées en thyrses au commencement de mai et mûrit en septembre ses fruits appelés *marrons*. Le Marronnier est moins utile qu'agréable : son écorce est pourtant amère et astringente, quelquefois employée comme tonique et fébrifuge. Son bois est tendre, grossier et de peu de durée. Ses graines, *marrons*, quoique contenant beaucoup d'amidon, ne peuvent servir à la nourriture de l'homme, à cause de leur amertume, mais les bestiaux en sont très-friands. On peut aussi en retirer l'amidon qui sert à faire la colle pour les reliures.

CHAPITRE XVI.

FAMILLE DES VITACÉES.

LA VIGNE.

Genre type de la famille des Vitacées, la Vigne comprend des arbrisseaux à tiges ligneuses, munies de vrilles en spirales et qui poussent des jets grimpants appelés *sarments*. Les fleurs, disposées en grappes, sont excessivement petites, à corolle de cinq pétales qui se séparent par la base, mais adhérentes par le haut en forme de coiffe et tombent ensemble.

Le nombre des espèces de Vignes connues est de vingt environ; la moitié est originaire de l'ancien continent et le reste appartient aux deux Amériques. L'espèce qui nous intéresse le plus est la vigne cultivée, parce qu'elle est propre à notre climat et parce que c'est elle qui peuple les vignobles de la France et des autres contrées de l'Europe. Sa tige atteint quelquefois la grosseur d'un petit arbre et se divise en plusieurs rameaux sarmenteux. Les vrilles servant à fixer les sarments, et qui sont opposées aux feuilles, paraissent n'être que des pédoncules de fleurs avortées. A chaque fleur succède une baie qui n'est que la graine de raisin. La forme, la grosseur ou la couleur de ces baies ou grains de raisin, dont la réunion forme la grappe, varient suivant la variété de Vigne à laquelle ils appartiennent.

Il n'existe pas d'arbre fruitier qui réunisse autant de variétés que la Vigne ; en France seulement on est parvenu à en réunir plus de deux cent soixante-dix, bien caractérisées, dont la moitié environ rapporte du raisin noir ou rouge. Malgré cette confusion apparente, chaque contrée, chaque vignoble même a des variétés de Vignes ou de raisins qui lui sont propres et qu'on ne rencontre pas ailleurs ; cela tient, sans doute, au climat et surtout au sol ; personne n'ignore, en effet, que le terrain a une certaine influence sur les produits de la Vigne. Il y a même des vins qui conservent longtemps cette influence locale et qu'on nomme pour cette raison *goût de terroir*.

Le département de l'Isère produit plusieurs vins très-estimés des connaisseurs : tels sont principalement ceux de Claix, de Château-Bayard, de la Tronche et de Saint-Ismier dans la vallée du Graisivaudan. Mais nos vignerons pourraient encore améliorer considérablement leurs produits en apportant plus de soins dans le choix des cépages, en évitant surtout de planter au milieu de leurs vignobles des cerisiers, des mûriers, etc. La Vigne, pour donner de bon vin, exige le soleil, de l'air, un terrain plutôt sec qu'humide. Ils devraient donc comprendre que l'ombre des arbres nuit à la maturité des raisins et, par conséquent, à la qualité du vin, surtout dans les saisons froides et pluvieuses. Les prix assez élevés qu'ont acquis nos vins par suite des nouveaux débouchés que leur a donnés le traité de commerce avec l'Angleterre, méritent qu'on cultive enfin la Vigne pour elle-même. Cette culture est d'ailleurs la plus productive de toutes quand le terrain et l'exposition lui sont favorables.

Lorsqu'on s'occupe de la plantation d'une Vigne, après avoir sérieusement examiné l'exposition, le sol et le sous-sol, on doit surtout s'attacher à la composer de variétés de raisins qui ne soient pas plus hâtives les unes que les autres, parce que, sans cette précaution, vers l'époque des vendanges, une partie du raisin est mûre ou à demi-pourrie, lorsque l'autre est encore loin de pouvoir être cueillie ; une pareille vigne ne peut donner que du mauvais vin. Dans les pays froids, ce sont les variétés hâtives qu'il faut choisir de préférence, parce qu'elles ont plus de chances de mûrir avant la saison des pluies. Une autre observation importante, c'est que les bons vins sont presque toujours fournis par des variétés de Vignes qui produisent peu de raisins, tandis que les ceps très-fertiles ne donnent qu'un vin médiocre.

Ici encore, mes enfants, nous voyons que les productions de la nature, comme celles de l'esprit de l'homme, ne réunissent jamais toutes les perfections ; des défauts se remarquent constamment à côté de qualités excellentes. Il semble que Dieu, dans sa sagesse, n'ait voulu donner à chaque être qu'il a créé qu'une qualité dominante, afin qu'il ne puisse jamais se passer des autres, ni s'enorgueillir de ses avantages personnels. Cette sage répartition maintient l'équilibre et l'harmonie dans le monde ; aussi malheur à celui qui cherche à détruire cet équilibre ou qui veut troubler cette harmonie. Voyez, par exemple, ce qui arrive tous les jours à ces hommes qui abusent de la liqueur bienfaisante que fournit la Vigne : au lieu d'augmenter leurs forces musculaires, ils peuvent à peine se soutenir, ils chancellent comme de petits enfants ; leur intelligence s'obscurcit au point qu'ils ne savent ni ce qu'ils font, ni ce qu'ils disent.

Travaillons à améliorer les produits de la terre pour nous procurer de plus douces jouissances ou pour augmenter notre bien-être, mais n'en abusons jamais. L'animal, la brute, guidée par son instinct, ne boit ni ne mange jamais au-delà de ses besoins, et l'homme, cette créature raisonnable, intelligente, créée à l'image de la Divinité, l'homme qui occupe, par conséquent, le sommet de l'échelle zoologique, et qui est même bien supérieur à l'animal le plus parfait, car lui seul a la faculté de replier sa pensée sur sa propre pensée, en un mot, de réfléchir, s'enivre et il est le seul qui abuse des dons de la nature pour se faire malade, pour perdre sa raison ! O faiblesse humaine !...

Prenez de bonne heure, mes petits amis, l'habitude de la sobriété. La sobriété est mère de santé, dit un vieux proverbe. Apprenez à jouir avec modération des bienfaits de la Providence ; n'allez jamais, quand vous serez grands, dans les cabarets pour vous gorger de vin. Là on oublie trop souvent le respect que l'on doit à soi-même, aux autres et surtout à Dieu ; c'est au cabaret, au milieu d'abondantes libations, qu'on blasphème son nom ; on insulte le bienfaiteur parce qu'on abuse de ses bienfaits. Les cabarets sont malheureusement aussi la source des procès et de la ruine des familles, ils sont la lèpre d'un pays et on peut juger de la misère d'une commune par leur nombre. Le gouvernement de l'Empereur, dont la sollicitude pour les classes pauvres se manifeste dans toutes les occasions, a déjà pris de sages mesures pour diminuer ces abus ; mais ce n'est pas assez encore, il faudrait des mesures plus radicales, des règlements plus sévères ; ou plutôt, il serait bien à désirer que les règlements existants fussent exécutés avec plus de vigilance et de fermeté par les agents de la police rurale. Qu'il m'est pénible de voir tous les dimanches des pères de famille, de jeunes adolescents, passer la journée entière et une partie de la nuit autour d'une table repoussante et inondée de vin, tandis que les autres membres de la famille n'ont pas même un morceau de pain ! Bien plus, quoique des règlements sévères défendent les tapages nocturnes, ces ivrognes se font une gloire de *hurler* en sortant des tavernes où ils ont noyé leur raison, et on dirait qu'ils se font un point d'honneur d'annoncer leur départ aux paisibles habitants du voisinage, sans s'inquiéter même si leurs cris n'iront pas réveiller les douleurs de quelques pauvres malades. Heureux encore quand des rixes sanglantes ne viennent pas couronner leurs orgies !

Je vous le demande, mes enfants, quelle opinion auriez-vous d'un homme qui donnerait un sac d'avoine à son cheval le jour où il ne fait rien et qui ensuite ne lui donnerait qu'un peu de paille ou de mauvais foin les jours où il serait excédé de travail? Vous répondriez tous, j'en suis sûr, que cet homme est un fou, qu'il ne sait pas ce qu'il fait, que s'il nourrit mal son cheval pour lui faire, comme on dit, manger tout en un jour, il le perdra ; cette pauvre bête aurait une indigestion pour mourir ensuite de faim. Hé bien ! voilà cependant ce que nous voyons trop souvent : des ouvriers se privent toute la semaine d'un peu de vin et ne mangent que du mauvais pain, pour avoir, le dimanche, le sot plaisir de s'enivrer, de s'abrutir et de se rendre malade. N'oubliez jamais, mes amis, que le travail de l'homme, aussi bien que celui des animaux domestiques, est en raison directe du régime. On a constaté depuis longtemps dans les grands chantiers des chemins de fer, où tous les travaux se font à la tâche, c'est-à-dire à prix fait, que c'étaient les ouvriers qui se nourrissaient le mieux qui réalisaient les plus gros bénéfices. Que vos repas soient donc abondants, qu'un verre de bon vin vienne tous les jours activer la digestion en répandant dans tous vos membres ce fluide si précieux de la force et de la santé.

Une conduite réglée produit encore des avantages moraux bien plus précieux que les bénéfices d'argent. L'harmonie et le bon accord de la famille en sont la première récompense. Le travail n'est plus une tâche pénible et qu'on ne fait qu'à contre-cœur ; les bénéfices qu'il rapporte amènent peu à peu une honnête aisance qui est enfin la source du vrai bonheur. L'homme rangé dans sa conduite est aimé de tout le monde ; il est juste et loyal dans toutes ses affaires, tandis que la mauvaise foi se trouve trop souvent chez l'ivrogne. Semblable à ces plantes vénéneuses, dont la couleur repoussante décèle le poison qu'elles renferment dans leur sein, sa démarche incertaine et sa figure livide montrent aussi l'abjection dans laquelle il est tombé.

Mais vous me direz peut-être qu'on ne peut pas toujours travailler, qu'il faut bien s'amuser quelquefois. Oui, mes enfants, le repos est nécessaire : après une semaine bien employée, on éprouve le besoin de se délasser un peu. Le dimanche n'a pas seulement été institué pour prier, pour remercier Dieu, il a été aussi établi pour réparer nos forces épuisées par les travaux pénibles de la semaine. Hé bien ! mes petits amis, après les offices divins, employez une partie de votre temps à lire quelques bons livres, il est bien facile de s'en procurer aujourd'hui, partout on fonde des bibliothèques communales. De cette manière, pendant que votre corps se reposera, vous enrichirez votre esprit de quelques nouvelles connaissances que vous mettrez ensuite à profit dans l'exécution de vos travaux et vous n'oublierez pas au moins ce que vous avez appris à l'école pendant votre enfance.

En vous conduisant ainsi, vous recommencerez avec joie, chaque lundi, une nouvelle semaine de labeur, et vous comprendrez alors qu'il n'est pas nécessaire d'être riche pour être heureux, car la fortune est quelque chose d'abstrait, de vague, d'indéterminé qui n'a qu'une valeur relative à nos désirs et à nos besoins. L'homme réellement riche n'est pas celui qui possède d'immenses revenus ; mais bien au contraire, celui qui sait borner ses désirs à ses moyens. Je me rappellerai toute ma vie ce que me disait un jour un bon religieux : « Dans le monde, me dit-il, j'avais 40,000 fr. de revenus et j'étais bien moins riche qu'aujourd'hui que je ne possède rien ; mes revenus ne pouvaient jamais suffire à mes dépenses ; il me manquait toujours quelque chose, tandis qu'à présent, il ne me manque rien, puisque j'ai tout ce que je désire. » Oui, mes enfants, deux seules choses sont nécessaires à notre bonheur : la santé et la vertu. Conservons toujours avec soin ces dons précieux, aimons le travail et nous serons réellement heureux.

P. B.

CHAPITRE XVII.

FAMILLE DES BALSAMINÉES.

LA BALSAMINE.

La Balsamine est une plante annuelle de la famille des Balsaminées; les caractères botaniques sont : feuilles oblongues, dentées; fleurs jaunes, pendantes; calice à cinq sépales pétaloïdes inégaux, dont l'inférieur est prolongé en éperon; corolle à quatre pétales (par l'avortement du cinquième) plus ou moins inégaux et soudés; cinq étamines recouvrent l'ovaire, qui est libre, à cinq carpelles; le fruit est en forme de capsule à cinq valves qui, à la maturité, se séparent avec élasticité et bruit pour répandre les graines.

Deux espèces principales appartiennent à ce genre.

La Balsamine des jardins, jolie plante originaire de l'Inde; on la cultive dans tous les parterres où ses belles fleurs rouges, roses, blanches ou panachées, doublent avec une grande facilité.

La Balsamine des bois est une plante succulente, à nœuds renflés, à feuilles molles, oblongues; les fleurs sont jaunes, ponctuées de rouge intérieurement; l'éperon est très-large à la base, plus long que le reste de la fleur et recourbé en crochet. A la maturité, à peine est-elle touchée que son fruit éclate : de là son nom *N'y-touchez-pas*, nom que d'autres attribuent à ce qu'elle est un peu vénéneuse. Cette jolie espèce croît dans les bois humides des montagnes ; elle est commune dans les forêts de la Grande-Chartreuse, où elle fleurit en juillet et août.

La Balsamine des jardins, les suaves Giroflées, les OEillets odorants et les superbes Reines-Marguerites ou Asters, au port si majestueux, forment les plus élégantes corbeilles de fleurs que l'on puisse admirer dans les riches parterres comme dans le petit jardinet de l'honnête artisan. Ces fleurs, cultivées en pots, font aussi les délices de la jeune ouvrière. Rien de plus gracieux, en effet, que ces petites plantes perchées sur les fenêtres d'une mansarde. Suspendues, pour ainsi dire, entre le ciel et la terre, arrosées tous les jours par la petite main qui passe ses journées à tenir l'aiguille, ces douces compagnes de la vertu répandent dans l'atmosphère leur suave parfum, ou étalent leurs brillantes corolles aux yeux des passants. Elles font encore l'office de persiennes pour garantir leur jeune maîtresse des rayons brûlants du soleil ; bien plus, ces rayons de l'astre du jour, tamisés par les feuilles vertes et par les magnifiques corolles épanouies, pénètrent dans la modeste demeure comme à travers les riches vitraux de nos cathédrales gothiques, en projetant sur le parquet toutes les brillantes couleurs du prisme.

Partout les fleurs font la joie du pauvre et les délices du riche. A mesure que leur culture se répand dans les campagnes, les mœurs deviennent plus douces ; on s'attache à son petit domaine et on oublie peu à peu les plaisirs bruyants du cabaret pour goûter les joies si pures et si aimables de la famille. C'est surtout en Belgique et en Hollande que l'horticulture est en honneur ; là, chaque chaumière possède son parterre. Depuis quelques années, la France paraît suivre l'exemple de ses voisins; les départements du nord ont déjà fait de notables progrès. Quelques instituteurs du département de l'Isère font aussi tous les jours de louables efforts pour répandre parmi leurs élèves le goût des fleurs et du jardinage; malheureusement, toutes les écoles primaires ne sont pas encore dotées d'un jardin. Espérons que les communes rurales comprendront enfin leurs véritables intérêts et que cette culture se répandra de plus en plus dans nos campagnes.

Toutes les fois que, dans mes courses, j'ai été assez heureux pour rencontrer, au milieu de nos hameaux, un joli petit jardin, bien tenu, dont tous les carrés étaient remplis de beaux légumes, les allées bien propres et bordées de belles fleurs, j'éprouvais une sorte de respect et d'admiration en pensant qu'un cultivateur qui paraissait si soigneux devait être un honnête homme et un bon père de famille; jamais, en effet, mes prévisions ne m'ont trompé. En demandant le nom du propriétaire de cette petite oasis au milieu des montagnes, on m'a toujours dit que c'était l'homme le plus rangé et le plus heureux du village. Il n'en pouvait être autrement, car il n'y a que l'ordre et le travail qui puissent procurer le bonheur. Ainsi, mes enfants, quand on traverse un village, on peut juger à coup sûr de l'aisance des habitants par l'ordre et la propreté qui règnent autour des habitations et par la manière dont le petit jardinet est tenu. Si vous voyez les fumiers éparpillés au milieu des chemins, la boue jusque sur le seuil de la maison et le jardin rempli de mauvaises herbes, entouré d'énormes buissons de ronces qu'on ne taille jamais, vous pouvez être sûrs de ne trouver que la misère et la saleté parmi les habitants. Pour vous en convaincre, vous n'avez qu'à pénétrer dans l'intérieur des maisons, vous y verrez des figures hâves, des enfants déguenillés, accroupis autour du foyer et dévorant des yeux les pommes de terre rondes, sans apprêt, qui cuisent dans la marmite placée au devant d'eux pour le dîner de la famille entière. Que faudrait-il pour relever ces pauvres gens? Que le père travaillât au lieu d'aller au cabaret; que la mère eût un peu d'ordre dans son ménage et que les enfants, inspirés par l'exemple de leurs parents, sortissent enfin de leur léthargie et de leur indolence pour travailler aussi selon leurs forces, ou pour aller à l'école, afin d'apprendre à utiliser leur temps! C'est là que le concours des bons instituteurs et des pasteurs dévoués à leurs pauvres ouailles est absolument nécessaire; mais qu'ils réunissent leurs efforts intelligents, que les personnes honorables se joignent à eux et bientôt on remarquera un heureux changement dans ces misérables chaumières. Je connais une commune dans le canton de Saint-Laurent-du-Pont, qui, il y a quelques années, était très-pauvre; des procès ruineux avaient réduit les habitants à la misère; mais, grâce à l'énergie et aux bons conseils du maire qui l'administre depuis dix-huit ans, cette commune est aujourd'hui une des plus heureuses. Les chemins sont très-bien entretenus; tout le monde travaille et on n'y trouve point de mendiants. Honneur à cet excellent citoyen qui a si bien compris ses devoirs; je regrette que sa modestie m'empêche de le nommer ici; mais il a déjà reçu sa récompense par l'estime et le respect dont il est entouré.

CHAPITRE XVIII.

FAMILLE DES OXALIDÉES.

L'OXALIDE.

C'est une jolie petite plante herbacée, vivace, sans tige, haute de six à douze centimètres ; elle donne son nom à la famille des Oxalidées, dont elle est le type principal. La racine de l'Oxalide forme un rhizôme noueux, écailleux, traçant. Les feuilles sont radicales, stipulées, à trois petites folioles, blanchâtres et pubescentes en dessous. Les fleurs paraissent vers le temps de Pâques, ce qui a fait donner à la plante le nom d'*Alleluia;* ces fleurs sont blanches, solitaires sur des pédoncules dressés et un peu moins longs que les pétioles des feuilles : calice campanulé, court, à cinq divisions ; corolle campaniforme beaucoup plus longue, à cinq pétales présentant trois appendices à leur base ; dix étamines, dont cinq longues et cinq courtes, réunies par la base des filets ; ovaire surmonté de cinq styles divergents. Capsule ovoïde à cinq loges et à cinq angles. L'Oxalide est assez commune dans les bois montueux, les lieux couverts et le long des haies.

L'Oxalide ou Alléluia, appelée aussi Surelle, Pain-de-Coucou, etc., n'a pas d'odeur, mais sa saveur est acide, agréable, due à l'*oxalate de potasse* (sel d'oseille) qu'elle contient. On emploie toute la plante, soit à l'intérieur en décoction, comme rafraîchissante, tempérante, antiscorbutique et antiputride; soit à l'extérieur, en cataplasmes, pour hâter la suppuration des abcès froids. En Suisse et en Allemagne, on en extrait en grand le *sel d'oseille*. Cinquante kilos d'Oxalide donnent douze kilos de jus ou suc, qui produisent environ cent cinquante grammes de ce sel. Celui-ci est employé pour la confection des limonades rafraîchissantes, pour enlever les tâches d'encre, parce qu'il dissout le fer, et pour d'autres usages dans les arts. C'est du sel d'oseille que les chimistes retirent l'*Axide oxalique*, lequel est un réactif précieux.

On peut manger les feuilles de l'Alleluia en salade, contre le scorbut; on peut aussi les faire entrer dans les bouillons aux herbes comme l'oseille de jardin.

La famille des Oxalidées renferme encore l'Oxalide corniculée qui diffère de la première par ses pédoncules en ombelle et portant trois à cinq fleurs, petites, jaunes, tandis que la hampe de l'Alleluia n'a qu'une fleur blanche, rayée de pourpre; de plus l'Oxalide cornue est annuelle, fleurit tout l'été, et est surtout très-commune dans l'ouest de la France. Ses propriétés sont moins actives que celles de l'Alleluia, qu'elle remplace souvent chez les pharmaciens.

Les Oxalidées sont abondantes en Europe, mais surtout au cap de Bonne-Espérance et dans l'Amérique tropicale. Plusieurs ont des tubercules féculents comme l'*Oxalis crenata*, qui est originaire du Pérou. Elle offre des tubercules charnus, extrêmement nombreux, contenant 10 à 12 p. 100 de fécule. Ces tubercules, de couleur jaunâtre et de la grosseur d'une noix à celle d'un œuf de poule, ont, quand ils sont cuits, une saveur agréable, légèrement aigrelette. On les cultive en France et en Angleterre depuis quelques années ; c'est un bon légume.

Une famille voisine, les Géraniacées, dont le genre Oxalide faisait autrefois partie, renferme toutes ces belles plantes cultivées dans les serres sous le nom de Geranium, mais dont le vrai nom est Pelargonium.

DEUXIÈME CLASSE OU DIVISION.

Caliciflores.

Les plantes de cette classe ont les étamines soudées autour de l'ovaire, c'est-à-dire sur le calice de la fleur, d'où leur nom de Caliciflores.

CHAPITRE XIX.

FAMILLE DES RHAMNÉES.

LE NERPRUN.

Genre type de la famille des Rhamnées, qui renferme des arbrisseaux à rameaux avortés, souvent convertis en épines; feuilles ovales ou oblongues, glabres; fleurs petites, verdâtres. Calice campanulé, persistant à quatre, cinq divisions; corolle à quatre, cinq pétales très-petits, ou nulle par avortement; étamines quatre; style et stigmate deux à quatre; fruit globuleux, en forme de baie, à deux, quatre noyaux coriaces. Cette famille renferme plusieurs genres.

Le Nerprun purgatif, vulgairement appelé Nerprun, est un arbrisseau plus ou moins élevé, atteignant quatre à cinq mètres, très-rameux au sommet, à rameaux souvent opposés, offrant à leur bifurcation une épine ; le fruit est une baie noire à la maturité, de la grosseur d'une petite cerise. Cet arbrisseau est assez commun dans les bois, les taillis humides, où il fleurit en mai-juin et fructifie en août et septembre. Il exhale une odeur désagréable ; ses feuilles, son écorce et son fruit sont amers, nauséabonds au goût. Ces fruits ou baies ont été reconnues purgatives dès la plus haute antiquité. Les médecins y ont encore souvent recours dans beaucoup d'affections, mais c'est presque toujours sous forme de sirop. Les habitants de la campagne se purgent fréquemment en avalant dix à douze baies, le matin à jeûn ; il est prudent de prendre par-dessus un verre de décoction de racine de guimauve miellée pour prévenir les coliques qu'elles déterminent habituellement. Homberg dit que les grives qui se nourissent des fruits du Nerprun acquièrent une propriété purgative ; et, d'après Mizauld, les fruits des cerisiers ou pruniers greffés sur cet arbrisseau deviennent évacuants.

La couleur connue en peinture sous le nom de *vert de vessie*, se prépare avec le suc des baies de Nerprun mêlé avec l'alun.

Le Nerprun bourdaine diffère du purgatif par ses rameaux terminaux qui ne sont jamais convertis en épines, par ses fleurs d'un blanc verdâtre. Cette espèce croît dans les bois humides, les taillis et sur les rochers. Ses fruits sont aussi purgatifs. Son bois donne un charbon très-léger, qu'on emploie surtout dans la fabrication de la poudre à canon.

Le Nerprun alaterne est une espèce qui forme de très-jolis buissons toujours verts, à feuilles dures, lisses, ovales, dentées en scie à leurs bords ; ses fleurs sont d'un vert jaunâtre, presque sessiles. Cet arbuste est fréquemment cultivé dans les parcs pour la beauté de son feuillage.

Le Jujubier diffère du genre Nerprun par la forme de sa fleur. Le Jujubier commun est un arbre ou un arbrisseau selon la latitude où il croît; originaire des contrées orientales de l'Asie, il fut apporté en Italie sous le consulat de Sextus-Papinius ; de là, il s'est ensuite répandu dans tout le midi, où il réussit très-bien. Il végète lentement et pousse tard. Son fruit, qui se nomme *Jujube*, est un drupe d'abord vert, puis jaune, enfin rouge, de la forme et de la grosseur d'une olive ; la pulpe qui enveloppe le noyau est blanchâtre, aigrelette, vineuse, ferme, sucrée, très-nourrissante, et qui a la double propriété de rafraîchir, de calmer la soif et d'être tempérante. Ce fruit ne mûrit bien que sur les côtes de la Méditerranée. Il constitue, avec les dattes, les figues et les raisins secs, les *fruits béchiques*, très-employés en médecine sous forme de décoction. La pâte de jujube, que tout le monde achète chez les confiseurs, quand on est enrhumé, est une préparation qui ne contient point de jujubes ; elle est faite avec la gomme arabique, le sirop de sucre, l'eau de fleurs d'oranger et l'eau pure.

Le Jujubier lotos est une espèce fort célèbre des plaines arides et incultes de l'Algérie ; cet arbuste fournissait aux indigènes une liqueur qui ne se conservait qu'une semaine, et, selon la fable, le goût de ce fruit était si délicieux que les étrangers, après en avoir goûté, oubliaient leur patrie.

Le Fusain, appelé aussi Bonnet carré à cause de la forme de ses fruits, appartient à une famille voisine, les Célastrinées ; c'est un arbrisseau rameux, à feuilles finement dentées; fleurs petites, blanchâtres. La capsule est rose, à trois, quatre lobes obtus.

Le bois de fusain, carbonisé, fournit les crayons employés par les dessinateurs sous le nom de *fusain;* il est aussi utilisé pour la fabrication de la poudre à canon.

CHAPITRE XX.

FAMILLE DES LÉGUMINEUSES.

LE POIS.

Tout le monde connaît le Pois; car cette petite plante, si utile et si intéressante, est partout cultivée dans les jardins pour son fruit, nommé *Légume.* Il y a beaucoup de plantes herbacées, d'arbustes, d'arbrisseaux et même de grands arbres dont le fruit est un légume, c'est-à-dire une grosse silique allongée et quelquefois courbée en forme de corne de bélier. On a donné le nom de Légumineuses à toutes les plantes qui ont un fruit en forme de légume, quoique ce fruit ne contienne pas toujours des graines comestibles comme le Pois.

Si nous examinons la fleur du Pois, nous voyons que cette fleur se compose d'un calice tubuleux à cinq dents; la corolle est à cinq pétales inégaux : le supérieur, plus grand, s'appelle *étendard;* les deux latéraux, rapprochés l'un de l'autre par leur face interne, se nomment les *ailes* ; enfin, les deux inférieurs, soudés par leur bord antérieur en un seul, s'appellent la *carène*. Comme vous voyez, cette fleur a une certaine ressemblance avec un papillon ; aussi on donne souvent, pour cette raison, à ces fleurs, le nom de *Papillonacées*. Mais la forme de la fleur variant beaucoup dans les Légumineuses exotiques, devenant même régulière dans quelques-unes, il vaut mieux conserver le nom de Légumineuses, tiré de la forme du fruit qui est plus constante et qui ne varie jamais. Au centre de la fleur des Légumineuses, on remarque dix étamines ; ordinairement neuf sont soudées, c'est-à-dire réunies ensemble, tandis qu'une seule est libre ; quelquefois, au contraire, toutes les étamines sont libres. L'ovaire est aussi libre ; le style et le stigmate sont simples. Le fruit est une *gousse* ou *légume* à deux valves oblongues ; à une ou plusieurs loges ; les graines sont attachées à une seule suture, adhérentes alternativement à chaque valve. Les feuilles sont alternes, rarement simples, munies de stipules.

La famille des Légumineuses est l'une des plus nombreuses et des plus naturelles du règne végétal. Il faudrait un volume entier pour donner l'analyse et les propriétés de toutes les espèces que renferme cette famille si intéressante et si utile ; je ne vous parlerai donc ici que de celles qui fournissent un aliment précieux à l'homme, aux animaux, ou qui sont fréquemment employées dans les arts. Nous les diviserons ainsi en trois sections.

PREMIÈRE SECTION.

Légumineuses servant à la nourriture de l'homme.

Le Pois, dont nous avons déjà parlé, est une plante annuelle, grimpante, s'attachant aux rames par des vrilles, comme la Vigne. Il y a plusieurs variétés de Pois : dans les unes les carpelles qui enveloppent les graines, et que les jardiniers appellent les *cosses*, sont dépourvus de parchemin intérieur et mangeables. On nomme ces pois *mange-tout*, parce qu'on mange en effet non seulement les graines, mais encore les *cosses*.

On sème les Pois mange-tout, nommés aussi Pois gourmands, dans les jardins, à l'entrée de l'hiver, ou aux premiers beaux jours de printemps, à une bonne exposition. La variété la plus estimée dans notre pays est celle connue sous le nom de Corne-de-Bélier, parce que sa gousse, ou légume, très-grosse, se courbe en grandissant, comme la corne de cet animal.

Les Pois à écosser, c'est-à-dire ceux dont les cosses sont dures, coriaces, sont cultivés en grand, autour des villes, pour leurs graines qui se mangent en vert et qui sont très-recherchées sous le nom de *Petits-Pois*. C'est, au surplus, un aliment délicat et fort sain. On en distingue beaucoup d'espèces qui sont plus ou moins estimées. Les cosses des Pois verts forment une bonne nourriture pour les vaches laitières.

Le Pois des champs ou Pisaille, Pois gris, est cultivé en plein champ, de même que le gros Pois vert normand à grandes rames, qui est le plus productif, pour être réduit en farine ou pour être mangé pendant l'hiver.

La culture des Pois offre une grande ressource pour le cultivateur qui n'a pas assez d'engrais ; cette plante vient en effet très-bien sur un sol maigre, où toute autre plante ne produirait rien. Cependant si le sol était trop maigre, il faudrait répandre par dessus les semis de Pois du terreau végétal ou des cendres ; le fumier chaud des écuries fait pousser le Pois trop vigoureusement et il ne produit alors que des feuilles.

La Fève, originaire de Perse, est cultivée en Europe où elle a produit un grand nombre de variétés. La Fève vulgaire ou Fève de marais, parce qu'elle est fournie par les jardiniers appelés maraîchers, se cultive en grand pour ses gousses ou légumes qui sont très-gros, un peu charnus, pulvérulents, et dans lesquels il y a deux ou quatre graines comprimées, d'un goût très-prononcé. La culture de la Fève exige beaucoup d'engrais et de bons labours.

Le Haricot, appelé ordinairement *Pois* par les gens de la campagne, diffère du Pois qu'ils nomment *Pois-Gourmand*, par sa tige volubile, dépourvue de vrilles, et par la forme de ses feuilles.

La culture de ce légume, introduit depuis la plus haute antiquité de l'Inde, son pays natal, dans le midi de l'Europe, est une des plus productives. Aux portes des grandes villes, les siliques à demi formées, si connues sous le nom de *Haricots verts*, sont la plus avantageuse et la moins aventureuse des cultures de primeurs. Dans les lieux éloignés des grands centres de communication, le grain récolté sec est d'une conservation facile ; il se transporte aisément et trouve partout des acheteurs. Peu de plantes ont été plus diversement modifiées par la culture ; chaque grande division de notre sol possède sa variété de prédilection qui dégénère plus ou moins en se déplaçant.

Comme pour le Pois, il y a des Haricots mange-tout et des Haricots à écosser. Il y a aussi des Haricots à rames et des Haricots sans rames ou nains. La culture du Haricot exige le fumier plus que le Pois ; cependant, les cultivateurs réservent ordinairement pour cette culture le fumier le plus léger et le moins chaud.

La Gesse, Pois carré, Lentille d'Espagne, est une plante annuelle, haute de trente à soixante centimètres ; elle est cultivée en plein champ, soit pour la graine qu'on mange en grain ou en purée, soit comme fourrage excellent.

La Lentille est une petite plante herbacée, à tiges grêles, faibles ; les fleurs sont petites, disposées en grappes ; les feuilles supérieures sont terminées en vrilles. On cultive partout cette plante pour les usages domestiques. Il y en a deux variétés : la grosse et la petite. La première est d'une couleur jaunâtre et plus grande dans toutes ses parties ; elle aime les sables quartzeux ou volcaniques. La seconde, ou Lentille rouge, Lentillon, plus petite de moitié, plus bombée et plus délicate, demande des terres légères ; mais elle épuise beaucoup le sol.

La Lentille offre une ressource précieuse lorsque les céréales manquent. Elle fournit une nourriture substantielle, de digestion facile, de saveur agréable ; on la mange cuite en grain ou en purée, jamais en vert. Cette fameuse fécule, si prônée par le charlatanisme sous le nom d'*ervalenta*, n'est autre chose que la farine d'une espèce de Lentille, l'*Ervum lentum* des botanistes.

La Lentille a encore un nom historique. Vous savez, mes enfants, qu'Ésaü vendit à son frère Jacob son droit d'aînesse, c'est-à-dire tout l'immense héritage de son père Isaac, pour un plat de lentilles. Il fallait que ce pauvre Ésaü fût bien gourmand ou qu'il eût bien faim pour acheter un si maigre dîner au prix de toute sa fortune. Cependant, l'action que nous blâmons dans Ésaü se renouvelle tous les jours ; combien ne voyons-nous pas encore aujourd'hui d'hommes qui donnent tout leur patrimoine pour quelques bouteilles de vin ! Ils ne craignent pas, eux aussi, la malédiction de Dieu pour le sot plaisir d'un moment !

Tout le monde connaît la propriété flatulente des Haricots et des autres légumineuses ; cette nourriture, à part les Lentilles, ne convient pas aux malades, aux estomacs faibles, ni aux personnes qui mènent une vie sédentaire ; mais elle est, au contraire, excellente pour les hommes robustes qui se livrent aux rudes travaux des champs.

DEUXIÈME SECTION.

Légumineuses fourragères.

Le Lupin, Pois loup, ressemble un peu à la Fève par son port ; mais il s'élève plus haut, ses fleurs sont un épi allongé ; ses graines, plus petites que celles de la Fève. On le cultive surtout dans les terres siliceuses, maigres, où les autres plantes ne donneraient qu'un produit médiocre, pour le faire pâturer en vert par les moutons, ou pour l'enfouir, au moment de la floraison, comme engrais. Cette plante est souvent cultivée dans l'arrondissement de la Tourdu-Pin pour fumer les bois châtaigneraies. Les Italiens mangent les graines de Lupin comme nous mangeons les Haricots.

L'Anthyllide vulnéraire est une petite plante indigène que l'on rencontre souvent dans les pâturages secs ; les bêtes à laine, les chevaux, les chèvres et les bœufs la mangent très-bien. Cette plante est très-propre à utiliser les sols les plus ingrats, car elle vient jusque sur les rochers pour peu qu'il y ait de terre végétale.

Le Trèfle commun, grand Trèfle rouge, a des tiges plus ou moins rameuses, longues de trois à six décimètres, redressées, peu ou point velues dans l'état de culture; la feuille est composée de trois folioles, d'où lui vient son nom de Trèfle, qui signifie trois feuilles. Ses fleurs sont d'un rouge pourpre, disposées en tête serrée, portant à sa base deux feuilles formant une sorte d'involucre.

De toutes les légumineuses fourragères, le Trèfle est la plus répandue dans la grande culture. Ses avantages nombreux sont aujourd'hui connus de tous les cultivateurs. Il se plaît de préférence dans les terrains frais et profonds de nature sablo-argileuse. Les terrains légers lui conviennent moins qu'à la Lupuline, espèce de petite Luzerne; celle-ci y pousse plus vigoureusement et n'a pas, comme le Trèfle, l'inconvénient de soulever et de diviser la couche végétale.

Le plus souvent on sème le Trèfle au printemps, avec les avoines, les orges, les blés de mars ou d'automne, etc. L'automne ne convient pas dans nos régions moyennes. A Pressins et dans tous les environs, où l'on suit généralement l'assolement sexennal, on sème le Trèfle la troisième année de l'assolement, au printemps, dans le seigle. Autrefois, on le semait la deuxième année, c'est-à-dire dans le froment; mais depuis longtemps les cultivateurs intelligents ont remarqué qu'il réussit mieux dans le seigle, parce que le terrain ayant été préparé avec soin par plusieurs labours et hersages, est plus meuble et plus propre; d'un autre côté, cette méthode a l'avantage de faire gagner une année de fumure. De cette manière, on a : première année, culture fumée et sarclée; deuxième année, froment; troisième année, seigle et une première coupe de Trèfle à l'automne; quatrième année, plusieurs coupes de Trèfle; cinquième année, froment; sixième année, seigle, et après le seigle, une récolte de sarrazin ou blé noir.

On cultive le Trèfle, non seulement parce qu'il fournit un fourrage bon et abondant, mais parce qu'il est encore une culture améliorante. Le Trèfle a l'avantage de puiser presque tous ses sucs nourriciers dans l'atmosphère, de sorte qu'il demande peu au sol; mais dans ce cas, il faut semer *dru*, c'est-à-dire environ seize kilogrammes de bonnes graines par hectare, autrement les mauvaises herbes poussent avec le Trèfle et le détruisent, comme il arrive dans les années où cette récolte n'a pas réussi. Enfin, lorsqu'on laboure une pièce de Trèfle pour y semer du froment, il ne faut pas, comme je l'ai vu souvent, faire pâturer par les bestiaux tout ce qu'il reste de feuilles et de tiges pour n'enterrer que quelques racines. Ces racines sont insuffisantes pour réparer les pertes que le sol a faites par les récoltes précédentes depuis la fumure; il faut alors y ajouter des engrais si l'on veut avoir une bonne récolte de froment; mais il est bien préférable d'enfouir les tiges herbacées de Trèfle; ces tiges vertes sont à la fois un engrais et un bon amendement. Aussi le froment réussit mieux qu'après une fumure, surtout dans les terrains légers ; le grain est plus nourri, plus pesant et donne aussi une farine bien plus blanche.

Il y a encore le Trèfle incarnat, qui est annuel et dont la culture rend quelquefois de grands services, mais elle est plutôt épuisante qu'améliorante. Aussi le Trèfle incarnat est beaucoup moins répandu que le Trèfle rouge.

Le Trèfle blanc ou petit Trèfle est vivace, à fleurs blanches portées chacune sur un pédoncule particulier d'une très-grande longueur. Ce Trèfle vient partout, il est commun dans les prairies ; c'est la meilleure plante fourragère pour regarnir les vieilles prairies, après qu'on les a fumées.

La Luzerne. Ce genre contient plusieurs espèces, communes dans les champs, mais nous ne parlerons que de la Luzerne cultivée. Cette plante a les tiges droites, hautes de trente à soixante centimètres et même plus ; les fleurs sont violettes, purpurines, bleuâtres ou jaunes ; elles donnent naissance à des gousses étroites, contournées en forme d'escargot.

De toutes les plantes fourragères, la Luzerne est la plus productive ; mais il lui faut pour bien réussir un terrain profond, substantiel et de consistance moyenne. Elle languit dans les localités arides et sur les fonds compactes.

On sème ordinairement la Luzerne au printemps, sur de l'orge ou de l'avoine ; je ne conseille pas de la semer sur de l'avoine, car celle-ci tallant beaucoup et poussant d'autant plus vigoureusement que le terrain a été bien fumé et bien préparé pour recevoir la Luzerne, l'avoine étouffe cette dernière. J'ai éprouvé moi-même cette déception, il y a six ans ; j'avais recommandé à mon domestique de ne semer qu'une très-petite portion d'avoine en même temps que la graine de Luzerne ; l'avoine poussa avec tant de vigueur, que chaque grain fit une touffe énorme de tiges et produisit plus de cent pour un, mais elle étouffa et détruisit la moitié de la luzernière, de sorte que l'année suivante je fus obligé de regarnir les places vides. Il vaut donc mieux, quand le terrain est bien préparé et bien fumé, semer la Luzerne seule, sans mélange d'autres graines ; cette méthode a l'avantage de permettre facilement de sarcler les mauvaises herbes, surtout les pissenlits, qui viennent quelquefois en abondance pendant la première année d'une luzernière. Beaucoup de cultivateurs la sèment au mois de septembre ; quand la saison est favorable, on gagne une récolte, mais la gelée détruit souvent, dans notre climat, les jeunes tiges de Luzerne ; c'est pourquoi on préfère ne la semer qu'au printemps.

Le Trèfle rouge et la Luzerne se mangent verts ou secs. C'est un excellent fourrage ; mais nous avons déjà vu que les Haricots et les autres légumineuses alimentaires étaient flatulents et qu'ils gonflaient par le dégagement des gaz qui se fait dans les intestins ; cette propriété des graines existe aussi dans les tiges herbacées et les feuilles ; aussi tout le monde connaît les effets pernicieux de la Luzerne et du Trèfle sur les ruminants quand ils en mangent trop, surtout si la plante verte est humide de rosée ou de pluie. Ces légumineuses développent dans la *panse*, ou premier estomac de ces animaux, une si grande quantité de gaz qu'ils sont asphyxiés, à moins qu'on ne s'empresse de leur porter secours. Le meilleur moyen de combattre le *gonflement*, météorisation ou tympanite, est d'administrer promptement trente à soixante grammes, c'est-à-dire deux à trois cuillerées, d'alcali volatil, ou ammoniaque liquide du commerce, dans un litre d'eau fraîche pour un bœuf ou un cheval; vingt-cinq gouttes environ d'alcali dans une verrée d'eau fraîche suffisent pour un mouton. On frictionne ensuite vigoureusement, avec un bon bouchon de paille, l'animal malade, et on le fait promener pour faciliter la transpiration et l'absorption du gaz. On pourrait également ajouter des lavements purgatifs avec trois cents grammes de sulfate de soude ou sel de Glauber, et administrer ensuite une boisson chaude dans laquelle on aurait fait infuser une poignée de fleurs de camomille ou quelques feuilles d'absinthe. Ces moyens simples réussissent ordinairement pour combattre le météorisme; cependant, si le mal augmentait au point où l'asphyxie deviendrait imminente, il faudrait recourir à la ponction de la *panse* ou rumen.

La Gesse des près. Plante vivace, dont la tige s'élève de trente à soixante centimètres, très-commune dans les bois et dans les divers terrains; elle aime l'humidité et cependant résiste parfaitement bien à la sécheresse. Elle produit un fourrage assez abondant que tous les bestiaux mangent avec plaisir; on pourrait donc l'utiliser dans les terrains de peu de valeur pour créer des prairies artificielles.

La Vesce ou Poisette forme un genre nombreux en espèces qui croissent partout; quelquefois elles poussent si abondamment dans les blés qu'elles font le désespoir du cultivateur.

La Vesce cultivée diffère de la Gesse par sa tige plus grêle, par ses feuilles composées de dix à vingt folioles, tandis que celles de la Gesse n'en ont que deux; les fleurs de la Vesce cultivée sont sessiles, c'est-à-dire dépourvues de pédoncules; les gousses sont comprimées, brunâtres ; les graines sont lisses.

La Vesce est presque aussi répandue que le Trèfle rouge ; elle vient, comme le Pois des champs, presque partout. On la sème ordinairement sans engrais quand on veut récolter les graines ; mais le fumier faisant pousser plus vigoureusement les tiges et les feuilles, il est bon de fumer toutes les fois qu'on cultive la Vesce pour être coupée en vert comme fourrage. Cette plante, consumant d'ailleurs peu d'engrais lorsqu'on ne la laisse pas grainer, devient une culture améliorante.

Il y a deux espèces de Vesces cultivées, celle d'hiver, qui se sème en automne, et celle du printemps, qui se sème depuis mars jusqu'en juillet. Lorsqu'on donne la Vesce en vert à l'étable, il faut prendre les mêmes précautions que pour le Trèfle et la Luzerne.

On cultive aussi dans quelques contrées les Lentilles comme fourrage ; on les fait manger en vert ou bien on donne les graines.

Le Sainfoin, Esparcette, appelé aussi Jaillet dans les montagnes, à cause de ses jolies fleurs en épis, panachées, *jailletées*. Le Sainfoin est une plante vivace qui dure jusqu'à douze ans et même plus dans les terrains qui lui conviennent ; sa racine s'enfonce profondément dans le sol. Il y a trois ans, voulant faire planter des cerisiers dans un terrain de sable et de graviers purs déposés par un torrent voisin, et ensemencé depuis deux ans seulement en Esparcette et autres plantes propres à un sol si mauvais, je trouvai des racines d'Esparcette qui avaient plus de deux mètres de longueur et qui s'enfonçaient au travers des graviers à plus d'un mètre de profondeur. Le Sainfoin est donc une plante fourragère très-propre à retenir les terres graveleuses en pentes ou exposées à être emportées par les torrents. C'est un fourrage précieux, non seulement parce qu'il est bon en lui-même, mais parce qu'il vient dans les plus mauvais terrains et qu'il les améliore sensiblement. Le froment vient très-bien après l'Esparcette. On sème l'Esparcette au printemps et même en automne, à raison de deux à trois hectolitres de graines par hectare. Il faut éviter de semer l'Esparcette et la Luzerne dans les vergers; les longues racines de ces plantes nuisent beaucoup aux arbres fruitiers et finissent même quelquefois par les faire périr.

A chaque printemps on saupoudre avec du plâtre pulvérisé les champs de légumineuses fourragères, Trèfle rouge, Luzerne, Sainfoin, etc.; les récoltes sont alors bien plus abondantes et on économise ainsi une partie des fumiers. Il serait même bon, d'après l'opinion du célèbre agriculteur De Dombasle, de répandre une portion du plâtre au moment du semis; les graines lèvent mieux et ne sont pas détruites par les animaux. — Il n'y a pas longtemps qu'on plâtre; ce fut en 1765 que le pasteur Meyer publia ses premières expériences. L'emploi du plâtre se répandit bientôt en Allemagne, en Suisse et en France. Quelque temps après, l'illustre Franklin, voulant faire connaître et répandre en Amérique l'usage du plâtre, écrivit, pour convaincre ses compatriotes, sur un champ de trèfle, aux portes de Washington, avec de la poussière de plâtre, cette phrase : *Ceci a été plâtré;* l'effet du plâtre fit bientôt saillir en relief ces mots en tiges vigoureuses et plus vertes; tout le monde fut convaincu, et le plâtre fut popularisé aux États-Unis.

Aujourd'hui, tous les bons cultivateurs, pour ne pas dire tout le monde, connaissent les bons effets du plâtre sur les trèfles et les luzernes ; mais il y en a bien peu qui sachent que le plâtre est encore très-utile pour augmenter la quantité des engrais en retenant les gaz fertilisants qui s'échappent des fumiers et qui vicient l'air des écuries et des basse-cours. Quelques poignées de plâtre jetées dans les écuries ou les étables, quand on remue la litière, ont le double avantage d'assainir les écuries et de doubler la valeur des fumiers. On doit encore en saupoudrer légèrement les tas de fumier qu'on fait dans les basses-cours et ailleurs ; il convient même de renouveler le saupoudrage toutes les fois qu'on remue les tas de fumier pour en ajouter de nouveau. Cette petite opération est bien simple, à la portée de tout le monde, les bénéfices qu'elle procure indemnisent amplement de la dépense, et cependant tous les cultivateurs la négligent encore, malgré les recommandations si souvent répétées des savants qui passent leur vie à résoudre les problèmes les plus utiles pour l'humanité.

La routine et l'insouciance ont tant d'empire sur nos cultivateurs, qu'il faut toujours beaucoup de temps pour leur faire comprendre les vérités les plus élémentaires et les applications les plus simples. Partout on ne cesse de préconiser les avantages d'une fosse ou d'un trou dans lequel seraient reçus les purins des écuries, les égouts des basses-cours, etc.; ce purin, ainsi recueilli, servirait ensuite à arroser les fumiers, ou bien on le répandrait sur les prairies ou dans les vergers; son action fertilisante se ferait promptement sentir. Malgré ces avantages, qui ne demandent qu'un peu de travail et presque point de dépenses, on éprouve le regret de voir ces richesses abandonnées au milieu des villages, où elles deviennent des foyers d'infection qui engendrent toutes les années des maladies épidémiques, à moins que des pluies torrentielles ne viennent obvier à l'incurie des habitants en lavant les rues, et entraîner dans les ruisseaux voisins des quantités d'engrais qui auraient souvent suffi pour doubler l'abondance des récoltes.

J'avais donc raison, mes enfants, de vous dire, en commençant, que l'intelligence et un travail persévérant peuvent aussi enfanter des merveilles en agriculture et créer des richesses importantes. Bien plus, le cultivateur qui s'enrichit amène encore l'aisance parmi ses pauvres voisins, soit en leur procurant du travail, soit en leur apprenant, par son exemple, à tirer un meilleur parti de leurs modestes héritages. L'agriculture est donc bien, comme vous voyez, la plus noble, la plus utile et la première des professions, puisque celui qui s'y enrichit enrichit aussi les autres !

TROISIÈME SECTION.

Légumineuses employées dans les arts.

Le Genêt est un petit arbuste très-commun dans les terrains siliceux, où ses jolies fleurs jaunes produisent un bel effet; on le cultive aussi dans les parcs. Les teinturiers emploient fréquemment le Genêt; il fournit une couleur jaune assez vive. Les peuplades du sud de la Russie boivent la décoction de la fleurs de Genêt pour guérir la rage, hydrophobie. Un grand nombre de Genêts jouissent de propriétés purgatives assez marquées, mais on ne les emploie que rarement.

L'Arachide souterraine, ou Pistache de terre, est une plante fort singulière, originaire des pays chauds, mais cultivée depuis le commencement de ce siècle dans le midi de l'Europe. Les graines, qui se forment d'abord sur la plante, vont ensuite mûrir dans la terre à mesure que la plante grandit et se courbe vers le sol, où l'ovaire s'enfonce peu à peu ; ces graines ont la grosseur et le goût des noisettes; on en retire une huile grasse extrêmement douce.

L'Apias tubéreuse croît à peu près comme la Pomme de terre et produit aussi des tubercules souterrains. De toutes les plantes, l'Apias tubéreuse est la plus propre à remplacer ce précieux tubercule. Cette plante, originaire de l'Amérique du nord, végète parfaitement dans notre climat sans craindre les froids rigoureux de nos hivers ; elle est digne d'appeler l'attention et les soins des cultivateurs.

L'Astragale gommifère croît surtout en Perse et fournit la Gomme-Adragante si utile en médecine et dans les arts. Une espèce de ce genre Astragale, connue sous le nom de *Fausse-Réglisse*, est très-commune dans nos bois. Les feuilles de l'Astragale réglisse ont une saveur douceâtre, assez sucrée, mais un peu désagréable et nauséeuse. Très-employées autrefois, elles sont à peu près abandonnées aujourd'hui.

Le Baguenaudier commun, arbrisseau de quatre à cinq mètres de haut, est remarquable par sa gousse renflée en forme de vessie : les enfants s'amusent souvent à les faire éclater, comme le calice du Siléné à calice enflé, en les frottant sur la main. Cet arbrisseau croît naturellement dans le midi de la France et aux portes de Grenoble, sur les rochers de Saint-Martin le Vinoux. Les feuilles du Baguenaudier ressemblent aux folioles de Séné et sont purgatives comme ces dernières ; aussi les droguistes les mélangent souvent.

Le Réglisse, dont tous les enfants connaissent et aiment les produits. Le Réglisse en bâton n'est pas autre chose que la racine de cette plante. En pilant ces racines on en extrait un suc qui, soumis à l'évaporation dans une chaudière, fournit le jus de réglisse ou Réglisse noire.

La racine de Réglisse est adoucissante : on en fait un grand usage pour sucrer les tisanes. Les gens du peuple usent fréquemment du jus de Réglisse dans leurs rhumes ; ce jus, mêlé avec du sucre et de la gomme, forme des tablettes fort agréables et qui sont excellentes pour les inflammations de la gorge.

Cette plante croît naturellement dans le midi de la France et dans tous les pays chauds ; on la cultive en Espagne, en Italie, surtout dans les Calabres et dans la Sicile.

Le Ptérocarpe sang-dragon, ou Santal, est un arbre qui croît dans les montagnes de Ceylan. Son écorce, connue dans le commerce sous le nom de bois de Santal, contient un suc propre, rougeâtre, servant à la teinture.

L'Indigotier est un des genres de la famille des Légumineuses les plus intéressants pour l'art de la teinture. C'est des feuilles de plusieurs espèces de ce genre que l'on retire cette belle couleur bleue, connue sous le nom d'*Indigo*. On prépare cette substance aux Indes et en Amérique, en faisant successivement macérer la plante dans plusieurs grandes cuves.

Cette famille fournit encore aux teinturiers les bois

de Brésil et de Sapan ; aux ébénistes, ceux d'ébène, de palissandre, d'amaranthe, etc.

Le Séné, dont on fait un fréquent usage en médecine, n'est pas autre chose que les feuilles et les fruits du genre Casse; il croît en Arabie et dans la Haute-Egypte. Ce genre fournit aussi le bois de Campêche, ainsi nommé à cause de son pays natal, la baie de Campêche dans le Mexique. Ce bois, bouilli dans l'eau, donne une couleur rouge foncée, qui s'avive par les acides et passe au bleu-violet par le moyen des alcalis et des oxydes métalliques. Il est très-usité dans la teinture en noir et en violet.

La Gomme arabique, que tout le monde connaît, est fournie par le genre Acacia, dont les espèces croissent dans la Haute-Égypte et dans la Sénégambie. La Gomme arabique est tout à la fois un aliment et un médicament; elle sert de nourriture aux Arabes et aux Égyptiens dans leurs courses à travers les déserts et les sables brûlants de leur pays, et fait la base d'une foule de préparations pharmaceutiques désignées sous les noms de pâtes, tablettes, pastilles béchiques, pectorales, telles que les pâtes de guimauve, de jujubes, etc. La Gomme arabique est adoucissante ; elle calme l'irritation de nos organes et fait cesser les accidents que cette irritation occasionne. Le sirop de gomme est très-employé, ainsi que la gomme elle-même, contre les toux opiniâtres, etc.

Enfin la timide Sensitive, cultivée dans nos serres, est une légumineuse originaire de l'Amérique méridionale ; tout le monde connaît les propriétés des rameaux et des feuilles de cette plante ; ils se resserrent dès qu'on les touche et se roulent en cornet, de sorte que la mouche qui se pose sur une feuille de

Sensitive est bientôt prisonnière, enveloppée par les replis de la feuille elle-même. Soumise à l'action de l'éther ou du chloroforme, la Sensitive, comme nous l'avons déjà vu pour les étamines de l'Épine-Vinette, cesse d'être sensible au toucher, et par conséquent ses feuilles ne se roulent plus pendant l'action des anesthésiques ; ce qui prouverait que les plantes, comme les animaux, sont douées d'une certaine sensibilité.

CHAPITRE XXI.

FAMILLE DES ROSACÉES.

LA ROSE.

Si la famille que nous venons de voir est une des plus utiles par ses nombreuses espèces alimentaires pour l'homme et pour les animaux, celle que nous allons étudier à présent n'offre pas moins d'intérêt par les plaisirs et les jouissances qu'elle nous procure. C'est dans cette famille que se trouvent la reine des fleurs et les fruits les plus savoureux et les plus succulents de notre climat.

Si on examine la fleur simple du Rosier sauvage ou celle d'un Pommier, on voit que cette fleur est composée de cinq pétales disposés en roue ou rosace, d'où le nom de Rosacées donné aux plantes dont la fleur présente cette disposition. Le calice est à cinq divisions ; étamines au nombre de vingt à trente ; le fruit est très-variable, c'est tantôt une capsule, tantôt une baie ou drupe, comme les cerises, les prunes; tantôt une mélonide, comme les pommes, les poires, etc. Tous les arbres fruitiers de nos vergers et de nos jardins qui fournissent ces belles pommes, ces poires fondantes, ces pêches, ces abricots, ces prunes et ces cerises si succulentes et si estimées de tout le monde, appartiennent à la famille des Rosacées. Comme nous avons déjà fait pour les légumineuses, nous ne parlerons ici que des Rosacées faciles à étudier ou intéressantes à connaître à cause de leurs produits.

Le Rosier. Il y a plusieurs espèces et variétés de Rosiers; ce sont des arbrisseaux munis d'aiguillons, ce qui a donné lieu au proverbe qu'il n'y a pas de roses sans épines, pour dire qu'on n'obtient rien sans peine, sans travail. Le fruit est formé par le calice, qui devient charnu à la maturité; il renferme les carpelles ou graines osseuses couvertes de poils. Les fleurs sont blanches, roses ou jaunes.

De tout temps, le Rosier a fait les délices des amateurs de fleurs. Dans tous les âges la Rose a inspiré les poètes, embelli le front des jeunes filles, protégé le berceau de l'innocence; à combien d'usages cette reine des fleurs ne sert-elle pas, soit en parfumerie, soit en pharmacie, etc.; nulle autre, en effet, ne réunit comme elle le parfum le plus suave à l'élégance de la forme, à l'éclat et à la richesse des couleurs!

Il y a plus de six cents variétés de Roses décrites ou figurées dans les catalogues consacrés à ce genre de fleurs. Voici les plus remarquables et qui servent, pour ainsi dire, de type à autant de grandes divisions :

1° La Rose à cent feuilles, ou plutôt à cent pétales, est une des plus belles par le volume de sa fleur. Elle est généralement cultivée dans les jardins et les parterres ;

2º La Moussue, rose et blanche, dont la tige, les rameaux et le calice sont enrichis de fines découpures vertes qui ressemblent à de la mousse et qui en font la plus élégante de toutes les Roses ;

3º La Rose blanche, si pure, si virginale, qui accompagne la jeune fille à l'autel et au tombeau ;

4º La Rose gauloise ou de Provins, une des plus belles par ses nuances pourprées, est celle qu'emploient surtout les parfumeurs et les pharmaciens ;

5º La Rose de tous les mois, qui fleurit presque tout l'été ; on la cultive pour en extraire l'eau et l'essence de rose ;

6º La Rose capucine. Toujours simple, mais remarquable par sa couleur jaune de citron ou de capucine ; elle fleurit le matin et tombe le soir ;

7º La Rose du Bengale ou Rose thé, que l'on cultive sous toutes les formes. Elle ne peut résister aux hivers rigoureux de notre climat ; pendant l'hiver de 1860, j'en ai perdu plusieurs beaux pieds qui étaient greffés sur églantiers ;

8º La Rose des Alpes. L'horticulture n'a pu jusqu'à présent faire doubler la fleur rouge plus ou moins vif, sans odeur, de ce petit rosier qui est si remarquable par ses tiges et ses rameaux complètement dépourvus d'épines ;

9º La Rose noisette. Ce petit rosier, dont les tiges ne s'élèvent qu'à trente à quarante centimètres, forme de jolis petits buissons qui se couvrent de fleurs pendant toute la belle saison ;

10º La Rose musquée, originaire d'Orient, fournit une essence très-estimée ;

11º La Rose multiflore, dont l'arbuste grimpe partout où on lui offre un tuteur ; originaire du Japon, elle est aujourd'hui cultivée partout pour ses jolies guirlandes roses et rouges.

12° La Rose pompon, dont chaque rameau présente toujours des boutons encore clos, d'autres entr'ouverts et plusieurs épanouis ;

13° Enfin, la Rose de l'Églantier ou Églantine. L'Églantine est la Rose sauvage des haies, c'est le bouquet du village, c'était aussi la fleur de Clémence Isaure. — L'Églantier sauvage sert de sujet pour greffer presque toutes les espèces ou variétés de Rosiers. Cette greffe se fait en écusson, au printemps ou au commencement du mois d'août. On arrache dans les bois les pieds d'Églantier, qu'on replante ensuite dans les jardins pour servir de porte-greffes, ou bien, ce qui vaut encore mieux pour avoir de beaux sujets, on sème les fruits mûrs de l'Églantier sauvage dans un coin du jardin, et au bout de trois à quatre ans, on a une grande quantité de jolis pieds prêts à être greffés.

Quelques auteurs ont séparé de la famille des Rosacées, les arbres fruitiers qui peuplent nos vergers, pour en former une nouvelle famille sous le nom de Pomacées ; mais que les Pomacées forment une famille ou seulement une tribu de la grande famille naturelle des Rosacées, peu nous importe ici. L'essentiel pour nous, c'est de bien connaître les meilleures variétés et surtout de les bien cultiver pour avoir les plus beaux et les meilleurs fruits connus. Nous diviserons, comme la plupart des arboriculteurs, les Pomacées en fruits à pépins et en fruits à noyau. Cette division rend plus faciles la culture et l'étude de ces végétaux si utiles et si intéressants pour nous.

PREMIÈRE SECTION.

Fruits à pépins.

Le Pommier. Cet arbre, à l'état sauvage, habite nos forêts; c'est un enfant du nord, un fils de la Gaule, la France est sa patrie. Sauvage, il est épineux, beaucoup plus robuste que celui qui est soumis à la culture. Il produit des pommes qui sont petites et âpres. Autrefois très-abondant dans les bois montagneux, il disparaît peu à peu; et c'est dommage, car son bois est dur, liant et très-employé par les tourneurs et les menuisiers pour faire des outils. Il donne les plus beaux et les meilleurs fruits par la greffe des espèces perfectionnées.

Le Pommier est un arbre de moyenne grandeur, qui pousse une belle tête dont les rameaux inférieurs retombent à quelques pieds du sol. Les fleurs réunies en bouquets par cinq, huit, sont grandes, à pétales étalés, teints en rose vif; le fruit, appelé Pomme, est presque sphérique, ombiliqué à la base, supporté par un pédoncule assez court. Ce fruit est rafraîchissant; il offre au cultivateur un aliment agréable et sain, mangé cru, cuit ou réduit en marmelade.

La Pomme n'a pas de ces concrétions dures, cassantes, pierreuses, dont sont pourvus presque toutes les poires, les coings et les nèfles.

Le nombre des variétés de Pommiers est considérable; elles proviennent d'une douzaine d'espèces qui se sont mêlées, soit par la dissémination des poussières fécondantes, soit par les greffes, etc. Chaque contrée a quelques variétés qui lui sont propres. On préfère généralement ici les calvilles rouge et blanche ; les diverses variétés de reinettes, sutout les reinettes à côtes et grises ; les rambours d'été et d'hiver, etc.

Le Pommier, comme nous l'avons dit plus haut, est un arbre du nord de la France, aussi sa culture réussit généralement bien dans les montagnes, jusqu'à une élévation de mille mètres au-dessus du niveau de la mer, et même plus dans les vallons bien abrités et exposés au midi. Il pourrait donc devenir pour les habitants des pays montagneux, une véritable source de bien-être, tant par ses fruits que par le cidre qu'on peut en retirer. Ce cidre, à présent que le vin est assez cher, donnerait une boisson saine et assez agréable ; on pourrait encore convertir ses fruits en raisiné ou vin cuit, espèce de confiture que les enfants aiment beaucoup.

Le Poirier. C'est un grand et bel arbre que tout le monde connaît. A l'état sauvage, il porte des épines comme le Pommier. Ses feuilles sont simples ; les fleurs sont blanches, grandes, réunies en bouquet ; le fruit est pyriforme, non ombiliqué à la base comme celui du Pommier et se nomme Poire. Les horticulteurs appellent *lambourdes* les petites branches noueuses, renflées, qui portent les fleurs et les fruits. Les poires ne passent à la fermentation acide qu'après avoir subi un premier degré de fermentation pendant lequel elles se ramollissent de l'intérieur à l'extérieur, en conservant une saveur sucrée. Les pommes, au contraire, après la maturité, passent sans transition à la fermentation acide. Le bois du Poirier est encore plus recherché que celui du Pommier par les ébénistes et les tourneurs. Le Poirier est quelquefois spontané ou naturalisé dans les bois; mais cet arbre est cultivé partout et de temps immémorial. Aussi sa culture a donné naissance à d'innombrables variétés ou sous-variétés plus ou moins distinctes par la forme, la grosseur, la saveur et la couleur du fruit. M. de Mortillet, horticulteur et botaniste distingué, a publié, dans le *Sud-Est* de 1860, sur ce genre précieux, une excellente monographie, connue sous le nom des Quarante poires. Il vient encore de publier, dans le même journal, n° de janvier 1863, une liste des espèces ou variétés qu'il convient de cultiver dans les régions élevées. Nous ne pouvons donc mieux faire que de renvoyer à ces deux listes. Cependant, nous recommanderons le Bon chrétien William's et la duchesse d'Angoulême, qui, cultivées en espalier, viennent presque partout; ce sont, à notre avis, les deux meilleures poires.

Le Cognassier sert de sujet pour greffer les Poiriers nains que l'on cultive dans les jardins sous différentes formes. Le fruit du Cognassier, appelé *Coing*, ressemble à une belle poire jaune, très-parfumée, mais ne peut être mangé cru à cause de sa saveur âpre et astringente; on en prépare d'excellentes marmelades, des gelées et des pâtes très-recherchées. On en fait aussi un sirop très-employé en médecine contre les diarrhées des enfants.

Le meilleur moyen pour se créer un verger à peu de frais, c'est de recueillir les pépins des pommes et des poires que l'on mange. On sème ensuite ces pépins dans un coin du jardin, et au bout de deux à trois ans, on a des sujets bons à être greffés; un grand nombre d'entre eux produiraient souvent des fruits excellents, surtout si l'on a semé les pépins des fruits de choix; mais on préfère généralement les greffer pour ne pas perdre de temps. Cependant, il serait convenable de laisser porter les sujets dont les feuilles sont larges, lisses, la tige vigoureuse, sans épines, avant de les greffer; ces sujets donneraient quelquefois de nouvelles variétés très-recommandables, et ils sont d'ailleurs plus vigoureux et plus productifs que les sujets greffés; car la greffe mutile toujours plus ou moins les arbres, les rend *gélifs* et peu propres aux arts. Il est vrai que cette mutilation tourne souvent au profit de la production fruitière.

Dès qu'on a un certain nombre de sujets, on se procure la quantité nécessaire de greffes parmi les espèces les plus estimées du pays; il faut aussi prendre les greffes parmi les branches les plus élevées du sommet de l'arbre; les branches inférieures ne donnent que des sujets rabougris qui s'élèvent peu. On pourra donc mettre à profit cette circonstance pour avoir des arbres bien droits, élancés, ou des arbres bas, étalés, selon que le verger sera plus ou moins exposé à la violence des vents.

Il y a plusieurs manières de greffer, mais celle qui est généralement employée est la *greffe en fente*. Cependant les pépiniéristes préfèrent la *greffe en écusson*, comme étant plus expéditive et ne détruisant pas le sujet; de sorte que, lorsque cette greffe n'a pas réussi, on peut toujours greffer de nouveau. Elle convient donc mieux, en effet, pour les jeunes sujets de semis. Autrefois on s'imaginait que l'on ne pouvait greffer qu'au printemps, tandis que l'expérience a appris que l'on peut greffer toute l'année. On greffe en écusson pendant la végétation, c'est-à-dire pendant que la sève est en mouvement; cependant on ne greffe ordinairement qu'au printemps et dans la première quinzaine du mois d'août. La greffe du printemps pousse immédiatement, tandis que celle du mois d'août ne pousse que l'année suivante. Il faut aussi choisir un temps couvert et humide pour greffer, autrement la chaleur du soleil dessèche l'écusson et la greffe ne réussit pas, à moins que l'on ne greffe le matin ou le soir.

On greffe en fente pendant tout le temps que la sève est en repos, c'est-à-dire pendant tout l'hiver, pourvu qu'il ne gèle pas trop. Rien de plus facile que cette greffe ; on coupe la tête du sujet bien carrément ; on y pratique ensuite une fente à l'aide d'un couteau ou d'une serpette ; on taille la petite branche ou greffe en biseau et on l'introduit dans la fente faite au sujet, de manière que les deux écorces coïncident parfaitement, et on la rabat en ne lui laissant que deux ou trois yeux ou bourgeons ; on bouche bien la fente avec du mastic à greffer, ou bien on enveloppe l'entaille avec de la terre glaise recouverte de mousse, et on ficelle le tout comme une poupée. Cette greffe permet de renouveler de vieux Pommiers ou Poiriers, dont les fruits sont mauvais ou qui produisent peu. Quand on couronne ainsi de vieux arbres, les branches qu'on recèpe sont quelquefois très-grosses ; au lieu de les fendre, on introduit la greffe entre l'écorce et l'aubier ; on place quelquefois plusieurs greffes en couronne, ce qui a donné le nom de *greffe en couronne* à cette manière de greffer. J'ai greffé de cette manière des Pommiers qui avaient plus de cinquante ans ; l'opération a parfaitement réussi, et aujourd'hui je récolte de belles et bonnes pommes sur des arbres qui, il y a dix ans, ne produisaient que de mauvais petits fruits qu'on donnait aux porcs. On peut aussi, dans ce cas, mettre plusieurs variétés sur le même pied, ce qui produit un bel effet; mais il ne faut compléter l'opération qu'en deux ou trois ans, si le sujet est très-gros, autrement on s'exposerait à perdre l'arbre par le refoulement de la sève.

On greffe sur franc, c'est-à-dire sur les plus beaux sujets obtenus de semis, les Pommiers qu'on destine à être plantés dans les vergers; ces arbres s'élèvent bien et forment de belles têtes; au contraire, on greffe sur *paradis* et sur *douçains* les Pommiers que l'on veut conduire en cordon, en pyramide, en buisson et même en espalier dans les jardins. Rien de joli comme de beaux cordons de Pommiers conduits sur des fils de fer le long des allées du jardin.

Les Poiriers nains pour les jardins, où on les conduit sous diverses formes, pyramides, fuseaux, cordons et espaliers, etc., se greffent sur Cognassier ou sur Épine blanche; il y a cependant des variétés peu vigoureuses qu'il faut greffer sur franc. Il faut préférer les variétés à gros fruits pour arbres nains, et celles à fruits moyens et mêmes petits, mais très-productives, pour les vergers; parce que dans les vergers les arbres, s'élevant beaucoup, donnent plus de prise au vent qui ferait tomber les gros fruits avant la maturité.

DEUXIÈME SECTION.

Fruits à noyau.

Les fruits des arbres de cette section sont plus ou moins charnus et contiennent au milieu de la pulpe un noyau osseux renfermant une, deux graines.

L'Amandier. Originaire de l'Afrique septentrionale et de l'Asie, il est cultivé dans le midi de la France et de l'Europe pour ses fruits appelés *Amandes*, que tous les enfants connaissent; mais ce que bien peu de personnes savent, c'est qu'il y a deux espèces ou variétés d'amandes: les *douces* et les *amères*. Les amandes amères contiennent une petite quantité d'*acide prussique* qui les rend calmantes; mais, mangées en grande quantité, elles peuvent donner la mort, à cause de cet acide qui est un des poisons les plus violents; une seule goutte suffit pour tuer un lapin. Les amandes douces fournissent une huile très-employée en médecine et dans la parfumerie; on les mange aussi comme fruits de dessert.

L'Amandier pousse de longues racines pivotantes; il vient très-bien dans les terrains sablonneux, secs et arides. Il sert de sujet pour greffer le pêcher qu'on veut cultiver dans ces mauvais terrains; on pourrait aussi l'utiliser, comme l'acacia, pour garnir les terrains en pente, secs et pierreux, où les autres arbres ne pourraient réussir.

Le Pêcher. Il diffère de l'Amandier en ce que l'on mange le brou qui enveloppe le noyau de la pêche, tandis que chez l'Amandier, c'est le noyau lui-même qui est seul comestible. On peut aussi manger les noyaux de pêche, de prune et d'abricot; seulement il faut remarquer que ces noyaux, surtout ceux d'abricot, contiennent, comme les amandes amères, de l'*acide prussique*: on a vu des enfants qui se sont empoisonnés pour en avoir mangé une trop grande quantité.

Le Pêcher, originaire de la Perse, est cultivé partout où le climat lui est favorable. Dans nos contrées on cultive le Pêcher jusqu'à huit cents mètres d'élévation au-dessus du niveau de la mer, en espalier contre les murs exposés au midi. M. Buisson, propriétaire à la Tronche, horticulteur instruit, a publié une excellente monographie sur ce genre précieux; c'est chez lui que j'ai vu les Pêchers les plus beaux, les mieux soignés et les plus productifs; il en retire toutes les années un revenu considérable.

La Pêche est un des meilleurs fruits, mais assez peu digestif pour certains estomacs. On emploie aussi en médecine les feuilles et les fleurs du Pêcher; elles sont laxatives, purgatives et même calmantes à cause de l'acide prussique qu'elles contiennent aussi; mais pour cette raison il faut en prendre peu; une grande quantité pourrait donner la mort.

L'Abricotier, originaire de l'Arménie, se cultive comme le Pêcher. Ses fleurs paraissant les premières au printemps, on est souvent obligé de l'abriter contre les gelées tardives. Une espèce, l'Abricotier de Briançon, se trouve à l'état sauvage sur les rochers de cette ville.

Le Prunier sauvage, appelé aussi Prunellier, Épine noire, est un arbrisseau épineux, très-rameux, formant buisson; il est commun dans les haies. Son fruit, appelé Prunelle, est noir, rond, plus petit qu'une cerise. Il est la souche, le type des nombreuses variétés que l'on cultive aujourd'hui partout.

Le Prunier domestique ou cultivé forme un arbre ou un arbrisseau élevé, non épineux. Le fruit varie beaucoup de grosseur et de couleur, selon les variétés; il est tantôt noir, violet, rougeâtre ou jaunâtre, d'une saveur douce, sucrée, ou légèrement acide. Le Prunier réussit très-bien dans les terrains calcaires, humides, des montagnes.

P. B. — 9.

Les principales espèces cultivées sont :

La Prune jaune hâtive, bonne crue et cuite; elle mûrit en juillet et août.

La Prune d'Altesse ou impériale; excellente, bonne pour pruneaux et marmelade.

Les Prunes Reine-Claude et Mirabelle, dont les fruits sont très-gros et très-succulents ; on peut greffer ces dernières sur l'Epine-noire pour former des Pruniers nains que l'on plante dans les allées des jardins.

Le Prunier sert non-seulement de sujet pour greffer les différentes variétés de Pruniers, mais encore les Pêchers et les Abricotiers, quand on veut cultiver ces arbres dans les terrains gras, humides ; au contraire, dans les terrains exposés à la sécheresse, il vaut mieux se servir de l'Amandier.

Le Cerisier. Originaire de l'Asie-Mineure, d'où le type fut apporté à Rome par Lucullus, l'an 68 av. J.-C., le Cerisier est depuis longtemps répandu partout, même dans les bois où il s'est parfaitement naturalisé.

Il y a deux espèces de Cerisiers, l'une à fruits acides, disposés en grappes allongées, et l'autre à fruits sucrés, réunis en ombelles. Les principales variétés de la première espèce sont :

La Guigne anglaise, excellente, très-productive ; ses fruits mûrissent successivement de la base au sommet des rameaux, de sorte qu'elle est à la fois la plus productive, la plus précoce et la plus tardive de toutes les variétés de Cerisiers. L'arbre s'élève peu, les rameaux, flexibles, retombent comme ceux du saule pleureur.

La Cerise de Montmorency, excellente, mais moins

productive, du moins dans nos contrées, que la précédente.

Parmi celles de la seconde section, on remarque les Bigarreaux, le Mérisier, etc., et enfin le Cerisier-Mahaleb ou Bois de Sainte-Lucie; ce dernier, dont les fruits sont petits et amers, sert de sujet pour greffer des Cerisiers nains que l'on cultive en pots.

Le Laurier-Cerise, originaire, comme le Cerisier, de l'Asie-Mineure, fut importé en France, où il s'est acclimaté, en 1576. Ses feuilles servent à préparer une eau distillée très-employée en médecine contre les palpitations de cœur et pour préparer des collyres calmants. Cette eau sert aussi à aromatiser le lait, en lui donnant un goût d'amande amère; mais il ne faut s'en servir qu'avec précaution, car elle contient une grande quantité d'*acide prussique* qui est, comme nous avons déjà dit, le plus violent de tous les poisons végétaux.

Tous les arbres de cette section, pêchers, abricotiers, pruniers et cerisiers, fournissent une gomme, sécrétée par l'écorce, qui peut remplacer au besoin la gomme arabique. Aussi il faut éviter, à cause de cette sécrétion gommeuse, de tailler ces arbres; ils *craignent le fer*, comme disent les jardiniers. Leur bois est dur, liant et se travaille bien au tour.

Il y a une observation bien importante à faire quand on se propose de créer un verger. Il faut d'abord se rappeler que les arbres à pépins, comme les pommiers, les poiriers, etc., demandent les terres à froment, c'est-à-dire les sols profonds, gras, sans être trop humides; tandis que ceux à noyaux, pêchers, cerisiers, etc., viennent également bien dans les terrains pierreux, calcaires, sablonneux et assez maigres. Il faut ensuite faire les trous assez larges et assez profonds pour que les jeunes racines puissent s'étendre ; ces trous doivent avoir au moins un mètre de longueur et cinquante centimètres de profondeur, et être distants les uns des autres de huit à neuf mètres au moins pour les arbres à plein vent. Si le terrain est mauvais ou seulement médiocre, on fera bien de le labourer profondément et de le bien fumer avant de planter les arbres. On évitera surtout de semer de la luzerne ou du sainfoin dans le verger ; nous avons déjà vu que ces légumineuses poussent de grandes racines qui nuisent beaucoup aux arbres fruitiers. On voit tous les jours des vergers qu'on a créés à grands frais et qui ne contiennent que des arbres chétifs, rabougris, couverts de mousse et de lichen, parce qu'on n'a pas pris ces précautions.

Dans les montagnes, où les terrains sont en pente, on a l'habitude de labourer la partie supérieure de ces terrains, tandis que la partie inférieure est occupée par une prairie naturelle. Hé bien ! l'endroit le plus convenable pour planter des arbres fruitiers est précisément la ligne qui sépare la terre labourable de la prairie. Là, ces arbres ne gênent pas les labours, ils profitent des engrais, leurs racines retiennent les terres et leurs fruits en tombant sur le gazon ne se meurtrissent pas trop.

Quand on parcourt les campagnes et qu'on examine avec soin les conditions si diverses des populations rurales, on demeure frappé des incalculables ressources que l'habitant des champs laisse perdre. Et cependant, quel accroissement de bien-être une famille de pauvres cultivateurs ne pourrait-elle pas trouver dans les fruits d'un verger, même de peu d'étendue, facile à créer, avec peu ou point de frais, mais avec un travail persévérant et une volonté ferme !

Il y a six ans, je fis défoncer un terrain occupé par une vieille grange et quelques arbres à moitié pourris ; ce terrain ne rendait rien, il servait seulement d'entrepôt et de cour. Comme il était très-bien situé pour en faire un beau et bon jardin, je fis faire quelques fouilles pour m'assurer de la profondeur de la couche arable et de la nature du sous-sol. Ces fouilles partielles m'ayant convaincu que je pouvais tirer un bon parti de ce terrain, inculte depuis longtemps, pour en former un jardin potager et fruitier, je le fis défoncer à tranchée ouverte, à un mètre de profondeur; les pierres, qu'on séparait avec soin, m'ont servi pour faire les murs de clôture et pour garnir les allées. Ainsi préparé et clos, je plantai dans les plates-bandes des poiriers en pyramide, des pommiers pour cordons et, contre les murs, des pêchers et des abricotiers pour être conduits en espalier. Ces arbres, au nombre de cent quarante-sept, taillés et conduits avec soin, me donnent déjà aujourd'hui des fruits en abondance qui m'indemnisent largement des dépenses que j'ai faites. De plus, comme je suis éloigné de Pressins, je ne me suis réservé que les fruits, mon fermier n'a cessé d'y récolter de beaux et bons légumes pour les besoins de son ménage. Lorsque je commençai cette petite amélioration, mes voisins et mon fermier lui-même riaient de mon entreprise. Ils prétendaient que c'était de l'argent perdu que de vouloir cultiver un terrain que les anciens avaient abandonné à cause de sa stérilité. Mais bientôt, convaincus eux-mêmes par les résultats que j'ai obtenus, ils s'empressent de suivre l'exemple que je leur ai donné, et ils ont déjà fait de louables efforts pour améliorer aussi et rendre plus productifs leurs misérables *cortis*. C'est surtout par l'exemple qu'il faut prêcher et enseigner le progrès agricole dans nos campagnes, car c'est la seule leçon que la routine comprenne. Combien de fois j'ai été peiné de voir, dans nos montagnes, des vallons très-bien situés pour former de beaux vergers ne contenir que quelques arbres séculaires, couverts de mousse et de lichen, chargés de mauvais petits fruits sauvages, qu'il serait si facile d'améliorer! La consommation des fruits, surtout celle de bons fruits, est presque nulle dans la plupart de nos départements montagneux; ce ne sont pas les acheteurs qui manquent, ce sont les produits, car aujourd'hui tout le monde aime les bons fruits. On peut en dire autant des bons légumes dans les hameaux éloignés des villes. Dans les régions trop élevées ou trop froides, où les pommes et les poires ne pourraient acquérir un degré de maturité suffisante pour en faire des fruits de table, on pourrait toujours les convertir en boisson, qui serait encore une ressource précieuse à présent que le vin est assez cher.

La famille des Rosacées nous fournit encore :

Le genre Ronce, dont les fruits sont une baie caduque formée de graines, enveloppées d'une pulpe aqueuse. L'espèce la plus intéressante de ce genre nombreux est le *Framboisier*, dont tout le monde connaît les fruits rouges et les usages auxquels on les emploie; ces fruits sont portés sur une tige ligneuse qui ne fleurit que la deuxième année, et qui meurt après la maturité des fruits; mais comme la racine est vivace, il pousse chaque année de nouvelles tiges. Le Framboisier est commun dans les bois et dans les montagnes pierreuses; on le cultive aussi dans les jardins pour ses fruits.

La Ronce des haies, à tiges rampantes, garnie d'aiguillons un peu courbés, produit des fruits noirs appelés *mûres*. Les mûres, mêlées aux raisins qui ne sont pas assez mûrs, améliorent le vin et le rendent plus doux. On en fait aussi, dans les montagnes, des gelées excellentes.

La Fraise commune, si parfumée et si abondante dans nos Alpes, où elle mûrit en juin et juillet. Sa tige est stolonifère ou traçante, c'est-à-dire que du collet de la racine il pousse des jets qui rampent sur le sol où ils prennent racine et forment de nouvelles plantes. On cultive dans les jardins plusieurs variétés de fraisiers dont les fruits atteignent la grosseur d'une noix. Tout le monde connaît les usages des Fraises; c'est un fruit indigeste qu'il faut manger en petite quantité. La racine du Fraisier est astringente; on l'emploie souvent en décoction contre les hémorrhagies et les diarrhées.

Toutes les Rosacées sont plus ou moins astringentes; cette astringence est surtout mise à profit par la médecine dans les fruits de l'Églantier, du Cognassier, dans les racines de Fraisier, de Benoîte, d'Aigremoine et de Potentille.

Une espèce du genre Potentille mérite d'être citée, quoiqu'elle ne soit d'aucun usage, car elle appartient uniquement à notre belle province du Dauphiné, si riche en plantes rares, c'est la Potentille du Dauphiné. On l'a d'abord découverte au Mont-Viso et au Lautaret; les botanistes ont cru pendant quelque temps qu'elle ne se trouvait que dans ces deux localités; mais, trois ans plus tard, herborisant dans les montagnes de la Grande-Chartreuse, en compagnie de M. Benoît Jayet, de Grenoble, amateur distingué, qui consacre son temps et sa fortune à la recherche des plantes, nous trouvâmes, le 20 du mois d'août

1851, cette espèce rare, au-dessus du sentier qui mène du Colet à Charmant-Som, en face du hameau des Cottaves. Depuis lors, cette localité, étant plus rapprochée de Grenoble que les deux précédentes, a été presque dévalisée par les botanistes qui s'y sont abattus de toutes parts. Cette année j'ai vu avec peine qu'il ne restait plus qu'une douzaine de pieds de cette potentille, la plus belle du genre par le port et la hauteur de ses tiges, et par la grandeur de ses fleurs d'un beau jaune doré ; aussi je me propose de faire de nouvelles recherches l'année prochaine, afin de la découvrir, si elle existe encore dans les contrées voisines. Elle fleurit en août.

CHAPITRE XXII.

FAMILLE DES CUCURBITACÉES.

LA COURGE.

Plante de la famille des Cucurbitacées, dont les caractères principaux sont : tiges rampantes ou grimpantes; feuilles alternes, munies de vrilles axillaires. Fleurs monoïques ou dioïques ; calice resserré au-dessous de l'ovaire, puis étalé, à cinq lobes; corolle à cinq pétales, libres ou demi-soudés, persistants. Cinq étamines dans les fleurs mâles; le style des fleurs femelles est terminé par trois stigmates épais. Le fruit est charnu, à une ou plusieurs loges, à plusieurs graines cartilagineuses.

Cette famille renferme plusieurs genres dont les

fruits sont comestibles. Le Concombre ordinaire : cette plante a les tiges très-longues, chargées de soies piquantes; les fruits sont oblongs, tuberculeux, très-gros, brillants étant mûrs.

Le Concombre, inconnu à l'état sauvage, est cultivé dans tous les jardins pour ses fruits; ces fruits, à pulpe blanche, aqueuse, fade, sont légèrement nourrissants, laxatifs et rafraîchissants. On en prépare des pommades cosmétiques qui ont la propriété d'adoucir la peau; enfin ses usages culinaires sont connus de tout le monde, ainsi que ceux du *Cornichon*, qui n'est pas autre chose que le fruit du Concombre cueilli avant sa maturité et confit au vinaigre.

Le Melon a les tiges couchées, rudes; les fruits sont ovales globuleux. Originaire d'Asie, le Melon est aujourd'hui cultivé partout où le climat lui permet d'arriver à parfaite maturité. Connu des Grecs et des Romains, il n'a été introduit en France qu'au xvie siècle, sous Charles VIII, à la suite des guerres d'Italie.

La culture du Melon, sur couches chaudes et surtout sous chassis, exige des soins minutieux que je ne puis vous indiquer ici; je vous dirai seulement qu'elle dédommage amplement des peines et des dépenses par la quantité, la grosseur et la qualité de ses produits.

La Coloquinte, dont le fruit est un purgatif drastique et dangereux.

Le genre Courge comprend :

La Courge commune, Citrouille, Potiron ; ses tiges sarmenteuses rampent au loin sur la terre; le fruit acquiert parfois une grosseur monstrueuse; il pèse souvent plus de cinquante kilos. La Courge est originaire des contrées chaudes de l'Asie et de l'Afrique, mais elle se cultive partout aujourd'hui. Son fruit est un aliment doux et assez agréable, rafraîchissant : les vaches et plusieurs animaux domestiques l'aiment et s'en trouvent bien.

La Courge calebasse ou Gourde, dont le fruit sert à faire des gourdes pour les chasseurs, etc.

Toutes ces plantes sont annuelles et demandent un sol humide, beaucoup d'engrais et des arrosages fréquents.

La Bryone est une plante vivace, commune dans les haies; ses tiges sarmenteuses s'accrochent et grimpent sur les buissons. Les fleurs sont blanchâtres, en grappes axillaires et paraissent en juillet; les fruits sont des baies rouges, de la grosseur d'une petite cerise. La racine de Bryone, qui est très-épaisse, charnue, pivotante, nommée dans quelques pays *Navet du Diable*, est un excellent purgatif à l'état frais; mais sèche, elle n'a presque plus d'action. Coupée par tranches minces et appliquée ainsi sur la peau, elle agit comme rubéfiante, épispastique. Elle contient aussi beaucoup de fécule.

CHAPITRE XXIII.

FAMILLE DES GROSSULARIÉES.

LE GROSEILLER.

Le genre Groseiller est le type de la famille des Grossulariées ou Ribésiacées, dont les caractères sont: calice à quatre, cinq lobes, adhérent à l'ovaire; pétales et étamines quatre, cinq; style unique, deux stigmates. Le fruit est une baie succulente, à plusieurs graines. Cette famille comprend des arbrisseaux rameux, touffus, non épineux ou pourvus d'épines, à feuilles alternes ou fasciculées au sommet de rameaux latéraux très-courts.

Le Groseiller rouge ou commun est un arbrisseau dépourvu d'épines ; les fleurs, d'un jaune verdâtre, tachées de brun en dedans, sont disposées en grappes pendantes, axillaires ; fruit rouge, assez petit. Ce Groseiller est commun dans les bois un peu marécageux, les haies et les buissons. On le cultive en plein champ et dans les jardins ; il fleurit en avril-mai et fructifie en Juillet. Ses fruits, connus sous le nom de Groseilles, ont une saveur acide assez agréable ; mangés en grappes bien mûres, ils sont d'un effet salutaire dans les inflammations chroniques des voies gastriques et biliaires. On en prépare aussi des limonades, des gelées, des sirops, etc., qui sont utiles dans les mêmes cas.

Le Groseiller blanc est une variété à fruits blanchâtres ou rosés, un peu acides.

Le Groseiller noir ou Cassis, originaire du nord de l'Europe, est cultivé dans tous les jardins, où il montre ses fleurs et ses fruits aux mêmes époques que le Groseiller rouge. Ces fruits, qui sont noirs, plus gros que ceux du Groseiller commun, possèdent un arôme très-prononcé qui leur est propre et qui paraît résider dans l'enveloppe. On en prépare une excellente liqueur de table connue sous le nom de *Cassis*. Les feuilles ont été conseillées, en infusion, comme astringentes, toniques, dans les diarrhées chroniques.

Le Groseiller à maquereaux est un arbrisseau très-rameux, épineux, à feuilles petites, velues, disposées en fascicules terminaux ; les fruits sont gros, glabres ou hérissés, souvent rougeâtres. Cette espèce, dont on distingue deux ou trois variétés, croît aussi dans les haies, les buissons, les lieux pierreux ; mais elle est cultivée en plein champ et dans les jardins. Ses fruits sont moins acides que ceux des espèces précédentes et sont aussi moins employés en médecine.

Le Groseiller doré est une espèce découverte, il y a cinquante ans, sur les bords du Missouri, et que les horticulteurs cultivent comme plante d'agrément. C'est un arbrisseau de deux mètres de haut, dont les fleurs, d'une belle couleur d'or, se montrent au mois de mai. Les fruits sont noirâtres et bons à manger.

On cultive ordinairement les Groseillers en bordure, dans les jardins, ou dans les plates-bandes, au milieu des poiriers. Quand on les cultive dans les plates-bandes, il vaut mieux les élever sur un seul pied, qu'on taille ensuite en boule ou en vase à cinquante centimètres du sol. Les Groseillers conduits de cette manière sont très-productifs et produisent un bel effet. Quand on taille le Groseiller, il faut se rappeler que c'est à la deuxième et à la troisième années que la branche donne son maximum de produit ; il faut donc avoir soin de laisser toujours des branches de remplacement. Au reste, le Groseiller est si fertile qu'il donne toujours des fruits en quantité ; mais ces fruits n'acquièrent toute leur valeur que par des soins intelligents. Ainsi, mes enfants, comme nous l'avons déjà vu bien souvent dans ce petit ouvrage, ce n'est que par le travail uni à l'intelligence, c'est-à-dire par une étude et par une observation attentive de la nature, que nous pouvons la forcer à produire en même temps beaucoup et bon. C'est pour cela que nous voyons tous les jours des cultivateurs laborieux et instruits obtenir de si belles récoltes, tandis que leurs voisins retirent à peine assez pour vivre.

CHAPITRE XXIV.

FAMILLE DES OMBELLIFÈRES.

Les plantes de cette famille, une des plus naturelles du règne végétal, sont ainsi appelées parce que les fleurs sont disposées en *ombelles;* on remarque à la base de l'ombelle de petites folioles dont la réunion constitue l'*involucre*. Quelquefois l'ombelle est composée, c'est-à-dire que chaque pédoncule porte une petite ombelle nommée *ombellule ;* à la base de l'ombellule on trouve également de petites folioles qui forment l'*involucelle*.

La famille des Ombellifères comprend des végétaux herbacés, rarement sous-frutescents, dont la tige est souvent creuse intérieurement. Les feuilles sont alternes, engaînantes à leur base, généralement décomposées en un grand nombre de folioles. Les fleurs, toujours fort petites, sont blanches ou jaunes; calice adhérent, à limbe presque entier; corolle à cinq pétales; étamines cinq; styles deux, ordinairement persistants; fruit composé de deux graines, entourées du calice, d'abord réunies, puis se séparant, à la maturité, de la base au sommet.

Cette famille mérite une attention toute particulière, parce qu'elle renferme des plantes alimentaires, médicinales et toxiques.

PREMIÈRE SECTION.

Plantes alimentaires.

Le Céleri. C'est une plante du genre *Ache* qui croît dans les marais et au bord des eaux dans le midi de la France. Les Gaulois mangeaient l'Ache sauvage ; mais les Italiens ont été les premiers à la cultiver sous le nom de *Céleri*. C'est sous ce dernier nom que cette plante est généralement connue aujourd'hui ; on la cultive dans tous les pays et on en fait une grande consommation pendant l'hiver. On distingue plusieurs variétés de Céleris : le Céleri blanc, le Céleri rouge, qui diffèrent entre eux par la couleur de leurs feuilles; le Céleri rave, dont la racine est grosse, charnue. Le Céleri se mange ordinairement en salade, cuit ou cru; comme ses feuilles sont beaucoup plus tendres et plus agréables lorsqu'elles ont blanchi, c'est-à-dire quand elles ont été privées de la lumière du soleil pendant quelque temps, on les couvre de feuilles mortes ou de terre à l'approche de l'hiver. Dans quelques localités, les jardiniers cultivent le Céleri en fosses et, à mesure que la plante pousse, ils la chaussent de terre ; de cette manière, les feuilles de Céleri blanchissent naturellement.

Le Céleri cultivé est une plante saine, agréable, d'une odeur aromatique, antiscorbutique. Le Céleri sauvage, au contraire, est suspect pour l'homme, car il a souvent causé de graves dangers. Les chevaux n'y touchent point ; les chèvres et les moutons le mangent sans inconvénient. Il y a beaucoup de plantes que les animaux mangent et qui sont un poison pour l'homme ; ainsi les chèvres broutent la ciguë sans en éprouver le moindre malaise, tandis qu'elle donne promptement la mort si on en mange par erreur dans la salade.

Le Persil. Cette espèce est cultivée dans les jardins, surtout pour ses feuilles qu'on emploie, comme condiment, dans les diverses préparations culinaires. Mais il est de la plus grande importance de ne pas le confondre avec une autre plante qui croît en abondance dans les jardins et qui est très-vénéneuse ; toutes les années cette méprise occasionne des accidents mortels. La petite Ciguë, ou Ciguë des jardins, a, en effet, la plus grande ressemblance avec le Persil quand ces deux plantes sont encore jeunes, quand elles n'ont poussé que des feuilles. Le seul moyen d'éviter la confusion pour les personnes qui ne sont pas botanistes, c'est de bien remarquer l'odeur ; dans le Persil, cette odeur est aromatique et agréable, tandis qu'elle est vireuse, fade et nauséabonde dans la petite ciguë. Enfin, quand les plantes sont fleuries, les fleurs du Persil sont jaune-verdâtres ; celles de la ciguë sont blanches. La tige du Persil est cannelée, verte ; celle de la petite ciguë est presque lisse, rougeâtre inférieurement et un peu maculée de rouge foncé.

Si, par malheur, on avait mangé de la ciguë, il faudrait faire promptement vomir le malade en lui faisant avaler une grande quantité d'eau tiède et en introduisant dans le gosier les barbes d'une plume, ou mieux, si l'on avait à sa disposition de l'émétique, il faudrait en faire prendre la grosseur de deux grains de blé dans un litre d'eau chaude. Après le vomissement, donner une boisson faite avec une cuillerée de vinaigre dans un litre d'eau et du sucre. Combattre les coliques, s'il en survenait, en appliquant des cataplasmes tièdes sur le ventre.

Mais le meilleur moyen d'éviter cette cruelle méprise, c'est de ne cultiver dans les jardins que le *Persil frisé*, dont les jolies feuilles dentelées se distinguent aisément de celles de la petite ciguë.

Le Cerfeuil commun. — On le cultive partout, dans les jardins comme plante potagère. Tout le monde connaît les usages de cette plante, qui est annuelle. Les lapins en sont très-friands et elle donne un goût délicieux à leur chair.

Depuis quelques années on cultive beaucoup une espèce de Cerfeuil, connu sous le nom de Cerfeuil bulbeux, à cause du volume de sa racine. Cette racine contient une fécule abondante, plus azotée et exempte de l'odeur désagréable qui caractérise celle de la pomme de terre. M. Payen pense qu'elle pourrait remplacer la plupart des fécules exotiques. Plusieurs horticulteurs en ont déjà obtenu des produits fort remarquables; le moment le plus favorable pour arracher le Cerfeuil bulbeux est le mois de juillet, lorsque les feuilles se sont fanées; avant ce terme, les racines n'ont pas encore acquis toute leur valeur.

Le Panais. — Cette plante croît en abondance dans les champs et est cultivée dans les jardins potagers à cause de sa racine. Cette racine est alimentaire, sucrée et aromatique. Nous avons déjà vu la ressemblance qu'offre la petite ciguë avec le Persil commun; la racine de Panais a aussi beaucoup d'analogie avec celle de la grande ciguë, qui est aussi très-vénéneuse; mais la racine du Panais a une odeur forte, aromatique, tandis que celle de la grande ciguë est fade, nauséabonde et vireuse.

La Carotte, connue dans notre département sous le nom de Pastonade. C'est une de ces plantes dont la culture a modifié et changé les propriétés et le volume d'une manière remarquable. A l'état sauvage, sa racine est grêle, âcre, d'une odeur forte et aromatique, tandis que dans nos jardins elle est épaisse, charnue, d'une saveur douce et sucrée. La racine de Carotte est une bonne nourriture pour l'homme et pour les animaux. La culture en a obtenu plusieurs variétés, remarquables par le développement de la racine. La *rouge* et la *jaune* sont cultivées pour l'homme ; la *blanche* à collet vert est principalement cultivée pour les chevaux, qui en sont très-friands et à qui elle fait beaucoup de bien pendant l'hiver, en leur procurant un peu de fourrage frais.

DEUXIÈME SECTION.

Plantes médicinales.

L'Angélique, ainsi nommée à cause de l'odeur suave de sa plante. Cette plante atteint jusqu'à deux mètres de haut ; la tige est creuse, grosse et noueuse. Les feuilles sont très-grandes ; les fleurs, en ombelles nombreuses, sont blanches. L'Angélique croît sans culture dans les pays chauds et renferme une assez grande quantité d'huile volatile, à laquelle elle doit ses propriétés, qui sont d'être aromatique, stimulante, stomachique et carminative. Cultivée dans notre climat, elle s'adoucit et devient plus sucrée. Les confiseurs font un grand usage des jeunes tiges de l'Angélique qu'ils confisent au sucre et qu'ils vendent sous le nom d'*Angélique*. Ses racines entrent aussi dans la préparation de plusieurs liqueurs toniques et excitantes.

Les fruits du Fenouil, de l'Aneth, de la Coriandre, de l'Anis, etc., sont très-employés en médecine et surtout par les liquoristes. Ces fruits renferment une huile volatile analogue à celle des Labiées, et qui leur communique une saveur chaude, aromatique.

Quelques Ombellifères exotiques fournissent les gommes-résines très usitées en médecine, telles que l'assa-fœtida, la gomme ammoniaque, le sagapenum, le galbanum, l'opoponax, etc.

Une observation digne de remarque, c'est que le principe aromatique est d'autant plus développé que les espèces vivent naturellement dans des lieux et des contrées plus chaudes et plus sèches, tandis qu'au contraire on doit toujours se défier des espèces qui croissent à l'ombre, dans des lieux humides ou même dans l'eau, parce que le principe narcotique y prédomine et qu'elles sont plus ou moins dangereuses pour l'homme et les animaux. C'est, en effet, dans les localités humides qu'abondent les diverses espèces de ciguës.

Ce nom de ciguë nous rappelle, mes enfants, de bien tristes souvenirs; on sait que les Athéniens, aveuglés par la calomnie, ne craignirent pas de faire mourir par ce poison violent les deux plus sages de leurs concitoyens : Socrate et Phocion furent condamnés à boire la ciguë en récompense de leurs vertus et des services qu'ils avaient rendus à la Grèce.

Mais la civilisation moderne, éclairée par le flambeau du christianisme, réchauffée par l'amour d'une charité divine, a fait tourner au profit de l'humanité souffrante des poisons qui, chez les anciens, ont trop souvent servi d'instrument à la haine la plus aveugle et à la vengeance la plus barbare. Des hommes instruits et dévoués ont cherché à tirer parti des plantes les plus dangereuses, et aujourd'hui la ciguë, comme l'opium, est fréquemment employée pour guérir les maladies les plus graves et les plus atroces qui puissent affliger l'espèce humaine, les affections cancéreuses.

CHAPITRE XXV.

FAMILLE DES CAPRIFOLIACÉES.

LE SUREAU.

Tous les enfants connaissent ce joli arbrisseau sous le nom de *Pétard*, ainsi nommé parce qu'ils se servent des jeunes branches qu'ils coupent entre deux nœuds et qu'ils débarrassent ensuite de la moelle pour en faire des espèces de pistolets à air comprimé. La moelle des jeunes tiges de Sureau est blanche, très-légère ; elle sert, en physique, à faire de petits pendules très-sensibles pour constater l'électricité des corps.

Il y a plusieurs espèces de Sureau : le Sureau commun ou noir, ainsi appelé à cause de la couleur noire de ses baies ; c'est celui qu'emploient généralement les enfants pour fabriquer leurs pétards. Il croît dans tous les lieux frais, dans les bois, les haies et les buissons ; son écorce est cendrée, fendillée ; ses feuilles lancéolées, d'un vert foncé. Les fleurs sont blanches, disposées en une large ombelle rameuse, d'une odeur aromatique plus ou moins agréable; ses baies ou fruits, d'abord rouges, deviennent noirâtres à leur maturité.

Le Sureau noir est fréquemment cultivé dans les parcs pour la beauté et le parfum de ses fleurs.

Le Sureau à grappes. Moins grand que le précédent, on le cultive aussi dans les parcs comme plante d'ornement; son écorce est rougeâtre; ses fleurs sont en grappes ovales, un peu pendantes; ses fruits ou baies sont nombreuses et d'un rouge vif. Il est commun dans les bois montagneux.

Le Sureau hièble, dont les tiges sont herbacées, annuelles, les fleurs sont aussi blanches et les fruits noirs comme ceux du Sureau commun.

Tous les Sureaux exhalent une odeur vireuse, qui est surtout très-prononcée dans le Hièble. La seconde écorce, les feuilles et les fleurs vertes sont purgatives, ainsi que les fruits; on prépare avec les fruits du Sureau noir une conserve ou *rob de sureau* que l'on administre comme purgatif et sudorifique. La racine du Hièble est un purgatif violent, dangereux.

Les gens de la campagne font un fréquent usage des fleurs sèches du Sureau commun comme sudorifiques ou diaphorétiques dans les rhumes, les refroidissements, et comme résolutives, employées en cataplasmes sur les engorgements, les fluxions, etc. La fumée ou vapeur chaude d'une décoction de fleurs de Sureau, respirée pendant quelque temps, matin et soir, est un excellent remède pour combattre les rhumes de cerveau, coryzas.

Le Sureau sert de type principal à la famille des Caprifoliacées, qui renferme plusieurs plantes d'ornement du plus bel effet. Les caractères généraux de cette famille sont : calice à cinq dents ou à cinq lobes, corolle monopétale ou à quatre-cinq pétales élargis à la base ; étamines quatre-cinq ; style unique ou nul ; stigmates un-trois ; le fruit est une baie ou une capsule souvent couronnée par les lobes du calice. Cette famille est formée d'arbrisseaux à feuilles opposées, et presque tous cultivés dans les parcs pour la beauté et le parfum suave de leurs fleurs.

Le genre Chèvrefeuille, qui renferme plusieurs espèces. Tout le monde connaît ces superbes Chèvrefeuilles qui tapissent les murs des jardins ou qui grimpent sur les arbres ; les feuilles, opposées, vertes, mêlées à de magnifiques guirlandes de fleurs rouges, jaunes ou bleues, selon les espèces, charment la vue en même temps que leur parfum délicieux flatte l'odorat par les émanations les plus douces et les plus suaves.

Les belles fleurs blanches, globuleuses, connues sous le nom de *Boule de Neige*, qu'on remarque presque dans tous les jardins et dans tous les parcs, sont produites par un arbuste appelé Viorne. Ces fleurs, comme celles de l'Hortensia, présentent une disposition singulière : c'est le calice, dont le *limbe* se développe outre mesure, qui forme ce qu'on prend vulgairement pour la fleur ; la corolle, les étamines et le pistil, c'est-à-dire la fleur véritable, sont à peine visibles.

Une autre espèce de Viorne, la Viorne mancienne, est très-commune dans les bois ; ses tiges souples servent à faire des liens et des corbeilles ; ses fleurs blanches, en cime très-garnie, paraissent en avril et mai. Les fruits, d'abord rouges, passent au noir à la maturité ; ces fruits sont recherchés par les enfants qui les mangent avec plaisir. Ils sont de la grosseur d'une petite cerise noire et contiennent, au milieu de la pulpe, un noyau ou pierre assez dure.

On mange encore les fruits de deux autres espèces indigènes de la famille des Caprifoliacées : ceux des Cornouillers mâle et sanguin; mais il faut les laisser ramollir par un commencement de fermentation, comme les sorbes et les nèfles. Les fruits du Cornouiller sanguin contiennent une quantité assez considérable d'huile qui peut être utilisée pour l'éclairage.

Le bois de Cornouiller, surtout celui du Cornouiller mâle, est très-dur et très-liant; il fait d'excellentes cannes; on en fabrique aussi des fléaux pour battre les grains.

Enfin, nous trouvons encore parmi les plantes indigènes de cette famille le Lierre grimpant, si commun dans tous les bois où ses tiges faibles, sarmenteuses, s'élèvent jusqu'au sommet des plus grands arbres en s'accrochant à ces derniers à l'aide de griffes. Rien de gracieux et de poétique comme ces longues guirlandes de feuilles luisantes et toujours vertes, enlacées autour des vieux arbres, et présentant de loin en loin de magnifiques corymbes de petites fleurs verdâtres ou de fruits noirs. Les anciens tressaient avec ses feuilles des couronnes à Bacchus, aux faunes et aux satyres; mais à présent on ne couronne plus avec le Lierre que les vieux murs pour les masquer à la vue, ou les ruines, pour leur donner ce vernis d'antiquité si précieux aux archéologues. Le Lierre a été de tout temps le symbole de l'attachement de l'amitié; éternellement il sera un emblème de l'enfant faible et timide, enlaçant fortement avec ses petits bras son papa ou sa maman.

Malgré la lenteur de sa croissance, la tige du Lierre

atteint quelquefois un volume assez considérable. Le docteur Richard a vu, en 1825, au Prato, à Florence, des pieds de Lierre qui avaient la grosseur du corps d'un homme. J'en connais un qui a $0^m,45$ de circonférence au-dessus de terre ; ce Lierre se trouve à côté d'un puits situé sur la commune des Abrets ; sa tige s'élève au-dessus de la margelle du puits et s'étale ensuite en parasol du plus bel effet.

Le bois de Lierre est tendre et spongieux : on en fabriquait des coupes dans l'antiquité. Les feuilles, à cause de leur fraîcheur et de leur action légèrement stimulante, servent aux pansements des vésicatoires et des cautères. Les fruits, comme ceux du Sureau, sont purgatifs.

CHAPITRE XXVI.

FAMILLE DES LORANTHÉES.

LE GUI.

Le Gui est une plante parasite de la famille des Loranthées ; il croît sur les Poiriers, les Pommiers, les Noyers, les Peupliers, les Tilleuls, etc., plus rarement sur les Châtaigniers et les Chênes, jamais sur les Figuiers. Ses fleurs se montrent au printemps ; elles sont petites, jaune-verdâtres. Le fruit est une baie blanche, qui contient une matière gluante avec laquelle on prépare la glu qui sert à prendre les oiseaux. Les merles et les grives mangent ces baies pendant l'hiver.

Les tiges du Gui sont ligneuses, hautes de 0ᵐ,30 à 0ᵐ,60, divisées en rameaux nombreux, étalés en tous sens; les feuilles sont opposées, dures, épaisses.

Les anciens Gaulois ont fait de cette plante singulière l'objet d'un véritable culte. Le Gui de chêne était pour eux un remède universel, une véritable panacée. Les Druides ou prêtres gaulois croyaient que cette plante parasite était semée sur le chêne par une main divine; l'union de l'arbre sacré avec la verdure éternelle du Gui, était à leurs yeux un vivant symbole du dogme de l'immortalité. On cueillait le Gui en hiver, à l'époque de sa floraison, lorsque ses longs rameaux, ses feuilles vertes et ses fleurs jaunes, enlacées à l'arbre dépouillé, représentent mieux l'image de la vie au milieu de la nature morte. C'était avec solennité, et le sixième jour de la lune, qu'il devait être coupé; un druide en robe blanche montait sur l'arbre, une faucille d'or à la main, et tranchait la racine de la plante que d'autres druides, placés au-dessous, recevaient dans un voile blanc. Cette cérémonie se terminait par l'immolation de deux taureaux blancs, afin d'attirer les bénédictions de leur divinité sanguinaire, le farouche et cruel Teutatès.

Les Gaulois prêtaient au Gui les propriétés les plus merveilleuses et le regardait comme un antidote contre tous les poisons; mais de tout cela il n'est resté que le souvenir de pratiques superstitieuses qui n'ont pas encore entièrement disparu. Ainsi, dans plusieurs départements de la France, à Château-Landon, à Chartres, ancienne métropole des Druides, le Gui joue encore un rôle important dans les fêtes de village au renouvellement de la nouvelle année.

Mais la religion chrétienne, en civilisant le monde

barbare, a fait disparaître peu-à-peu toutes ces coutumes bouffonnes et ridicules, par lesquelles les anciens peuples croyaient rendre hommage à la Divinité. Jésus-Christ, en apprenant aux hommes qu'il fallait adorer Dieu en esprit et en s'offrant lui-même à son père comme la plus pure des victimes expiatoires, a mis fin à ces sacrifices sanglants, où l'on immolait non seulement les animaux qui nous sont si utiles, mais encore des hommes. Aujourd'hui, grâce à l'Evangile, nous savons que l'humble prière d'un enfant sage et vertueux est plus agréable à notre Père céleste que tout le sang des victimes.

Travaillons donc de bonne heure, mes enfants, à être vertueux; faisons régulièrement nos prières du matin et du soir avec foi, et le bon Dieu nous aimera toujours; il bénira nos travaux et nous serons heureux.

Si la civilisation chrétienne a fait disparaître les anciennes coutumes barbares, la science a également mis à néant toutes les prétendues propriétés merveilleuses du Gui, et, aujourd'hui, les cultivateurs arrachent partout avec soin cette plante parasite qui vit aux dépens de nos arbres fruitiers en suçant, par ses racines, la sève qui est destinée à nourrir les fruits. Le Gui n'est plus que le symbole des paresseux, des vagabonds qui, au lieu de travailler, cherchent à vivre aux dépens des hommes laborieux et intelligents, qui sont parvenus, par leur économie, leur travail et leur bonne conduite, à se créer une honnête et paisible aisance.

CHAPITRE XXVII.

FAMILLE DES RUBIACÉES.

LA GARANCE.

La Garance est un genre précieux de la famille des Rubiacées, dont les caractères botaniques sont : calice adhérent à l'ovaire, à quatre, cinq lobes; corolle en roue, à quatre, cinq divisions; étamines quatre, cinq; style unique; deux stigmates; fruit à deux graines adossées; feuilles verticillées par quatre, six.

On connaît une vingtaine d'espèces de Garance qui recèlent dans leurs racines une matière colorante rouge très-employée pour la teinture des étoffes. La plus importante pour nous est la Garance des teinturiers; cette plante est indigène au midi de la France et de l'Europe, où elle se trouve dans les tas de pierres, sous les buissons, le long des murs et des haies, fleurissant en juin-juillet. Mais, vu son utilité, on la cultive en grand au nord comme au midi, en Flandre, en Alsace et aux environs d'Avignon. En effet, sa racine forme à elle seule la base du *rouge d'Andrinople,* et sert en outre dans différentes autres teintures pour consolider la couleur. Cette racine contient deux matières colorantes, l'une rouge, l'autre jaune : la première est l'Alizarine, principe particulier qui donne un beau rouge très-solide, et, avec les différents mordants, toutes les nuances de violet, de brun, etc. La Garance fournit, en outre, un excellent fourrage; ses fanes ou tiges sont recherchées du bétail autant que la Luzerne, dont elles n'ont pas l'inconvénient; une particularité d'autant plus intéressante de cette plante, c'est que la coupe des tiges sert merveilleusement à l'accroissement de la racine. Aussi cette culture donne les plus forts produits; l'on estime qu'une bonne récolte peut fournir, par hectare, quarante quintaux métriques de racines sèches, valant 60 fr. l'un, et soixante quintaux métriques de fourrage à 4 fr. l'un, ce qui fait un produit total de 2,640 fr. par hectare. Cependant, malgré ces avantages, et quoique la culture de la Garance paraisse remonter à des temps très-reculés, cette culture est peu répandue, parce qu'elle exige une grande quantité d'engrais et un sol léger, perméable, frais, qui soit défoncé à $0^m,50$ de profondeur avant l'hiver, ce qui la rend assez coûteuse. On établit une garancière soit au moyen du semis de la graine sur place, soit par la transplantation de jeunes plants tirés d'une pépinière, ou seulement d'une racine provenant d'une ancienne garancière.

On connait trois variétés de Garance : la grande, qui pousse des tiges de 1 mètre à $1^m,50$; ces tiges sont carrées, noueuses, ayant à chaque nœud quatre à cinq feuilles verticillées en forme d'étoiles; la moyenne, dont les tiges sont moins fortes et les nœuds accompagnés de 6 feuilles; la petite, qui est sauvage et que l'on peut regarder comme l'espèce primitive; celle-ci croît et se multiplie d'elle-même, sous les haies et sous les buissons, le long des bois, etc. Elle abonde dans presque toute la France et la Corse.

On remarque encore dans la famille des Rubiacées : le genre Gaillet, ou Caille-lait, appelé aussi dans les campagnes Rison, dont les nombreuses espèces font le désespoir du cultivateur. Ces plantes, minces, flexibles, s'accrochent aux moissons par des poils recourbés. Le nom de Caille-lait vient de la propriété qu'on leur attribue de faire *cailler* le lait; les Anglais s'en servent pour colorer leurs fromages en jaune.

Les fruits du Caille-lait commun, Grateron, torréfiés comme le Café, peuvent remplacer ce dernier. Le Café appartient, en effet, à la même famille, et nous avons déjà vu bien souvent que les plantes d'une même famille ont presque toujours les mêmes propriétés.

Le Café, que tout le monde connaît par son arôme délicieux et par la boisson bienfaisante qu'il procure, est le fruit du Caféier. Ce joli arbrisseau est orné en tout temps de son feuillage vert et luisant: la tige s'élève à une hauteur de cinq-sept mètres. Les feuilles ressemblent à celles du Laurier. Les fleurs, qui sont blanches et odoriférantes, sont agglomérées à l'aisselle des feuilles. Le fruit est une baie rouge, du volume d'une cerise, formée d'une pulpe douceâtre, peu épaisse, qui enveloppe deux noyaux accolés dont la paroi offre l'aspect d'un parchemin ; chaque noyau renferme une graine, convexe du côté externe, plane et sillonnée en long du côté interne.

Le Café est originaire de Kaffa, en Abyssinie, d'où il a été ensuite transporté à Moka, province de l'Arabie Heureuse, en Perse et en Égypte. Il n'y a que deux cents ans qu'il fut apporté en France; Louis XIV en but pour la première fois en 1664; mais il était alors d'un prix énorme, puisque la livre de Café se vendait 140 livres tournois, ce qui ferait aujourd'hui près de 1,000 fr. Quelques années plus tard, un consul de France en Hollande envoya un pied de ce précieux végétal à Louis XIV. Placé au Jardin des Plantes de Paris, il prospéra et ne tarda pas à se charger de fruits qui servirent à le multiplier. Un bâtiment, commandé par le capitaine Declieux, fut chargé, en 1720, d'en transporter trois pieds à la Martinique. Pendant la traversée, qui fut longue et dangereuse, deux périrent et le troisième ne dut sa conservation qu'aux soins et aux privations du capitaine qui, pendant le voyage, partagea sa ration d'eau avec le jeune Caféier. Ce fut ce seul individu qui devint l'origine de toutes les plantations qui s'établirent à la Martinique et dans les Antilles françaises. De là, on l'introduisit ensuite à Cayenne, à l'île Bourbon et enfin, plus tard, en Algérie. La plus grande partie du Café qui se consomme aujourd'hui en Europe est encore tirée des Antilles ; mais le plus estimé est celui de Moka ; sa graine est plus arrondie et plus roulée que les autres variétés.

Le Café à l'état naturel est dur et n'offre qu'une saveur herbacée qui n'a rien d'agréable ; c'est par la torréfaction que l'on développe cet arôme si suave et cette odeur si pénétrante, qui font que tous les peuples civilisés du globe le recherchent avec tant d'empressement. Le Café torréfié, réduit en poudre et infusé dans de l'eau bouillante, forme une boisson qui fait les délices de la société, parce qu'elle stimule le cerveau sans l'échauffer. Prise chaude, cette liqueur est un stimulant énergique ; elle a tous les avantages des liqueurs spiritueuses, sans en avoir les inconvénients. Elle détermine dans l'estomac un sentiment de bien-être, une stimulation qui ne tarde point à s'étendre à toute l'économie ; les facultés intellectuelles et morales deviennent plus vives et plus actives sous son influence ; les mouvements du cœur et des vaisseaux sont plus développés, plus fréquents ; les contractions musculaires plus faciles, etc. Le Café éloigne le sommeil chez ceux qui ne sont point habitués à son usage, et fait souvent tourner les veilles au profit de l'étude. Que de poètes, de musiciens, etc., lui doivent leurs meilleures productions ! Aussi le décore-t-on, dans beaucoup d'ouvrages, de *boisson intellectuelle*. Mais ici comme toujours, mes enfants, l'usage conduit aisément à l'abus, et lorsque l'excitation émoussée demande des doses plus fortes, il ne tarde pas à survenir des symptômes d'irritation de l'estomac, des troubles du système nerveux, l'amaigrissement, le tremblement des membres, etc., tandis que l'usage modéré fortifie et nourrit le corps comme le vin, car le Café contient beaucoup de matières nutritives. L'usage du Café est aujourd'hui si répandu, qu'il s'en consomme plus de treize millions de kilogrammes seulement en France.

La famille des Rubiacées fournit encore parmi les plantes exotiques plusieurs espèces remarquables qui font les délices des amateurs de fleurs, et enfin l'Ipécacuanha, qui est un excellent vomitif, très-usité en médecine, et les diverses espèces de Quina ou Quinquina qui fournissent la *quinine*, le plus précieux de tous les remèdes pour guérir la fièvre. Quand on administre la quinine aux malades, il est bon de la faire dissoudre dans une tasse de café bien chargé et bien sucré ; le café a l'avantage de masquer presque complètement l'amertume si franche de la quinine et d'en augmenter même l'effet médicamenteux. Dans quelques localités, on guérit même la fièvre en faisant boire aux malades une décoction concentrée de café cru.

CHAPITRE XXVIII.

FAMILLE DES VALÉRIANÉES.

LA VALÉRIANE OFFICINALE.

La Valériane officinale est une belle plante vivace qui croît dans les lieux un peu humides, dans les bois, les prés. On la cultive souvent dans les jardins. Cette plante a les racines blanchâtres, fibreuses; les tiges droites, cannelées, hautes de un-deux mètres; les feuilles sont opposées; les fleurs sont rougeâtres, quelquefois blanches, formant de jolis bouquets odorants.

La racine de la Valériane a une saveur amère, âcre, une odeur fétide et nauséabonde. On l'emploie en médecine comme tonique, fébrifuge et particulièrement comme antispasmodique dans les maladies nerveuses. L'odeur de cette racine a tant d'attrait pour les chats, qu'ils grattent la terre des jardins où elle se trouve; ils se roulent dessus avec une sorte de volupté en faisant entendre leur ronflement joyeux.

La Valériane donne son nom à la famille des Valérianées qui renferme plusieurs espèces. Les racines de toutes ces plantes, comme celle de la Valériane officinale, sont très-odorantes.

Le Nard, parfum fort célèbre chez les anciens, était composé de racines aromatiques dans lesquelles entraient celles de plusieurs espèces de Valérianes. Les poètes eux-mêmes chantèrent les propriétés de ce précieux parfum; on en composait aussi des baumes, des essences, des onguents qui servaient à la toilette, qu'on portait sur soi et qu'on prescrivait même pour chasser les venins.

Le fameux Nard indien n'est autre chose que la racine de la Valériane nard et de la Valériane celtique unies à la racine d'une graminée appelée aussi Nard; c'est le plus célèbre; on le trouve encore aujourd'hui dans le commerce. Les peuples orientaux faisaient particulièrement usage de ces parfums pour oindre les voyageurs auxquels, dans les temps reculés, on accordait une hospitalité si généreuse. Cette hospitalité était alors un grand bienfait, car il n'y avait pas, comme aujourd'hui, des hôtels splendides, des auberges bien approvisionnées pour recevoir les étrangers. C'est par suite de cet usage que l'Évangile nous représente Marie versant sur les pieds de Notre Seigneur Jésus-Christ l'huile de Nard qui embauma toute la maison.

Cette famille nous intéresse encore par une petite plante qui nous fournit d'excellentes salades au printemps, quand tous les autres légumes sont à peine sortis de terre : c'est la *Valérianelle* ou Mache, appelée aussi *Reponçon*, Doucette, etc. La Doucette a une saveur un peu fade, herbacée, mais comme c'est la première plante que l'on puisse cueillir, on la trouve délicieuse. Elle vient dans tous les champs cultivés, on la sème aussi dans les jardins. Sa culture est très-simple : il suffit de répandre la graine à la volée et de l'enterrer avec le rateau; un léger sarclage donné à propos facilite sa croissance. Si on laisse quelques pieds monter en graine, la plante se propage ensuite d'elle-même, car la graine s'échappe des capsules mûres au moindre souffle du vent.

Les jolies Scabieuses qu'on cultive dans les jardins pour leur parfum si suave et pour l'éclat de leurs brillantes corolles rouges, blanches ou roses, appartiennent à une petite famille voisine, les Dipsacées. On remarque aussi parmi les Dipsacées le Chardon à foulon, ou Cardère, ainsi appelé parce que ses capitules ou têtes, armées de piquants raides et crochus, servent à carder les draps.

CHAPITRE XXIX.

FAMILLE DES SYNANTHÉRÉES.

LA GRANDE MARGUERITE.

Tout le monde connaît cette jolie plante; les enfants s'amusent souvent à différents jeux d'esprit avec les pétales blancs qui forment une espèce de couronne autour du centre jaune de cette fleur. Il y a des personnes assez simples et assez naïves pour engager leur avenir en ajoutant foi à des pronostics aussi futiles. Mais vous, mes enfants, si, par hasard, vous vous amusez aussi quelquefois à ces jeux qui récréent nos bonnes paysannes, vous porterez plus loin vos recherches, car vous savez déjà que si les contes et les légendes amusent, il n'y a que l'étude et l'observation attentive de la nature qui instruisent. Ainsi, en analysant la fleur d'une Marguerite, vous remarquerez qu'elle se compose de la réunion de plusieurs petites fleurs portées sur une tête ou réceptable commun.

Les pétales que vous arrachiez sans vous donner la peine d'examiner leur forme singulière sont de véritables fleurs. Ceux de la circonférence sont blancs, ligulés, c'est-à-dire en forme de languette vers l'extrémité et tubuleux vers la base; le disque ou bouton jaune du milieu est formé par la réunion de plusieurs pétales jaunes, petits, tubuleux; chacun de ces tubes forme une fleur complète et renferme cinq étamines et un pistil; chaque pistil correspond à l'ovaire, qui produira plus tard une graine. Les botanistes donnent le nom de Composées aux plantes dont les fleurs sont, comme celles de la Marguerite, formées par la réunion de plusieurs petites fleurs dans un involucre commun, placées sur un réceptacle plan ou convexe. Ils les appellent aussi Synanthérées, parce que les étamines sont soudées ensemble par les anthères.

La famille des Composées ou Synanthérées est la plus nombreuse de toutes les familles naturelles: elle renferme à elle seule la douzième partie des végétaux connus. Cependant, malgré la ressemblance et l'analogie apparente de toutes ces fleurs, on ne tarde pas à reconnaître, quand on les examine toutes avec attention, qu'il y a des différences bien marquées dans la forme des fleurons; ainsi les capitules de la Grande-Marguerite sont composés de fleurons au centre et de demi-fleurons à la circonférence; d'autres, comme la Chicorée, ne présentent que des demi-fleurons; enfin, dans l'Artichaut, le Cardon, etc., le capitule est formé entièrement de fleurons complets. De là trois grandes divisions ou tribus pour cette immense famille. Toutes les plantes dont les fleurs sont composées de demi-fleurons à la circonférence et de fleurons au centre ont été classées dans la tribu des Corymbifères ou Radiées, parce que ces fleurs ressemblent assez bien à une roue. Les fleurs à demi-fleurons ont formé la tribu des Chicoracées. Enfin, celles dont tous les fleurons sont tubuleux, comme le Cardon, forment la tribu des Carduacées.

Ce qu'il y a encore de remarquable, c'est que chacune de ces tribus présente aussi quelques différences dans les propriétés médicales. Toutes les Synanthérées sont généralement des plantes stimulantes et toniques à cause de l'huile volatile et du principe amer qu'elles contiennent ; mais les Carduacées se distinguent surtout par leur grande amertume, qui les fait employer comme *toniques;* les Corymbifères sont stimulantes à cause de l'huile volatile essentielle et même du camphre qu'elles contiennent ; enfin, les Chicoracées renferment un suc laiteux, amer et calmant.

PREMIÈRE TRIBU.

Carduacées.

Toutes les fleurs de cette tribu sont formées de fleurons tubuleux, réguliers, ce qui les a fait nommer aussi Tubuliflores ; le réceptacle est garni de soies très-nombreuses, ou d'alvéoles dans lesquelles sont implantés les fleurons ; les feuilles sont alternes ou opposées, épineuses.

On remarque parmi les plantes de cette tribu :

L'Onoporde ou Chardon acanthe, dont la tige épineuse, raide, atteint jusqu'à deux mètres de haut. Ce chardon est commun le long des chemins et fleurit en juin-juillet ; le réceptacle ressemble à celui de l'Artichaut; il a le même goût, mais il est plus petit. La culture améliorerait probablement cette plante.

La Carline, dont le nom vient de Charlemagne, appelé autrefois Karle, parce que cette plante aurait guéri son armée de la peste. Cette plante singulière croît en abondance dans les pays montagneux ; sa tige est presque nulle ; les feuilles forment une espèce de rosace, du milieu de laquelle s'élève un gros capitule de fleurs jaunâtres. Sa racine, qui est épaisse, fusiforme, d'une saveur amère, a été préconisée en infusion aqueuse ou vineuse comme tonique et fébrifuge. Les fleurs de la Carline sont hygrométriques : elles s'épanouissent par un temps sec et se ferment lorsque l'atmosphère est humide. Avec cette plante on peut donc faire un baromètre très-économique et qui peut rendre quelques services en agriculture, puisqu'il indique le beau et le mauvais temps. Cette plante est recherchée par les chèvres, négligée par les vaches ; les bergers cueillent ses réceptables pour les manger comme ceux de l'Artichaut.

L'Artichaut, qu'on cultive partout dans les jardins pour ses capitules ou têtes, est originaire du midi de l'Europe ; à l'état sauvage il a le port de nos chardons, mais la culture lui a donné le port que nous lui connaissons. Les têtes de l'artichaut, cueillies avant l'épanouissement des fleurs, offrent dans leurs écailles et leur réceptacle un aliment agréable, de facile digestion. Il redoute les fortes gelées et se multiplie de graines ou d'œilletons. On en distingue plusieurs variétés.

Le Cardon, qu'on trouve à l'état sauvage, comme l'Artichaut, dans toutes les contrées méridionales de l'Europe et dans le nord de l'Afrique, est cultivé dans les jardins pour ses feuilles appelées Cardes. Ce sont les côtes ou nervures médianes des feuilles que l'on mange ; lorsqu'elles sont cuites, elles sont tendres et leur saveur offre une grande analogie avec celle de l'Artichaut. Préparées avec du bouillon gras, c'est un mets délicieux et fort recherché.

Les Cirses et les Chardons bordent les chemins et croissent quelquefois en abondance dans les champs de blé, où ils font le désespoir des moissonneurs pour les piqûres que leur occasionnent les épines de ces plantes. Mêlées au fourrage sec, ces plantes piquent souvent la gorge des bestiaux et y déterminent des maladies inflammatoires. Il faut donc les trier avec soin au moment de la récolte des foins. Les ânes et les chèvres sont les seuls animaux domestiques qui mangent les Chardons.

La Bardane. — Cette plante, qui est très-commune dans les terrains incultes, au milieu des décombres, où elle fleurit pendant presque tout l'été, est recherchée par les enfants qui s'amusent à en lancer les capitules dans les cheveux ou sur les vêtements de leurs camarades ; ces capitules ou involucres sont formés par un grand nombre de petites folioles étroites, imbriquées et terminées à leur sommet par un petit crochet recourbé en dedans ; c'est ce crochet qui leur donne la faculté de s'attacher aux vêtements et à la toison des moutons. La racine de Bardane, qui est grosse, charnue, vivace, a une saveur douceâtre un peu amère ; c'est un excellent sudorifique et dépuratif. Dans les campagnes, on fait cuire ces racines et on les mange à la manière des salsifis. Il en est de même des jeunes pousses, qui ont une saveur assez agréable et semblable à celle de l'Artichaut.

La Centaurée. — Ce genre renferme un grand

nombre d'espèces qui croissent le long des chemins, dans des lieux secs et pierreux, où elles montrent leurs jolies fleurs purpurines pendant tout l'été. Ces fleurs sont très-amères et employées fréquemment comme fébrifuge contre les fièvres de printemps.

Le Bluet, dont la jolie fleur bleue produit un si bel effet au milieu des moissons, est une Centaurée. La plante qu'on appelle vulgairement la petite Centaurée n'est pas même de cette famille, c'est une gentianée.

DEUXIÈME TRIBU.

Corymbifères ou Radiées.

Les capitules sont formés de fleurons tubuleux au centre, ligulés à la circonférence; style dépourvu de poils collecteurs à son sommet. Plantes annuelles.

C'est dans cette tribu que se trouvent les plus belles plantes qui ornent nos jardins; le port majestueux, l'élégance de la forme, la variété et l'éclat des couleurs, tout se trouve réuni dans les superbes Dahlias et dans les Reines-Marguerites ou Asters; mais, malheureusement, ces brillantes beautés ne charment que la vue: l'odorat leur préférera toujours la rose, l'œillet et les giroflées dont les suaves émanations embaument l'air.

Le fameux Dahlia n'est qu'une beauté factice, artificielle, fabriquée, pour ainsi dire, par le talent et la patience des horticulteurs; mais, comme toutes les œuvres des hommes, il montre son origine par ses imperfections. L'horticulture est parvenue, il est vrai, à faire varier à son gré les couleurs et la forme des fleurons, à leur donner la régularité, la symétrie la plus parfaite, mais elle n'a pu, jusqu'à présent, faire entrer dans la sève qui alimente ces belles fleurs, les éléments chimiques propres à leur donner le parfum qui leur manque. Il n'y a, mes enfants, que les œuvres de Dieu qui réunissent toutes les perfections. Voyez, en effet, ce qui se passe dans l'univers! tout est régulier, rien ne s'écarte de la route que le Créateur lui a tracée; chaque plante, chaque être a reçu dès son origine tous les éléments nécessaires à son organisation pour atteindre le but pour lequel il a été créé. Aussi quel ordre admirable règne dans la nature entière! quels accords, quelles sublimes harmonies on admire dans tout ce vaste ensemble et dans tous ces détails infinis! Remercions tous les jours le bon Dieu pour tous les bienfaits qu'il nous accorde, et au lieu de passer notre temps à cultiver, à perfectionner une fleur éphémère que les premiers frimas détruiront, travaillons constamment à orner notre esprit de connaissances utiles, afin de pouvoir aussi remplir dignement le rôle qui nous est réservé dans la société humaine.

Les Dalhias sont originaires du Mexique, et leur introduction en Europe date de 1790; ils doivent leur nom à Dahl, botaniste suédois, à qui les dédia Cavanilles. Ce n'est qu'en 1802 qu'on s'est occupé de leur culture en France, où ils furent apportés par le médecin Thibaud. A l'état sauvage, la fleur du Dahlia était simple, à disque jaune et à rayons d'un rouge écarlate, sombre et velouté; mais bientôt elle montra d'autres nuances, et l'on obtint par semis, et grâce aux soins de la culture, des variétés à fleurs doubles dont tous les fleurons se montrèrent roulés en cornets tubuleux, formant une rosace imbriquée d'un effet admirable comme symétrie et comme mélange de couleurs. Le nombre des variétés n'a fait qu'augmenter depuis ; mais si on néglige les soins que réclame cette culture, les fleurs ne tardent pas à reprendre peu à peu leur type primitif et à redevenir simples. Les feuilles du Dalhia sont un bon fourrage pour les bestiaux.

L'Hélianthe, ou fleur du Soleil, appelé aussi Tournesol des jardins, est une belle plante originaire du Pérou et du Mexique, d'où elle a été apportée en Espagne, puis en France, vers le milieu du XVIe siècle. On la cultive dans les jardins, les vignes et autour des habitations, non-seulement comme ornement, mais aussi comme objet d'utilité. En effet, les feuilles, coupées pendant tout l'été, sont agréables aux animaux domestiques ; les fleurs fournissent aux abeilles abondance de miel et à la teinture un beau jaune fauve, très-solide ; les graines sont employées à la nourriture des bestiaux et peuvent l'être à celle de l'homme. Elles fournissent aussi une grande quantité d'huile. Dans la Colombie, le peuple mange les pousses nouvelles et les sommités de la plante encore jeune.

Le Topinambour est une espèce de Soleil (hélianthe tuberculeux) dont les racines grosses, charnues, féculentes, sont bonnes à manger ; elles ne valent pas les précieux tubercules de la pomme de terre ; cependant elles méritent d'attirer l'attention des cultivateurs, parce que ces plantes viennent dans les plus mauvais terrains, demandent peu de soins, ne craignent pas la gelée et engraissent promptement les bestiaux. Il suffit d'en planter quelques pieds pour en cueillir les plus gros tubercules au fur et à mesure des besoins. La plante et les feuilles sont un bon fourrage, surtout pour les moutons.

L'Achillée, ainsi nommée du nom d'Achille, qui découvrit ses propriétés cicatrisantes, est une plante assez commune dans les lieux incultes, au bord des chemins, où elle fleurit en juin-octobre. Elle a une odeur aromatique peu agréable, une saveur amère, accompagnée d'astringence. Les prétendues vertus cicatrisantes que le vulgaire lui attribue lui ont fait donner les noms d'Herbe aux charpentiers ou aux coupures. Ce sont les feuilles pilées que l'on applique sur les blessures.

On cultive dans les jardins, comme plante d'ornement, une variété d'Achillée connue sous le nom de *Bouton d'argent*.

La plante si renommée dans les Alpes sous le nom de Génépi est une Achillée (Achillée naine) qui croît en abondance au milieu des rochers, à une élévation supérieure à 2,000 mètres au-dessus du niveau de la mer; elle fait la base du fameux thé suisse et d'une liqueur qui porte son nom et qu'on fabrique dans le département de l'Isère.

La Camomille. Voici une de ces plantes que la Providence a répandues partout pour nos besoins. Il y en a peu qui réunissent autant de propriétés que la Camomille. Sa fleur blanche produit, quand elle est double, un très-bel effet au milieu des parterres. Cette fleur est employée contre une foule de maux : elle est tonique, fébrifuge, vermifuge, etc. L'infusion des fleurs de Camomille, surtout de la Camomille romaine, qui est généralement cultivée, augmente d'une manière marquée les fonctions digestives de l'estomac, principalement quand cet organe a besoin d'être stimulé. Son administration est souvent utile dans les coliques venteuses, les indigestions. Chez les femmes et les enfants, une tasse d'infusion chaude de fleurs de Camomille est infiniment préférable, après le repas, à une tasse de café: On prépare cette infusion en versant un demi-litre d'eau bouillante sur une douzaine de fleurs ou têtes de Camomille romaine. Les autres camomilles sont également bonnes, mais elles sont moins aromatiques et moins agréables à boire.

On cultive souvent dans les jardins, pour la beauté de leurs fleurs, la Grande-Marguerite dont nous avons déjà parlé, et la Petite-Marguerite ou Pâquerette, qui forme de si jolies pelouses dans les prés. La Pâquerette est surtout cultivée en bordures ; ses fleurs doublent facilement et paraissent pendant toute la belle saison.

L'Armoise-Absinthe ou *grande Absinthe*. Cette plante se rencontre dans les lieux pierreux ou incultes des montagnes. Elle fleurit en juillet-août. Sa racine est vivace ; les tiges, herbacées, un peu rameuses, sont couvertes d'un duvet blanchâtre, très-court, qui fait paraître la plante d'un gris cendré.

L'Absinthe exhale une odeur pénétrante, très-prononcée ; sa saveur est extrêmement amère et aromatique. C'est un médicament tonique et un stimulant très-énergique qui s'emploie dans les mêmes cas que la Camomille, mais à dose moindre. On prépare avec l'Absinthe distillée et l'alcool une teinture ou liqueur d'un beau vert, que l'on désigne sous le nom d'*Absinthe*. Les gourmets en font usage pour exciter leur appétit, en en buvant une petite quantité, soit pure, soit étendue dans un verre d'eau, peu de temps avant le repas. Mais, de toutes les liqueurs alcooliques, c'est la plus enivrante et par conséquent la plus nuisible à la santé. L'absinthe agit d'une manière si funeste chez ceux qui en font usage, qu'ils perdent peu à peu leurs facultés morales et tombent dans une espèce d'abrutissement. L'absinthe est l'opium de l'Occident ; comme l'opium chez les Orientaux, l'absinthe exerce aujourd'hui une funeste attraction chez les ouvriers des villes ; c'est à l'absinthe que le malheureux père de famille demande l'oubli de ses misères ; c'est encore dans l'absinthe qu'il cherche un remède pour les maladies qui dévorent ses enfants, et auxquels il ne faudrait, le plus souvent, que du pain et une nourriture plus substantielle pour réparer leurs forces affaiblies, et non ce poison funeste qui les use de plus en plus, pour les conduire enfin à la mort. Vous remarquerez souvent au milieu des villes, surtout dans les quartiers qu'habite la classe ouvrière, des hommes encore jeunes, courbés comme des vieillards, dont les muscles affaissés soutiennent à peine le poids du corps ; leurs paupières clignotent constamment, leurs lèvres sont pendantes, les tempes dégarnies, tout le visage enfin présente un caractère livide et repoussant, avec des reflets verdâtres, comme si l'absinthe affluait aux joues de cette tête hideuse et dégradée.

Rappelez-vous toujours, mes enfants, qu'il n'y a que la religion qui puisse nous soutenir dans les misères de cette vie. La foi et l'espérance, voilà les liqueurs qui nous aideront à supporter patiemment nos maux, et le travail, en nous faisant oublier les chagrins les plus violents, nous aidera à surmonter les privations et nous procurera peu à peu le nécessaire, si même il n'amène pas enfin une honnête aisance. Le travail est aussi le meilleur de tous les digestifs ; il aiguise l'appétit, et au lieu d'affaiblir nos membres, comme l'absinthe, il les fortifie. Voyez nos braves cultivateurs : quand ils rentrent à la maison, après une journée passée aux champs, pour prendre leurs repas composés de pommes de terre, de lait et de mauvais pain noir! comme ils mangent avec plaisir! Ils savourent avec délices ces mets grossiers et dorment ensuite d'un sommeil paisible et profond. Aussi les infirmités et les maladies qui assiégent si souvent ceux qui ne vivent que pour manger et pour boire leur sont inconnues. Jamais la goutte ne vient paralyser leurs membres. Ils paient quelquefois, sans doute, la dette de l'humanité; mais leurs maladies, occasionnées le plus souvent par l'excès de travail ou par l'intempérie des saisons qu'ils sont obligés de braver tous les jours, sont bientôt guéries avec un peu de repos et par les seuls efforts de la nature. Honneur, mes amis, à ces hommes sobres et laborieux qui fécondent la terre avec la sueur de leur front, pour en tirer les aliments indispensables à notre existence !

La tribu des Radiées nous offre encore le petit Tussilage ou pas-d'âne, dont les fleurs printanières font une excellente tisane pectorale contre les rhumes. Enfin, parmi les plantes d'ornement, nous remarquons les superbes Asters ou Reines-Marguerites et l'éclatant Souci qui garnissent nos parterres.

TROISIÈME TRIBU.

Chicoracées.

Dans cette tribu, les capitules sont composés de demi-fleurons. Les Chicorées sont des plantes ordinairement lactescentes, bisannuelles ou vivaces, rameuses, à feuilles irrégulièrement denticulées ; les capitules sont disposés en fascicules axillaires, réceptacle dépourvu de paillettes, demi-fleurons bleus, fruits courtement aigrettés.

La Chicorée. Vous avez souvent remarqué, pendant les mois de juillet et août, une plante haute de cinq-six décimètres, portant de jolies fleurs bleues, fixées à l'aisselle des feuilles ; c'est la Chicorée sauvage. Toutes les parties de la Chicorée sauvage ont une saveur fraîche et amère. La racine est la partie presque exclusivement employée soit en tisane, soit en sirop, mélangée avec la rhubarbe, pour purger les enfants, soit comme succédané du café, étant torréfiée et réduite en poudre.

La Chicorée est très-rustique, elle vient dans les mauvais terrains et produit en abondance un fourrage que les bestiaux mangent avec plaisir. Par la culture, elle se décolore, devient plus douce, moins amère, plus succulente; cultivée dans des lieux obscurs, dans des caves, elle s'étiole et donne ce qu'on appelle la *barbe de capucin* qui fournit une excellente salade pendant l'hiver.

On cultive encore dans les jardins plusieurs variétés de Chicorées sous les noms d'Escarole, de Chicorée frisée, etc., qui toutes fournissent d'excellentes salades pendant l'automne et pendant l'hiver.

Le Pissenlit, Dent-de-Lion. Tout le monde connaît cette petite plante qui est très-commune dans les prés et dont les feuilles jeunes, tendres, servent à faire d'excellentes salades, très-saines, au printemps, quand le potager est encore dépourvu de toute espèce d'herbages. Le Pissenlit est tonique, désobstruant, diurétique sans doute, à en juger par son nom significatif. Il s'emploie en médecine dans les mêmes cas que la Chicorée sauvage. Les bestiaux mangent la plante entière; les pourceaux aiment beaucoup ses racines.

La Laitue. L'horticulture a obtenu un nombre considérable de variétés de Laitue; les principales sont : la Laitue romaine, la Laitue pommée et la Laitue frisée, etc.

La Laitue est presque inodore, d'une saveur aqueuse et un peu amère; elle est rafraîchissante, tempérante et relâchante. On la recommande dans les irritations d'entrailles. Suétone rapporte qu'à Rome on éleva une statue à Antonius Musa, pour avoir guéri Auguste de l'hypocondrie en lui faisant manger de la Laitue. Cette plante jouit aussi d'une propriété narcotique légère qui la rend calmante et adoucissante. Ainsi le suc des Laitues qui ont monté forme un excellent collyre pour les inflammations d'yeux.

Ce genre contient encore la Laitue vireuse, qui croît dans les bois, les haies et les champs; c'est la seule plante de toute la famille si nombreuse des Synanthérées qui soit vénéneuse; son suc agit comme l'opium, mais il est beaucoup moins actif. On peut donc dire que cette importante famille ne contient aucune plante dangereuse.

Dans la tribu des Chicoracées, on remarque encore parmi les plantes cultivées comme alimentaires, le Salsifis noir ou Scorsonère d'Espagne, dont les racines sont un mets délicat. On trouve aussi dans les prés le Salsifis des Prés ou Barbe de bouc, dont les tiges douces, sucrées, remplies d'un suc laiteux abondant, sont recherchées par les enfants qui les mangent avec plaisir.

CHAPITRE XXX.

FAMILLE DES CAMPANULACÉES.

LA CAMPANULE.

On remarque pendant toute la belle saison, dans les bois, les prés et le long des chemins, des plantes dont la tige est plus ou moins élevée, depuis quelques centimètres jusqu'à deux mètres ; les feuilles sont aussi plus ou moins larges suivant les espèces : quelques-unes ont à peine la grosseur d'un fil, tandis que d'autres sont plus larges que la main ; leurs jolies fleurs bleues, roses ou blanches, réunies en un gros épi terminal ou en tête, ressemblent à une petite clochette, campanule, d'où le nom de Campanulacées donné aux plantes de cette famille. Les Campanulacées sont des herbes à feuilles alternes.

On a divisé cette famille en deux tribus basées sur la forme de la corolle. Celles dont la corolle est irrégulière forment la tribu des Lobéliées, et les autres, dont la corolle est régulière, celle des Campanulacées proprement dites.

Les Lobéliées contiennent un suc âcre, corrosif et même délétère dans quelques espèces. On en cultive plusieurs comme plantes d'ornement, à cause de la beauté de leurs fleurs.

Dans les Campanulées, au contraire, une grande quantité de mucilage en masque l'âcreté ; aussi en mange-t-on plusieurs, telle que la Raiponce, etc., surtout pendant que ces plantes sont encore jeunes.

Les Campanules forment de jolis massifs dans les parterres et les jardins paysagers, où leurs belles fleurs bleues produisent un très-bel effet au milieu des autres fleurs colorées.

Une espèce, la Campanule trachélie, Gant de Notre-Dame, Gantelie, a joui d'une triste célébrité. Au xiie siècle, il suffisait à un individu de porter des tiges de cette Campanule, tressées autour d'un bâton, pour qu'il eût le droit d'aller attendre les voyageurs et les passants sur les grands chemins pour les assommer. Quelle différence, mes amis, entre ces temps barbares où les chemins, déjà très-mauvais et presque impraticables, étaient encore gardés par une foule de voleurs et d'assassins, et aujourd'hui que les voyages sont si faciles ! Les voyageurs étaient alors obligés, comme aujourd'hui dans les déserts de la Barbarie, de se réunir par caravanes afin de résister par le nombre à tous les malfaiteurs qu'ils rencontraient sur les routes. Des seigneurs eux-mêmes, perchés sur les rochers, au milieu de leurs donjons, comme des aigles dans leurs aires, s'abattaient souvent avec leurs compagnons d'armes au milieu des caravanes pour exiger les droits de passage qu'ils prélevaient sur les marchands et les voyageurs. Richelieu commença la ruine de ces châteaux-forts, dont la Révolution française a fait disparaître les derniers vestiges. Grâce à la civilisation moderne, grâce surtout à la puissante et sage initiative de l'Empereur qui gouverne aujourd'hui la France, partout les routes sont sûres, le voyageur n'a plus à craindre d'être dévalisé à chaque pas ; partout des chemins bien entretenus facilitent le transport des marchandises et servent de débouchés aux produits agricoles. Enfin les chemins de fer qui sillonnent toute la France, comme de grandes artères, activent les relations commerciales, font refluer sur tous les points du territoire les matières premières, nécessaires aux industries et à l'alimentation populaire, et maintiennent un juste équilibre entre la production et la consommation. Aujourd'hui, en un mot, on franchit en quelques heures les distances qu'il fallait autrefois des mois entiers pour parcourir. Ces avantages compensent largement les charges publiques que nous supportons ; aussi, quoique les dépenses n'aient jamais été aussi fortes, jamais la France n'a été plus riche, plus prospère, ni plus heureuse.

CHAPITRE XXXI.

FAMILLE DES ÉRICACÉES.

LA BRUYÈRE.

Vous avez souvent remarqué, pendant toute la belle saison, du mois de juillet à la fin de l'automne, au milieu des bois et sur les pelouses arides des montagnes, un petit arbrisseau qui charme les yeux par le port, l'élégance et la découpure de ses jolies petites feuilles vertes, pointues, imbriquées sur quatre rangs le long des rameaux, entremêlées de jolies fleurs purpurines qui s'élancent du sommet des tiges en épis éclatants, panachés de blanc et de rose tendre. Ce petit arbuste si élégant s'appelle la *Bruyère commune* ; elle abonde dans les landes de Bordeaux, dans la Sologne et dans tous les terrains sablonneux et arides qui contiennent une plus ou moins grande quantité d'oxide de fer. Or, tout le monde sait que ces terrains, désignés en agriculture sous le nom de *Terre rouge*, sont les plus ingrats; peu de plantes y prospèrent; mais Dieu, qui n'a pas voulu que le plus petit point du globe fût dépourvu de sa végétation, a créé les bruyères pour peupler ces immenses plateaux qui, sans elles, n'offriraient à la vue que des déserts de sable soulevé par les vents ou sillonnés par les pluies torrentielles.

Sans les bruyères et les mousses qui retiennent ces terres quartzeuses à leur place, en les garantissant contre les érosions des agents atmosphériques, elles ne tarderaient pas, entraînées tous les jours par les eaux pluviales ou par la fonte des neiges, à ensevelir sous des monceaux de sable stérile les belles et riches moissons, qui doivent récompenser le laboureur de ses peines et nourrir les nombreuses populations des vallées. Aussi, il n'y a peut-être pas en botanique de genre plus nombreux en espèces que celui des Bruyères; on en compte au moins quatre cents espèces ou variétés, dont une vingtaine indigènes à l'Europe, trois ou quatre à l'Asie, le reste à l'Afrique, particulièrement à la brûlante Éthiopie et aux plages sablonneuses du cap de Bonne-Espérance. L'Amérique, dont le sol est si fertile et si riche en végétaux, paraît dépourvue de bruyères. Ces plantes se fixent au sol par leur longues racines pivotantes et fibreuses; leurs feuilles persistantes et toujours vertes pompent dans l'air l'humidité nécessaire à leur végétation et fournissent aux moutons, aux chèvres et aux lapins une bonne nourriture pendant toute l'année. Les abeilles trouvent aussi, pendant toute l'arrière-saison, c'est-à-dire quand les autres fleurs ont déjà disparu, une abondante récolte de miel au sein des corolles épanouies des fleurs de bruyères ; enfin, les rameaux de ces élégants petits arbustes, après avoir flatté l'œil par la richesse de leur floraison, servent de litière aux animaux domestiques et augmentent ainsi la quantité des engrais nécessaires à l'exploitation de la ferme ; les tiges et les racines elles-mêmes sont employées à faire des bourrées pour chauffer le four et fournissent le meilleur charbon connu. Dans nos contrées, on emploie encore les tiges de la Bruyère commune pour faire monter les vers à soie.

La Bruyère, en latin *Erica*, donne son nom à la famille des *Ericacées*, qui contient un grand nombre de jolis petits arbustes. Les caractères botaniques de cette famille sont : arbustes et arbrisseaux d'un port élégant, à feuilles simples, alternes, quelquefois opposées, verticillées, ou très-petites et en forme d'écailles imbriquées, persistantes. Fleurs disposées en épis ou en grappes : calice monosépale, persistant, à cinq lobes ; corolle monopétale, en clochette, régulière, à quatre ou cinq divisions ; étamines huit, dix, libres, à anthères biloculaires ; ovaire libre, le plus souvent à cinq loges ; style et stigmate simples. Le fruit est une capsule à quatre, cinq valves, plus rarement une baie à graines nombreuses.

Les principaux genres sont :

1° La Busserolle ou Raisin d'ours, dont le fruit est d'un beau rouge, de la grosseur d'un petit pois. Cette plante abonde dans les Alpes, à une élévation d'environ 1000 mètres ; ses tiges faibles, couchées, traînantes, rameuses, longues d'environ $0^m,30$, $0^m,60$, garnies de feuilles vertes, coriaces, forment des fourrés inextricables, dans lesquels se cachent les perdrix et les lièvres. Les oiseaux et les ours mangent ses baies, ce qui a fait donner à cette plante le nom vulgaire de *Raisin d'ours* ; les feuilles et les rameaux contiennent beaucoup de tannin ; on les emploie fréquemment pour le tannage des cuirs et pour la teinture des laines ;

2° La Bruyère, dont nous avons déjà parlé ;

3° L'Azalée couchée : joli petit arbuste qui couronne les pics élevés des Alpes et des Pyrénées. Une espèce, l'Azalée pontique, fournissait le miel enivrant du Pont-Euxin, si célèbre chez les anciens ;

4° Le Rosage, ou Rhododendron, appelé aussi Laurier rose des Alpes. Ce joli arbrisseau fait l'ornement des régions élevées des Alpes et des Pyrénées, où il croît de préférence dans les escarpements des rochers et sur les pelouses en pente, à une élévation de 1500 mètres au-dessus du niveau de la mer. Sa tige, longue de $0^m.50$ à $0^m,60$, recourbée, se divise en rameaux tortus et difformes, portant à leur extrémité supérieure des feuilles fortement pétiolées, ovales et d'un vert foncé à leur face supérieure, velues et comme ferrugineuses en dessous. Les fleurs, d'un beau rouge, sont grandes et disposées en bouquets à l'extrémité des rameaux. Dans les montagnes de la Grande-Chartreuse, ces arbustes forment d'immenses corbeilles du plus bel effet, dans lesquelles se retirent les tétras, coqs de bruyère et gélinottes. Blottis sous les touffes serrées du Rosage, ces élégants gallinacés alpestres trouvent là une retraite paisible et assurée pour eux et leurs petits contre la voracité des aigles et des vautours qui planent constamment au-dessus des pics les plus élevés de nos montagnes, et une nourriture abondante et parfumée en mangeant les bourgeons ou les fruits des Rhododendrons. Ce sont ces fruits qui donnent à la chair des tétras ce parfum particulier qui les fait rechercher sur les tables somptueuses des modernes Lucullus.

Plusieurs médecins, et surtout notre illustre Villars, ont cherché à connaître les propriétés médicinales des Rosages de nos Alpes ; ces plantes, administrées en infusion à la dose de trois à sept grammes, déterminent des sueurs abondantes, et par conséquent sont sudorifiques ; mais leur usage ne s'étend pas au-delà des régions montagneuses où elles croissent.

5° L'Airelle-Myrtille, appelée aussi Ambrune, Azeret, que quelques botanistes font une famille séparée des Ericacées, ressemble beaucoup, par son port et son feuillage, à la Busserolle. L'Airelle-Myrtille se trouve dans tous les bois montueux des contrées septentrionales de l'Europe ; ses fleurs blanches, rosées, paraissent au printemps et les fruits en automne. Ces fruits, noirs et de la grosseur d'une petite cerise, ont une saveur mucilagineuse et aigrelette qui les rapproche beaucoup des mûres et des groseilles. Aussi les habitants des montagnes les cueillent-ils pour en faire d'excellentes gelées très-rafraîchissantes et utiles dans les phlegmasies des organes de la digestion, dans les diarrhées, etc. Ils contiennent aussi une assez grande quantité d'un principe colorant rouge, et sont employés, dans quelques contrées, à colorer les vins et même à les imiter ; on s'en sert également pour la teinture.

TROISIÈME CLASSE.

Corolliflores.

Dans cette classe, le calice et la corolle sont soudés autour de l'ovaire ; de sorte que les étamines sont placées au-dessus de l'ovaire et semblent partir du milieu de la corolle, d'où le nom de Corolliflores donné aux plantes de cette classe de Dicotylées.

CHAPITRE XXXII.

FAMILLE DES JASMINÉES.

LE JASMIN.

Le genre Jasmin comprend de jolis sous-arbrisseaux et arbustes toujours verts, d'un aspect agréable, se couvrant de fleurs blanches, parfois jaunes ou roses, qui se succèdent pendant longtemps et dont le parfum est des plus suaves. On cultive partout, dans les jardins et dans les parcs, les Jasmins pour l'élégance de leurs rameaux flexibles qui servent à tapisser les murs et pour leurs belles fleurs qui exhalent un arôme délicieux, que chacun connaît; leur saveur est amère. Ces fleurs contiennent une huile essentielle très-employée dans l'art du parfumeur.

On les emploie encore, dans la médecine, comme antispasmodiques, légèrement narcotiques et en frictions sur les membres paralysés et dans les maladies nerveuses.

Le Jasmin donne son nom à la famille des Jasminées, dont les caractères botaniques sont : calice court, tubuleux, à quatre-cinq dents; corolle tubuleuse, à quatre-cinq lobes, ou nulle; mais ce qui caractérise surtout cette famille, ce sont les deux étamines; ovaire unique; fruit capsulaire ou charnu, à une-deux loges. Cette différence du fruit, qui est charnu dans quelques genres et capsulaire dans d'autres, a fait établir deux tribus dans cette famille.

PREMIÈRE TRIBU. — FRUIT CHARNU.

Oléinées.

Cette tribu contient :

Le Jasmin, que nous avons déjà vu.

Le Troène, qui croît partout dans les bois, est cultivé dans les parcs pour bordures que l'on taille comme le buis. Ses fleurs ont une odeur pénétrante, peu agréable; ses baies, qui demeurent sur la plante une grande partie de l'hiver, servent à la nourriture des oiseaux, surtout des merles, et sont employées pour la teinture à cause de leur couleur noire. Le bois de Troène est dur, bon pour le tour et pour le chauffage. Son charbon convient à la fabrication de la poudre à canon.

L'Olivier d'Europe est un arbre de médiocre grandeur, dont les rameaux sont lisses, grisâtres, garnis de feuilles opposées, d'un vert sombre en dessus, blanches, soyeuses en dessous; fleurs blanches, petites, disposées en grappes axillaires; le fruit est un drupe ovale, revêtu d'une pulpe verdâtre, charnue, très-huileuse, renfermant un noyau très-dur.

L'Olivier est originaire d'Asie, du moins on le suppose; c'est un des premiers arbres que les hommes aient cultivés. Il aurait été transporté en Europe par les Phocéens à l'époque où ils vinrent établir leur colonie de Marseille, en Provence, environ 600 ans avant J.-C. Les anciens avaient une telle vénération pour l'Olivier, qu'ils lui attribuaient une origine merveilleuse; selon eux, il ne pouvait avoir été produit que par une divinité bienfaisante. Ils en firent le symbole de la sagesse et de la paix.

La culture de l'Olivier est une des sources principales de la richesse des régions méridionales de l'Europe. L'huile grasse que l'on retire du péricarpe charnu de l'Olive, est une des plus fines et des plus employées, soit pour l'usage de la table et de la pharmacie, soit pour la fabrication du savon.

Il faut remarquer ici que ce sont les graines, en général, c'est-à-dire l'amande interne du fruit des plantes oléagineuses, qui fournissent l'huile; dans l'Olivier, au contraire, c'est de la pulpe charnue qui enveloppe le noyau qu'on extrait l'huile d'olive. A l'époque où l'on récolte les olives, leur chair est dure et d'une âpreté insupportable. Aussi ne les sert-on sur les tables qu'après les avoir laissées pendant quelque temps macérer dans l'eau salée; elles sont alors fort recherchées et d'un goût agréable. Avant de les soumettre à la presse pour en retirer l'huile, on les met en tas jusqu'à ce qu'elles se soient ramollies et qu'elles aient subi un commencement de fermentation. La consommation de l'huile d'olive est immense, comme assaisonnement, dans un grand nombre de préparations culinaires. Dans les contrées où l'on cultive l'Olivier, on emploie presque exclusivement l'huile d'olive, au lieu de beurre, pour assaisonner une foule de mets.

Les feuilles de l'Olivier ont une saveur acerbe ; quelques auteurs les regardent comme astringentes et fébrifuges. Ce remède est assez fréquemment employé en Provence ; cependant la Grande-Gentiane jaune est beaucoup plus active et, par conséquent, préférable aux feuilles d'Olivier comme succédané du quinquina.

Dans les pays chauds, il découle du tronc de l'Olivier un suc concret (gomme d'olivier) d'un brun rougeâtre, qui est sans usages. Son bois est très-dur et se travaille bien au tour.

L'Olivier commun compte plusieurs variétés dont les fruits sont comestibles, même ceux de l'Olivier sauvage. Les olives sauvages fournissent moins d'huile, mais elle est plus fine.

DEUXIÈME TRIBU. — FRUIT SEC.

Lilacées.

Le Lilas commun, que tout le monde connaît, est originaire de Perse : il a été apporté de Constantinople en Europe par de Busbecq, en 1562. C'est un joli arbrisseau au feuillage frais, élégant, aux panicules fleuries des plus suaves et des plus agréables à la vue ; mais, hélas ! qui durent très-peu de temps. Ces jolies fleurs n'ayant aucune utilité, ne flattant que les yeux et l'odorat, à peine leurs petites corolles en clochette sont-elles fanées que la main cruelle du jardinier vient enlever leurs débris pour les convertir en terreau. Triste exemple des jeunes personnes qui, au lieu de se faire remarquer par leur vertu et leur amour du travail, se fient à une beauté éphémère pour attirer les regards ! Elles brillent aussi pendant quelque temps sur la scène du monde, mais bientôt les rides d'une vieillesse anticipée paraissent sur ce front qu'elles ornaient avec tant de soin ; alors le dédain et le mépris remplacent chez leurs adorateurs les louanges qu'elles recherchaient avec empressement. Heureuses encore si les remords ne viennent pas s'ajouter à cet abandon et leur faire expier cruellement les erreurs de leur jeunesse ! Oui, mes enfants, la jeunesse et la beauté passent vite et, si nous n'avons pas travaillé à acquérir des talents utiles, si nous avons négligé de nous instruire pendant notre enfance, nous ne recueillerons que le mépris dans la vieillesse. Apprenons de bonne heure que les grâces de l'esprit, au lieu de vieillir, s'embellissent tous les jours par l'étude, que la bonté du cœur et la vertu plaisent infiniment plus que la beauté et que les parfums les plus suaves et les plus doux.

Le Frêne ordinaire. — Bel arbre, atteignant plus de vingt mètres de haut, à feuilles de neuf-douze folioles opposées, velues en dessous, à la base de la nervure médiane ; fleurs en panicules, très-petites, munies de bractées et dépourvues de calice et de corolle. Le fruit est une *samare* comprimée, presque foliacée dans sa partie supérieure.

Le Frêne orne nos forêts, nos parcs et nos avenues, se contentant des terrains les plus maigres et les plus rocailleux. Il fleurit dès le mois d'avril, avant les feuilles, et fructifie en juillet. C'est sur cet arbre que l'on trouve ces compagnies de cantharides qui dévorent jusqu'à sa dernière feuille, et qui répandent au loin une odeur qu'il ne serait pas prudent de respirer longtemps. Ces cantharides, réduites en poudre, servent à préparer les emplâtres vésicants connus sous le nom de vésicatoires, et dont on fait un fréquent usage en médecine. Le bois de Frêne est dur, liant, très-élastique, recherché des charrons et des tourneurs. Son écorce est fébrifuge étant prise en poudre à dose suffisante. Les feuilles sont sudorifiques et leur décoction donne une tisane excellente pour le rhumatisme et la goutte.

On trouve dans les montagnes une espèce de Frêne, le Frêne fleuri, qui n'atteint que cinq à six mètres de haut, dont les fleurs blanches, disposées en panicule, répandent une odeur douce, assez agréable.

Le Frêne à feuilles rondes est très-répandu en Italie. Il est de moyenne grandeur et fournit la manne en plus grande abondance que les autres Frênes. La manne est un suc qui découle spontanément des Frênes et dont on augmente l'exsudation en pratiquant des incisions sur l'écorce, au mois de juillet. La manne est un laxatif doux, fréquemment employé pour les enfants et pour les personnes irritables.

CHAPITRE XXXIII.

FAMILLE DES APOCYNÉES.

LA PERVENCHE.

Ce nom vous rappelle, sans doute, ces jolies fleurs que vous avez remarquées bien souvent, pendant tout le printemps, au pied des buissons, sous les haies et même dans les scissures des rochers, et qui semblent sortir d'un magnifique tapis vert, luisant, formé par les feuilles ; ces feuilles sont opposées, entières, persistant pendant tout l'hiver, portées sur une tige grêle qui, tantôt traîne sur le sol ses longs et sarmenteux rameaux en s'y fixant par des racines, tantôt les relève vers le ciel pour montrer ses belles fleurs à corolle bleu d'azur, blanche, violette ou panachée.

On trouve deux espèces de Pervenches : la grande et la petite, qui ne diffèrent que par la grandeur de leurs fleurs et la longueur des tiges.

Ces plantes sont peu employées en médecine. Elles ont cependant une certaine célébrité : en Italie, on en fait des couronnes qu'on dépose sur le cercueil des jeunes filles. Mme de Sévigné, dans ses lettres, recommandait souvent à sa fille la bonne petite Pervenche contre les douleurs de poitrine dont elle se plaignait ; enfin, son nom de Violette des Sorciers rappelle quelques emplois mystérieux qu'on en a faits.

Le genre Pervenche appartient à la famille des

Apocynées, qui ne contient guère que des plantes exotiques, dont les unes sont herbacées, les autres des arbustes grimpants et volubiles, des arbrisseaux, ou enfin des arbres élevés ; la plupart de ces végétaux sont lactescents ; les fleurs, quelquefois très-grandes, exhalent une odeur suave et agréable.

Presque toutes les Apocynées sont des plantes âcres et vénéneuses. Parmi les genres indigènes nous remarquons, outre les Pervenches, le Laurier-Rose ou Nérion, qui fait en automne l'ornement de nos jardins. Il végète avec vigueur dans le midi de la France, où il croît dans les fentes des rochers et les lieux les plus escarpés, auprès des torrents. Mais cet arbrisseau, qui flatte notre vue par la beauté de son feuillage toujours vert, par l'élégance de ses fleurs grandes et roses, possède cependant des propriétés extrêmement délétères, surtout lorsqu'il croît au milieu des rochers, dans les contrées méridionales de l'Europe. Son principe vénéneux est tellement subtil, que ses émanations seules ont quelquefois suffi pour occasionner les accidents les plus graves et même la mort.

Le suc d'une espèce d'Apocynées remplace, à la Guyane, le lait de vache. Ce sont aussi quelques Apocynées des Indes qui fournissent une partie du *caoutchouc* que l'industrie façonne aujourd'hui de mille manières.

La Noix vomique, dont on retire la strychnine, poison violent pour les carnassiers, est le fruit du Strychnos-Noix-Vomique qui croît dans les Indes et l'Amérique méridionale.

CHAPITRE XXXIV.

FAMILLE DES GENTIANÉES.

LA GRANDE GENTIANE JAUNE.

Lorsque, pendant les mois de juin et de juillet, vous ferez quelques excursions dans les montagnes calcaires des Vosges et des Alpes, vous apercevrez souvent au milieu des prairies et des pâturages, à une élévation de huit à neuf cents mètres au-dessus du niveau de la mer, une belle plante dont la tige cylindrique, droite, simple, s'élève à plus d'un mètre; les feuilles plissées, très-grandes, sont placées par étages superposés le long de la tige qu'elles embrassent avec leur pétiole élargi en forme de tube. De grandes fleurs jaunes, nombreuses, forment de magnifiques faisceaux implantés dans l'aisselle des feuilles supérieures. Cette plante est la Gentiane jaune. Son nom lui vient de Gentius, roi d'Illyrie, auquel on doit la connaissance des précieuses qualités de cette plante. Sa racine, qui est longue, jaunâtre, quelquefois de la grosseur du bras, est douée d'une très-grande amertume. On la considère comme le meilleur tonique indigène. Elle est aussi surnommée la Thériaque des paysans, et se prescrit soit en macération ou décoction, soit en poudre ou encore sous forme d'extrait de vin, de sirop, etc., dans l'atonie générale, les affections scrofuleuses, la chlorose, les fièvres intermittentes. En un mot, elle peut remplacer le quina comme tonique, mais non cependant comme fébrifuge dans les fièvres graves; dans ce cas, il ne faut se fier qu'à la quinine pour combattre les accès qui peuvent être pernicieux ou mortels.

La Gentiane jaune, appelée aussi *Nou-Nou* par les enfants, qui se servent de sa tige creuse pour fabriquer des espèces de joujoux, donne son nom à la famille des Gentianées, plantes bien caractérisées par leur amertume franche.

Nos montagnes produisent plusieurs espèces de Gentianes; les unes ont les fleurs bleues, les autres roses, etc., mais on ne se sert en médecine que de la racine de la grande Gentiane jaune. Dans les plaines, on emploie aux mêmes usages une petite Gentiane dont la tige s'élève de vingt à trente centimètres et dont les fleurs roses forment un joli petit bouquet au sommet de la plante ; on l'appelle petite Centaurée et on se sert de toute la plante. La petite Centaurée est moins amère que la racine de la Gentiane jaune, il faut donc employer une dose plus élevée, mais, en revanche, son infusion est plus agréable à boire.

CHAPITRE XXXV.

FAMILLE DES CONVOLVULACÉES.

LE LISERON.

On aperçoit souvent, pendant toute la belle saison, sur les haies, dans les buissons, au milieu des champs incultes et jusque dans les jardins, malgré les soins des jardiniers, de belles fleurs blanches en clochette, présentant en dehors cinq bandes longitudinales de couleur rose plus ou moins foncée : ce sont les fleurs des Liserons. Ces plantes appartiennent à la famille des Convolvulacées, qui comprend des herbes, des arbrisseaux et même quelques arbres. Son nom lui vient de ce que la tige des espèces herbacées se roule sur elle-même et grimpe en formant une hélice autour des corps qu'elle rencontre (tige volubile). Les feuilles sont alternes; fleurs axillaires terminales : calice monosépale à cinq divisions profondes et persistant; corolle monopétale régulière, en cloche ou en entonnoir, plissée sur elle-même avant l'épanouissement, divisée en trois lobes ou entière; étamines cinq; ovaire libre à deux ou quatre loges contenant chacune un ou deux ovales dressés. La capsule est recouverte par le calice, déhiscente.

Le genre Liseron est extrêmement nombreux en espèces, qui sont, pour la plupart, de jolies plantes d'ornement; on en cultive plusieurs dans les jardins pour la beauté de leurs fleurs, telles sont : les Volubilis à fleurs variées, qui servent à garnir des tonnelles; les Belles de jour, dont la fleur se montre dès les premiers rayons de l'aurore; les jolis Jasmins rouges de l'Inde, aux fleurs petites, campanulées, d'un écarlate vif; le Liseron satiné, arbuste d'Espagne, toujours vert, dont les fleurs blanches se succèdent pendant tout l'été; les superbes Ipomées à fleurs variées, etc. Une espèce de Liseron fournit le bois de rose; cet arbuste croît aux îles Canaries, sa tige ligneuse est remarquable par son odeur qui rappelle celle de la rose; on l'emploie beaucoup dans l'art du tourneur pour fabriquer des étuis, des porte-plumes, etc.

Les Liserons possèdent dans leurs racines tubéreuses et charnues, qui contiennent de la gomme et de la fécule, une résine âcre à laquelle ils doivent la propriété d'être purgatifs. Cette propriété existe surtout dans les espèces exotiques, telles que la Scammonée, le Jalap et le Turbith, que la médecine emploie fréquemment comme purgatifs drastiques à la dose d'un à deux grammes, selon l'espèce. Nos Liserons indigènes, surtout ceux dont la racine est grosse, charnue, sont également purgatifs ; mais comme ils contiennent moins de résine, qui est le principe actif, il faut les employer à une dose plus élevée.

Chez d'autres, au contraire, la résine âcre étant neutralisée et même remplacée par une grande quantité de fécule amylacée et de sucre, ces racines sont alimentaires. Parmi ces dernières, la Patate ou Patate douce est celle qui nous intéresse le plus par ses précieuses qualités. La Patate est originaire de l'Inde, mais elle est cultivée dans presque toutes les contrées chaudes de l'ancien et du nouveau continent. Avec des soins, on peut aussi la cultiver avec succès en Italie et même en France, où elle a pris depuis quelques années une extension assez considérable, grâce aux efforts de M. Régnier, d'Avignon, pour propager ce précieux tubercule. Les tiges de la Patate, grêles, lisses, flexueuses, très longues, s'étendent à la surface du sol ; les feuilles sont alternes ; les fleurs, blanches à l'extérieur, sont rosées intérieurement, assez grandes, réunies en grand nombre sur un pédoncule commun ; leurs sépales sont acuminés au sommet. La racine est charnue, pivotante, rouge ou jaune à l'extérieur, blanche en dedans. Cette racine contient, au lieu d'un principe âcre et purgatif, comme celles des autres Liserons, une grande quantité de fécule amylacée et de sucre qui en fait un aliment léger, très-sain et très-nourrissant. Sa saveur est sucrée, douce et agréable ; cette nourriture est recommandée comme la mieux appropriée aux enfants, aux vieillards et aux convalescents. Les mulots, les souris et principalement les courtilières sont très-friands des tubercules de cette plante. Ses feuilles et ses sommités peuvent se manger comme les épinards, les asperges et les petits pois. Enfin, toutes les parties sont très-recherchées par les bestiaux. La Patate est donc du nombre de ces plantes si précieuses que la Providence a créées pour le bonheur de l'homme ; mais, comme vous le voyez, mes enfants, ce n'est que par l'expérience que nous pouvons distinguer les plantes utiles de celles qui sont nuisibles. La botanique n'est donc pas seulement une étude agréable par les jouissances qu'elle nous procure, elle est encore une science utile et même nécessaire, puisque sans elle nous serions privés d'un grand nombre de végétaux qui nous fournissent des aliments aussi sains que variés. Sans la botanique, en un mot, qui nous apprend à connaître les végétaux et leurs propriétés si diverses, nous nous exposerions à manger des plantes vénéneuses, comme il arrive trop souvent chez les gens de la campagne, ou bien il faudrait nous condamner à ne faire usage que de celles qui sont bien connues de tout le monde ; mais alors l'agriculture ne pourrait utiliser les végétaux que la science découvre tous les jours et qui offrent souvent des avantages bien supérieurs à ceux que nous ont transmis nos pères. Il n'y aurait plus de progrès agricole ; l'agriculture tournerait indéfiniment dans le cercle étroit de la vieille routine. Mais, grâce à la paix dont nous jouissons aujourd'hui, grâce aux relations extérieures qui s'étendent sur toute la surface du globe, et aux encouragements que ne cesse de donner l'Empereur, la Société impériale d'acclimatation, composée des hommes les plus instruits et les plus éminents de toutes les carrières, a déjà enrichi notre patrie d'un grand nombre d'animaux et de végétaux utiles ; mais c'est en vain que la lumière brillera, si nos paysans ferment toujours les yeux pour ne pas la voir et s'ils persistent à suivre leurs anciens errements. Le campagnard se méfie naturellement de tout ce qui lui vient de la ville ; sans doute, il a quelquefois raison ; mais quand les faits parlent d'eux-mêmes, quand on lui montre ce que peut faire le travail guidé par la science, il devrait cependant se rendre à l'évidence des résultats et mieux comprendre ses propres intérêts. S'il n'améliore pas, en effet, ses cultures, s'il ne cherche pas à produire en plus grande quantité et à meilleur marché, il ne pourra soutenir la concurrence, il végètera lui et sa famille dans une gêne voisine de la misère. Avec la facilité de transports que nous possédons aujourd'hui, il s'établira toujours une répartition qui maintiendra l'équilibre dans les approvisionnements ; il faut donc que chaque localité s'attache nécessairement aux productions qui lui offrent les plus grands bénéfices. Mais comment nos cultivateurs arriveront-ils à ce résultat s'ils ne cherchent pas à profiter des découvertes et des expériences des autres ?...

Les Cuscutes, que quelques botanistes séparent des Convolvulacées pour en former un groupe distinct, sont des plantes annuelles, parasites, dépourvues de feuilles, à tiges filiformes, volubiles, se fixant par des suçoirs sur les tiges des plantes autour desquelles elles s'enroulent, se ramifient au niveau de leurs glomérules de fleurs, qui sont espacées le long de la tige, sessiles, rarement pédicellées.

Les Cuscutes sont des plantes nuisibles qui font souvent périr celles sur lesquelles elles se fixent. La Teigne est parasite du Trèfle des prés, du Thym, de la Luzerne; la Cuscute dentiflore habite les champs de lin, mais elle est rare; la Cuscute majeure vit sur l'Ortie dioïque, le Houblon, la Vesce commune, etc.

CHAPITRE XXXVI.

FAMILLE DES BORAGINÉES.

LA BOURRACHE OFFICINALE.

Genre de plantes de la famille des Boraginées dont les caractères sont : plantes généralement herbacées, vivaces par la racine, poilues, à feuilles alternes; calice à cinq divisions; corolle en roue à cinq lobes; étamines cinq; style unique; stigmate entier ou à deux lobes; fruit formé de deux ou quatre petites noix, à une ou deux loges contenant chacune une graine.

Les principaux genres de cette famille sont :

La Bourrache officinale, plante annuelle de $0^m,30$ à $0^m,60$, hérissée de poils raides, très-rameuse;

fleurs assez grandes, disposées en panicule terminale, de couleur bleue.

On croit que la Bourrache est originaire du Levant; plusieurs pensent, au contraire, qu'elle est parfaitement indigène. Souvent subspontanée dans le voisinage des habitations, elle est fréquemment cultivée dans les jardins, où elle fleurit depuis le mois de juin jusqu'en octobre. Elle a peu d'odeur, mais une saveur douce et mucilagineuse. Elle passe pour adoucissante, béchique, diaphorétique et diurétique; cette dernière propriété est due au nitrate de potasse (salpêtre) qu'elle contient. Aussi emploie-t-on fréquemment ses fleurs, sous forme d'infusion et de sirop, dans les inflammations de poitrine, les rhumatismes chroniques, etc. On mange ses feuilles comme les épinards; on les met dans le potage comme le Chou, etc.

La Buglosse, la Vipérine et la Pulmonaire ont beaucoup de ressemblance avec la Bourrache et ont les mêmes propriétés adoucissantes.

La grande Consoude a encore beaucoup d'analogie avec la Bourrache pour le port; ses fleurs sont blanches en épis lâches. Cette plante, qui croît le long des fossés, est un peu astringente: on l'employait autrefois dans une foule de maladies, même pour réunir les fractures; mais aujourd'hui on ne se sert que de sa racine pour faire un sirop légèrement astringent contre les crachements de sang.

L'Orcanette. Nom vulgaire de deux plantes de la famille des Boraginées, la Buglosse des teinturiers et l'Onosme vipérine, dont les racines fournissent une belle couleur rouge.

Enfin le célèbre Myosotis, si connu sous le nom de *Ne m'oubliez pas*, croît aux bord des fossés, des rivières et dans les prairies humides, où ses jolies petites tiges à demi couchées portent à l'extrémité des rameaux de longs épis de fleurs bleues ou rougeâtres. Cette charmante petite plante, dont on observe plusieurs espèces, est cultivée dans les jardins pour la beauté de ses fleurs. Ces fleurs, que l'art sait imiter, font aussi l'ornement des coiffures élégantes des dames.

CHAPITRE XXXVII.

FAMILLE DES SOLANÉES.

LA POMME DE TERRE.

Voici le plus précieux de tous les tubercules cultivés pour la nourriture de l'homme et des animaux domestiques. Sans la Pomme de terre, la moitié des familles seraient aujourd'hui réduites à la misère la plus complète. Dans nos montagnes, sa récolte est beaucoup plus importante et plus productive que celle du froment ; aussi quand la maladie est venue, il y a quelques années, diminuer la production de cette plante si précieuse, les paysans se sont crus ruinés. Heureusement l'oïdium semble enfin s'arrêter partout, cette année ; malgré la sécheresse, les Pommes de terre ont donné des produits abondants. Cette maladie ne provenait donc pas, comme beaucoup de personnes le pensent, du gaz ou de la vapeur produite par les locomotives des chemins de fer ou par les machines qui simplifient le travail et qui se répandent de plus en plus dans les campagnes; mais c'était tout simplement une épidémie qui sévissait sur la Pomme de terre, comme l'oïdium du raisin, comme les fièvres, le choléra, la petite vérole, etc., ont fait de tout temps des victimes parmi les hommes, comme enfin ces épizooties qui frappent souvent les animaux et dont la véritable cause est encore inconnue.

C'est ainsi, mes enfants, que l'ignorance et la crédulité populaire, au lieu d'examiner les faits qui se passent journellement sous nos yeux, les dénaturent, les exagèrent souvent même. Chose singulière et bien digne de remarque pour l'homme sensé, cette même Pomme de terre, dont on redoutait tant la perte depuis qu'on en connaît les précieuses qualités, a été, dans l'origine, longtemps dédaignée, repoussée, accusée même de contenir le poison le plus violent et le plus actif ; quand ce poison ne faisait pas mourir, disait-on de toutes parts, il laissait après lui de longues traces de son passage et donnait naissance à une foule de maladies qui rendaient l'existence plus triste que la mort. Originaire du Pérou, ce ne fut qu'en 1783 qu'elle commença à être cultivée en France; Parmentier, cet illustre agronome, fut obligé de braver les préjugés, d'affronter les ridicules, d'user de courage et d'employer même la ruse pour répandre et populariser partout la culture de cette plante précieuse. Elle porta d'abord le nom de Parmentière, et sauva enfin plusieurs fois la France des horreurs de la famine. Ce fut surtout après la grande disette de 1817 que la culture de la Pomme de terre se répandit dans nos campagnes.

Communément, on entend par Pomme de terre non les tiges ou les feuilles, ni le fruit, mais uniquement les tubercules qui se développent aux racines. Ces tubercules sont charnus, plus ou moins gros selon les variétés, riches en fécule très-pure et abondante, et constituent un aliment aussi nourrissant que salubre. Cette fécule est très-employée dans l'art culinaire; on en fabrique des gâteaux excellents dits gâteaux de Savoie; on s'en sert aussi pour saupoudrer les excoriations de la peau chez les enfants et pour préparer des cataplasmes adoucissants contre les inflammations des yeux. Les Pommes de terre crues et râpées constituent un topique réfrigérant excellent pour les brûlures. Les feuilles et les tiges, que la plupart des bestiaux mangent assez bien, peuvent servir à préparer des lavements et des cataplasmes émollients et calmants.

La culture de la Pomme de terre améliore la terre, soit en l'ameublissant par les binages et les sarclages qu'elle exige, soit en lui rendant par ses fanes ou tiges réduites en engrais une grande partie des principes que sa végétation lui a enlevés. Aussi cette culture entre aujourd'hui dans tout bon assolement; il y a d'ailleurs peu de plantes aussi productives que la Pomme de terre, quand elle est convenablement cultivée et fumée. Quand on se propose d'ensemencer un champ en Pommes de terre, il faut bien fumer et labourer ensuite aussi profondément que le sol et l'attelage le permettent. Non seulement la récolte de Pommes de terre sera bien plus belle et plus abondante, mais encore les céréales qui suivent ordinairement donneront aussi de plus beaux produits, parce que leurs racines pénètreront facilement dans cette couche fumée et ameublie, les tiges pousseront avec vigueur, et les mauvaises herbes enfouies profondément ne pourront pas se mêler avec le Blé. Enfin le

Blé, ayant des racines plus profondes et des tiges plus fermes, versera rarement. Rappelez-vous bien, mes enfants, que la terre est une bonne mère qui récompense toujours chacun selon son travail. Cultivez bien, vous aurez de belles et abondantes récoltes ; cultivez mal, vous n'aurez que des produits chétifs et médiocres qui ne vous indemniseront jamais de vos peines et vous serez toujours réduits à la misère.

Une autre observation importante, c'est de ne semer que des tubercules bien mûrs et assez gros, contenant plusieurs bons œilletons. Depuis que les Pommes de terre, par suite de la maladie, sont devenues plus rares et plus chères, on a semé les plus petits tubercules, on a partagé les gros en autant de quartiers qu'il y avait d'yeux bourgeons ; on a même semé des pelures auxquelles on ne laissait que le germe. La Pomme de terre est si généreuse que tous ces moyens ont réussi ; mais il faut que vous sachiez que les produits ont toujours été en rapport avec la semence. En agriculture surtout, mes enfants, on ne récolte jamais que ce que l'on a semé. Si vous voulez avoir de bons et beaux produits, faites comme les jardiniers, choisissez toujours pour semence ce que vous avez de plus beau et de meilleur. Préparez ensuite votre champ avec soin et semez les tubercules entiers ou coupés par gros quartiers ou *taillons*, à environ $0^m,40$ les uns des autres, et espacez les raies ou sillons de $0^m,50$. Ces distances varient en plus ou en moins selon que le terrain est plus ou moins fertile, et ensuite selon les variétés de Pomme de terre. C'est pour cela qu'il est si nécessaire à un cultivateur d'étudier son terrain et de comparer les diverses variétés de semences s'il veut obtenir le maximum de profits ou de bénéfices ; l'agriculture n'est pas seulement un métier, elle est aussi une science qui a ses règles et sa théorie. Sans la connaissance de ces règles et de ces principes généraux, on peut bien, il est vrai, devenir bon cultivateur, c'est-à-dire savoir bien semer, bien tenir la charrue, tracer des sillons parfaitement droits et réguliers, être bon faucheur, etc.; mais on ne sera jamais bon agriculteur, on ne saura jamais donner à son champ les amendement nécessaires, on ignorera les procédés perfectionnés, et on ne saura jamais choisir les semences les plus convenables ni suivre les meilleurs modes d'assolements. En un mot, le cultivateur qui ignore les éléments de la science agricole ressemble à un enfant qui a une fort jolie écriture, mais qui n'a jamais étudié la grammaire et qui n'a pas été exercé à rendre ses pensées d'une manière claire et correcte : si cet enfant a besoin de faire une lettre, il est très embarrassé, et ce n'est qu'après plusieurs tâtonnements, plusieurs hésitations, qu'il parvient à tracer sur le papier quelques lignes inintelligibles.

Il en est de même de beaucoup de cultivateurs que l'on dit et qui se croient fort habiles; dès qu'ils changent de ferme, ils sont complètement déroutés, et ce n'est qu'après quatre ou cinq années de tâtonnements et de mécomptes, c'est-à-dire après s'être ruinés, qu'ils parviennent à y faire réussir leur routine improductive. C'est aussi la même cause qui a fait échouer tant de colons en Algérie.

Pénétré de ces idées et convaincu depuis longtemps que c'est surtout par l'exemple qu'il faut enseigner l'art agricole à nos pauvres montagnards, dont la plupart ne manquent pas d'intelligence ni de bonne volonté, mais qui, comme Saint-Thomas, veulent voir avant de croire ce qu'on leur dit, je louai, l'année dernière, un petit champ que je fis labourer aussi bas que possible pour y semer des Pommes de terre. Comme en Chartreuse on ne fait que gratter la terre avec une petite houe appelée *sape*, les cultivateurs du pays riaient de voir que je faisais pénétrer la charrue jusque dans le sous-sol qui se trouvait tout au plus à 0^m,10 de profondeur. Je n'avais à ma disposition que le fumier de mon cheval, et je fis semer mes Pommes de terre, moitié de l'espèce dite Chardon et moitié de Rouge de pays, d'après les usages suivis dans le canton du Pont de Beauvoisin, c'est-à-dire assez espacées. Quand elles montrèrent leurs premières tiges ce fut un hourra général ; les habiles se faisaient un malin plaisir de montrer les espaces vides qu'on remarquait, disaient-ils, entre chaque pied. La chose était facile, car ce champ se trouve, comme autrefois celui de trèfle que l'illustre Franklin fit plâtrer, situé près du village et au bord du chemin communal. Chercher à les convaincre par le raisonnement, pour leur montrer qu'en semant convenablement on obtenait de plus belles récoltes qu'eux qui semaient beaucoup trop épais, c'eût été peine perdue. Je me contentai de faire donner deux bons binages et sarclages en temps convenable et confiai le reste à la Providence. Quelques mois après, il n'y avait déjà plus d'incrédules ; mon champ se distinguait facilement des autres par sa belle et luxuriante végétation qui avait partout rempli les intervalles. Ce fut bien pis au moment de la récolte ; les Chardons me rendirent quinze pour un et les Rouges plus de douze pour un. Tous les tubercules étaient magnifiques : cinq tubercules de Chardon pesaient trois kilos cent soixantedix grammes. Aussi le printemps dernier, quoique je vendisse mes Pommes de terre trois francs par cent kilos de plus que les autres propriétaires, je n'en ai pas eu pour tous ceux qui sont venus m'en demander. Mais ce que j'ai cherché surtout à leur bien faire comprendre, c'est de semer et de labourer comme j'avais fait; cette leçon leur a été utile, et dans ce moment plusieurs de mes voisins récoltent aussi, malgré la sécheresse de cette année, de très-belles Pommes de terre.

Jusqu'à présent nous ne nous sommes occupés que de la partie comestible et de la culture de la Pomme de terre; cette étude est suffisante pour les cultivateurs; mais vous, mes enfants, vous ne voulez pas seulement être d'habiles cultivateurs, vous voulez encore connaître les plantes que vous aimez. Hé bien! mes petits amis, si nous prenons une plante entière de Pomme de terre, nous remarquons d'abord : une tige herbacée, creuse, anguleuse, portant des feuilles composées de plusieurs folioles; les fleurs sont assez grandes, formées d'un calice poilu, à cinq divisions étroites, et d'une corolle blanche ou violette, à cinq lobes; au milieu de la corolle on aperçoit cinq étamines. Les fruits sont des baies globuleuses, assez grosses, pendantes, d'un vert jaunâtre ou violacé. Comme vous voyez, ce ne sont pas les fruits que l'on mange dans cette plante, mais les tubercules souterrains que produisent les racines. Les fruits de la Pomme de terre ont une saveur fade, amère, nauséabonde; en les semant on obtient de nouvelles plantes qui produisent aussi des Pommes de terre. C'est par les semis des graines contenues dans ces baies ou fruits de la Pomme de terre qu'on a obtenu un grand nombre de variétés de cette plante si utile et si précieuse.

La Pomme de terre appartient à la famille des Solanées dont elle nous a servi de type. Toutes les Solanées ont un caractère triste, sombre et repoussant, qui décèle le poison violent que contiennent la plupart de ces plantes. C'est en effet dans cette famille que se trouvent les plantes les plus dangereuses. Les Solanées étant très-nombreuses, on les a divisées en deux tribus d'après la forme du fruit, qui est charnu ou en forme de baie chez les unes et sec, c'est-à-dire en forme de capsule, chez les autres.

PREMIÈRE TRIBU OU SECTION.

Fruit charnu ou baies.

La Morelle noire; c'est une plante herbacée, annuelle, haute de $0^m,10$ à $0^m,60$, qui croît au milieu des décombres, dans les villages, aux bords des chemins, où elle est très-commune. Elle montre ses fleurs, qui ressemblent exactement à celles de la Pomme de terre, depuis juin jusqu'en octobre. La Morelle noire exhale une odeur légèrement fétide, comme narcotique, et offre une saveur fade et herbacée; on l'emploie fréquemment pour préparer des bains et des cataplasmes émollient et calmants.

La Morelle douce-amère a des tiges ligneuses, longues, flexibles. Elle croît dans les haies, les bois humides et au bord des ruisseaux, où elle montre ses fleurs pendant l'été ; ses fruits sont de petites baies, rouges à la maturité, disposées en grappes pendantes. Elle est peu odorante, mais sa saveur est douceâtre d'abord, puis amère, d'où lui vient son nom vulgaire de Douce-amère. On emploie, en décoction, les jeunes tiges, dont les propriétés sudorifiques et dépuratives sont assez actives contre les dartres et les autres maladies de la peau.

La Morelle tubéreuse, vulgairement connue sous le nom de Pomme de terre, dont nous avons déjà parlé.

La Morelle melongène, vulgairement Melongène, Aubergine. C'est plutôt une variété qu'une espèce distincte; mais elle est remarquable par son fruit blanc, allongé, affectant la forme d'un œuf de poule assez bien dessiné. Spontanée en Asie, en Afrique, on la cultive quelquefois dans nos jardins. On mange ses fruits dans nos régions méridionales.

La Morelle cerisette, vulgairement appelée Cerisier d'amour, est un joli petit arbuste rameux, dont les fleurs blanches, disposées en petites ombelles, donnent naissance à des baies jaunes ou rouges, de la grosseur d'une petite cerise. On le cultive dans les jardins et en caisse, pour le rentrer pendant la mauvaise saison; ses fruits colorés produisent un très-bel effet au milieu de son feuillage toujours vert, pendant toute l'année.

Le Piment ou Poivre long. Sa tige herbacée, annuelle, porte des fleurs solitaires qui donnent naissance à des baies oblongues, d'un beau rouge à la maturité. On cultive le Piment pour ses fruits dont on fait un grand usage dans l'art culinaire; confits au vinaigre, on les emploie comme les cornichons.

La Tomate ou Pomme d'amour est une plante alimentaire et d'ornement que l'on cultive beaucoup dans les régions méridionales de l'Europe et même dans les jardins du nord de la France, à une exposition favorable et sur couches. Ses fruits rouges, très-gros, comprimés au sommet, comme plissés à la base, profondément sillonnés sur les côtés, portés deux ensemble par des pédoncules sortant de l'aisselle des feuilles supérieures, sont remplis d'un suc légèrement acide, agréable au goût, mais ayant un peu l'odeur nauséeuse des autres solanées. On exprime ce jus pour en faire des potages, des sauces, auxquels il donne la couleur des bisques d'écrevisses. Tandis qu'aux Antilles ces fruits sont employés contre les ophthalmies et les maladies putrides, les Italiens les mangent crus et en salade; nous autres, Français, nous les faisons servir à l'assaisonnement des viandes, ou bien on les porte cuits sur les tables, ou confits dans le vinaigre. C'est une sorte de régal pour les habitants des rives de la Méditerranée. — La greffe de la Tomate sur la pomme de terre réussit parfaitement, ce qui permet d'obtenir à la fois une récolte de fruits et de tubercules.

La Belladone, ainsi nommée de l'italien *bella dona*, belle dame, parce que les femmes se servaient de ses fruits pour composer une espèce de fard. C'est une des plantes les plus dangereuses pour les enfants; ses fruits noirs ressemblent exactement à une belle cerise; mais malheur au petit imprudent qui en mangerait! une ou deux de ces maudites cerises donnent promptement la mort; aussi il ne se passe pas d'année sans que les journaux signalent quelques empoisonnements occasionnés par les baies de Belladone. Il importe donc beaucoup, mes enfants, que vous sachiez reconnaître cette plante, et surtout que vous ne mangiez jamais dans les bois les fruits que vous ne connaissez pas.

La Belladone croît dans les lieux incultes et ombragés, le long des murs, etc., et elle montre ses fleurs tout l'été. Toutes ses parties exhalent une odeur vireuse, nauséabonde; la plante entière a quelque chose de triste, de repoussant, qui inspire la crainte. Les fleurs sont d'un pourpre obscur, veiné de brun ; le fruit est une baie, noire à la maturité. La Belladone est très-employée en médecine ; elle fait la base de plusieurs remèdes très-importants.

DEUXIÈME TRIBU.

Fruit sec ou capsulaire.

Le Tabac, ainsi nommé parce que les Espagnols l'ont découvert dans l'île de Tabaco, au Mexique. Le tabac exhale une odeur forte, piquante et vireuse ; sa saveur est âcre, amère, nauséabonde, due à un principe très-vénéneux, la *Nicotine*. Le célèbre poëte Santeuil expira dans des douleurs atroces pour avoir bu un verre de vin dans lequel on avait mis du tabac à priser. On frotte quelquefois la tête des jeunes enfants avec du tabac en poudre, pour détruire les poux ; mais cet usage est très-dangereux : plusieurs enfants sont morts des suites de ce remède violent. Les émanations de cette plante elle-même ne sont pas sans danger ; de sorte qu'on a lieu de s'étonner qu'elle soit en si grand honneur parmi ceux qui la prisent, la fument ou la mâchent. Les médecins ont constaté, depuis quelque temps, que l'usage du tabac occasionne des névralgies, des bourdonnements d'oreille, etc., très-difficiles à guérir.

« O plante maudite ! s'écrie Brard, que n'es-tu encore sauvage et délaissée dans les bois de Tabaco, d'où les Espagnols t'ont apportée ! Par quelle fatalité une herbe puante, âcre et vénéneuse, est-elle devenue tout-à-coup essentielle, indispensable à l'univers ? » Oui, mes enfants, n'avons-nous pas assez de besoins réels sans nous en créer encore de factices, en nous condamnant à priser une poudre repoussante, qui détruit peu à peu la sensibilité et la finesse de notre odorat? L'odorat a non-seulement le précieux avantage de nous faire distinguer les doux parfums des fleurs, il a encore été placé au-dessus et près de la bouche, comme une sentinelle vigilante, pour nous avertir des substances nuisibles que, sans lui, nous serions exposés à manger. L'usage de la pipe est encore plus nuisible; la fumée du tabac, par son âcreté, fait noircir et gâter les dents, échauffe la bouche et occasionne souvent des angines très-graves. Le fumeur répand autour de lui une odeur puante; tous ses vêtements en sont imprégnés; mais l'usage et la mode ont une telle influence qu'aujourd'hui le mal est fait, la faute est irréparable, deux cents ans ont sanctionné cet usage détestable. L'habitude a un si grand empire sur nous qu'il y a des hommes qui préféreraient se passer de pain plutôt que de tabac. D'ailleurs, sa suppression amènerait aujourd'hui un déficit considérable dans les finances de l'Etat, puisque son revenu dépasse cent millions de francs par année. Au lieu d'en proscrire l'usage, le Gouvernement a donc bien fait d'augmenter encore cet impôt. L'impôt sur les tabacs et sur les liqueurs est, en effet, de tous les impôts le plus juste et le plus équitable, puisqu'il ne frappe que des substances nuisibles à la santé. Chacun reste alors libre d'user et de mésuser même de ces diverses substances pour se procurer des jouissances factices qui abrègent la vie. La plupart des morts subites, si fréquentes aujourd'hui, doivent être attribuées la plupart du temps à l'usage immodéré du tabac et des liqueurs alcooliques.

Le *Datura stramoine*, vulgairement nommé Pomme épineuse, à cause de son fruit chargé d'épines, est une plante annuelle d'un mètre de haut, à tige forte, rameuse ; les feuilles sont grandes, à dents larges et aiguës, fleurs grandes, en clochette allongée, blanches ou violettes. Le fruit est une capsule à quatre loges, couvert de petites pointes qui deviennent épineuses à la maturité. Le Datura croît dans les lieux incultes, dans les décombres, les villages, au bord des chemins, et fleurit tout l'été. D'une odeur forte et vireuse, d'une saveur nauséeuse, un peu âcre, cette plante jouit de propriétés narcotiques analogues à celles de la Belladone.

La *Jusquiame* noire. C'est une plante d'un vert sombre, qui croît au bord des chemins, dans les décombres, les champs en friche, et qui fleurit en mai-juillet. Son feuillage, d'un vert pâle et livide, couvert d'un duvet visqueux, la couleur triste de ses fleurs, l'odeur repoussante qui s'exhale de toutes ses parties, semblent indiquer d'avance ses propriétés malfaisantes, vénéneuses, pour l'homme surtout.

Cependant, les chèvres et les vaches la broutent sans inconvénient, les cochons l'aiment beaucoup, elle est très-recherchée par les brebis, mais elle tue la plupart des insectes ; sa seule présence, dit-on, fait fuir les rats ; elle est dangereuse pour les cerfs, elle est funeste aux oies, à tous les gallinacés, à beaucoup d'oiseaux, et mortelle pour les poissons.

Excepté la pomme de terre, toutes les solanées sont plus ou moins dangereuses ; encore ce n'est que par la culture et la cuisson que la pomme de terre acquiert cette saveur si agréable ; crue, elle est aussi âcre et nauséabonde que beaucoup d'autres solanées; les fruits surtout ont une saveur fade et repoussante.

On cultive plusieurs solanées, à cause de la beauté de leurs fleurs, comme plantes d'ornement; telles sont les superbes Petunias qui forment dans les jardins des massifs du plus bel effet; les Liciets servent à former des haies ou à couvrir des tonnelles; les Certreaux, dont le parfum embaume nos serres chaudes.

CHAPITRE XXXVIII.

FAMILLE DES ANTIRRHINÉES.

LE MUFLIER.

Vous remarquerez souvent dans les jardins et sur les murs des fleurs très-bizarres, ressemblant assez bien à un *mufle de veau;* on les appelle même, pour cette raison, Mufle-de-Veau, Gueule-de-Lion, ou simplement Muflier.

Le Muflier est une plante vivace, à tiges robustes, dressées; feuilles lancéolées, un peu épaisses; fleurs en grappes terminales; calice à cinq divisions très-courtes; corolle à tube bossu à la base; le limbe est en forme de gueule; la lèvre inférieure présente un palais saillant, bilobé, poilu, qui forme la gorge; étamines quatre, incluses; fleurs pourpres, rarement blanches. Cette plante servait autrefois aux sorciers, pour leurs sortiléges.

Le Muflier sert de type à la famille des Antirrhinées, dont les principaux genres sont :

La Digitale, à fleurs pourpres ou jaunes. Dans ce

genre, la corolle, quoique toujours irrégulière et à deux lèvres, s'allonge comme un doigt de gant. L'espèce à fleurs jaunes est commune le long des chemins, où elle fleurit en juin-juillet ; elle n'est pas employée en médecine. La Digitale pourprée, au contraire, est d'un emploi journalier dans les maladies du cœur ; c'est un sédatif et un diurétique puissants. Elle abonde dans les terrains granitiques, tandis que la Digitale jaune préfère les terrains calcaires. Le principe actif de la Digitale pourprée, la *Digitaline*, est un poison très-énergique ; il faut donc éviter de faire usage de cette plante sans l'avis d'un médecin.

La Linaire. Les fleurs, éperonnées à la base, ressemblent à celles du Muflier, et sont tantôt jaunes, bleues ou purpurines, selon les espèces ; les unes sont annuelles, les autres vivaces. Ces jolies petites plantes, à tiges rampantes, couchées, rameuses, portent des feuilles linéaires, ornent les murs, les champs sablonneux et jusqu'aux débris rocailleux des montagnes calcaires ; elles fleurissent pendant tout l'été.

La Scrofulaire des chiens ou fétide. Cette plante est très-commune dans les graviers des torrents et dans les montagnes. On emploie sa décoction pour frotter les chiens qui ont la gale.

La Gratiole officinale, Herbe à pauvre homme, Grâce-de-Dieu, Séné des prés. Cette plante vivace habite les lieux marécageux ; elle est sans odeur, mais sa saveur est amère, nauséabonde, désagréable. Son action est irritante, énergique ; sa racine passe pour être émétique, le reste de la plante violemment purgatif. Les habitants de la campagne en font un fréquent usage pour se purger ; mais ils ne se méfient pas assez de son action irritante, qui leur cause souvent des inflammations graves des intestins. Il vaut infiniment mieux, quand on éprouve le besoin de se purger, aller chez un pharmacien acheter trente grammes de sulfate de soude qui valent dix centimes et que l'on prend le matin, en se levant, dans une tasse de bouillon aux herbes, que de s'exposer à de graves dangers en prenant le suc ou les graines de certaines plantes dont on ignore le plus souvent les propriétés énergiques.

Le Mélampyre des champs, vulgairement nommé Blé de vache, Rougeole, est commun dans les moissons, les champs en friche, les prairies artificielles, où il fleurit en juin-août. Le lait et le beurre de l'animal qui a mangé de cette plante sont d'une excellente qualité, de là vient son nom de Blé de vache. Les campagnards l'appellent encore Rougeole à cause des bractées rouges qui accompagnent ses corolles, également rouges, mais nuancées de jaune. Ses graines, mêlées au froment et au seigle, impriment au pain une couleur violet-noir et une qualité inférieure, presque nuisible. Il faut donc arracher avec soin cette plante pour la donner aux vaches, au lieu de la laisser fructifier au milieu des moissons.

L'Euphraise officinale ou Casse-lunettes, est une fort jolie petite plante qui ressemble à un petit arbuste. Elle abonde dans les prairies sèches, sur la lisière des bois, fleurissant en juillet-octobre. Inodore, elle est sans propriétés réelles, bien qu'elle soit légèrement amère. Comme, en raison de la tache jaune située au milieu de sa corolle, on lui a trouvé une certaine ressemblance avec l'œil, on a supposé qu'elle devait être propre à guérir les maladies de cet organe;

de là la réputation de cette plante d'être *bonne pour les yeux*, et son nom vulgaire de *Casse-lunettes*.

Enfin, cette famille nous offre encore parmi les plantes indigènes, les jolies petites Véroniques, ainsi appelées en mémoire de sainte Véronique à cause de leurs propriétés médicales. Ces plantes sont peu odorantes, d'une saveur amère un peu styptique; elles agissent comme un léger tonique et sont fréquemment employées dans les catarrhes du poumon comme expectorantes.

Les Véroniques n'ont que deux étamines saillantes; fleurs bleues : les unes, comme la Véronique officinale, Chamœdris ou petit Chêne, habitent les bois ou les champs arides; d'autres, comme la Véronique bécabunga, appelée aussi Cresson de fontaine, Cresson de cheval, croissent au milieu des fontaines, des fossés et fleurissent en mai-septembre. Le suc du Cresson de fontaine est antiscorbutique, d'une saveur âcre et amère. On le substitue au Cresson officinal; ses jeunes pousses se mangent en salade ou cuites avec le Cresson, les épinards, etc.

Parmi les belles plantes exotiques qui peuplent les serres, la famille des Antirrhinées nous offre les bizarres Calcéolaires, de l'Amérique, dont la corolle rappelle la forme d'un petit sabot; les Francisceas, élégants arbrisseaux du Brésil, dédiés à l'empereur François 1er d'Autriche, etc.

CHAPITRE XXXIX.

FAMILLE DES LABIÉES.

LA MÉLISSE.

La Mélisse officinale est une plante qui est partout cultivée dans les jardins à cause de son immense réputation comme tonique, stimulante et antispasmodique. Cette plante agit sur l'économie comme excitant, nervin, cordial et stomachique ; Avicenne dit qu'elle réjouit le cœur et fortifie les esprits vitaux. On l'emploie surtout pour ranimer le principe vital dans les défaillances, les syncopes, l'apoplexie nerveuse : on la donne en infusion ou en alcoolat composé.

L'usage de la Mélisse est utile aux vieillards dont les facultés intellectuelles vacillent et s'affaissent comme les membres, comme toutes les fonctions qui dépendent du cerveau. Cependant, comme le plus souvent ces phénomènes se rattachent à quelque lésion matérielle du système nerveux, la Mélisse serait, dans ce cas, plus nuisible qu'utile. Cette plante croît aussi spontanément le long des chemins, dans les lieux incultes et dans les bois des provinces méridionales de la France. Elle est très-odorante ; l'arôme de ses feuilles est très-agréable et rappelle celui du citron ; elle entre dans la composition de plusieurs liqueurs très estimées, telles que l'eau des Carmes et l'excellente liqueur des Chartreux, etc.

La Mélisse des bois ou Calament. Elle est très-commune dans les bois secs ou montueux ; si l'on mâche légèrement ses feuilles, on éprouve dans la bouche une sensation fraîche, agréable, semblable à celle qu'on éprouve en mangeant une pastille à la menthe. Les feuilles du Calament sont ovales, portées sur une tige de quarante à cinquante centimètres de haut ; les fleurs sont grandes, purpurines, disposées en grappe paniculée. Ces fleurs méritent une attention toute particulière à cause de leur forme, qui sert de type caractéristique à la famille des Labiées; nous remarquons d'abord un calice à deux lèvres, dont la supérieure est tronquée ; une corolle à tube grêle représentant assez exactement deux lèvres, d'où le nom de Labiées donné aux plantes dont la fleur présente cette forme singulière. Toutes les Labiées ont la tige carrée, les feuilles opposées et répandent une odeur forte et pénétrante qui leur a fait donner le nom de Plantes aromatiques ; cette odeur est due à une huile volatile sécrétée par des glandes nombreuses. Quelques-unes contiennent du camphre ; toutes sont amères et aromatiques ; il n'y en a point de dangereuses.

Les principaux genres sont :

Le Romarin commun, arbuste formant buisson par ses rameaux grêles et articulés, portant des feuilles linéaires; fleurs d'un bleu pâle, en petits bouquets axillaires terminaux. Il habite de préférence les plages maritimes, où il fleurit dès le mois de janvier dans le midi.

Les anciens avaient surnommé le Romarin Herbe aux couronnes, parce qu'on l'entrelaçait dans les couronnes avec le myrte et le laurier. La bonté du miel de Narbonne et de Mahon est due au parfum des fleurs du Romarin, sur lequel butinent les abeilles.

Cette plante rend, dit-on, plus savoureuse la chair des moutons qui la broutent. Les cuisiniers se servent du Romarin pour aromatiser quelques mets. Les parfumeurs en font un très-grand usage. Il entre dans la fameuse Eau de la reine de Hongrie et dans l'eau de Cologne, qui est, à la dose de quelques gouttes versées dans l'eau fraîche avec laquelle on se lave tous les matins, le meilleur et le plus agréable de tous les parfums de toilette.

La Sauge. Plante précieuse par ses qualités toniques, aromatiques et dont le nom vient du verbe latin *salvare*, qui veut dire sauver, parce que les anciens croyaient qu'elle préservait de la peste. On l'emploie encore aujourd'hui à préparer des bains aromatiques; elle fait aussi, avec quelques autres Labiées, la base du vin aromatique, fréquemment employé dans les hôpitaux pour panser les plaies.

Ce genre nombreux renferme plus de trois cents espèces, dont les plus remarquables sont : la Sauge officinale, qui croit naturellement dans le midi; elle est cultivée dans les jardins. La Sauge des prés, dont les jolies grappes de fleurs bleues font l'ornement des côteaux arides. La Sauge sclarée, Toute bonne ou Orvale, qui habite les ruines des vieux châteaux pour perpétuer le souvenir des vertus de leurs anciens habitants et faire oublier les fautes qui amenèrent la ruine de ces antiques manoirs. Enfin, la Sauge éclatante, belle variété à grandes fleurs rouge de feu, panachées ou blanches; cultivée dans les jardins et les parterres.

La Bugle, dont les jolies petites fleurs forment une pyramide du plus bel effet, habite les haies, les bois, les prairies humides et fleurit dès le printemps. C'est un astringent faible qui a été préconisé autrefois contre une foule de maladies, ce qui a donné lieu au vieux proverbe : « Qui connaît la Bugle et la Sanicle fait aux médecins la nique. »

La Germandrée Petit-Chêne, qu'il ne faut pas confondre avec la Véronique Petit-Chêne que nous avons déjà vue, est ainsi appelée à cause de la ressemblance de ses feuilles avec celles du chêne. La Germandrée habite les coteaux arides exposés au midi, où ses jolies fleurs labiées, purpurines, se montrent tout l'été. La décoction de cette plante est un tonique amer, précieux contre le scorbut, les scrofules et dans les convalescences de fièvres graves.

L'Hyssope officinale, qui croît en abondance sur les rochers de la Porte de France, à Grenoble, est cultivée dans les jardins. C'est une fort jolie plante, touffue, dont les rameaux, chargés pendant tout l'été de fleurs bleues, rouges ou blanches, s'élèvent à la hauteur de trente à cinquante centimètres. Ses propriétés médicales sont les mêmes que celles de la Bugle et de la Germandrée.

L'Écriture Sainte fait souvent mention de l'Hyssope, et tous les dimanches l'Église commence l'office divin par l'aspersion avec l'Hyssope. Cependant, quelques auteurs pensent que l'Hyssope dont il est question dans l'Écriture-Sainte est une mousse qui croît sur les murs de Jérusalem et non une Labiée.

La Cataire ou *Chataire*, ainsi nommée parce que les chats se vautrent avec une sorte d'ivresse sur les tiges de cette plante, qui répand une odeur forte, aromatique, désagréable. Elle habite les lieux pierreux, les villages, etc., et fleurit en été.

La Lavande. Petit arbuste très-élégant, haut de quarante à soixante centimètres. Les tiges sont ligneuses à la base, rameuses, rapprochées en touffes, feuillées en bas, non en haut, et répandent une odeur aromatique très-agréable; leur saveur est chaude et amère; c'est la plus active de toutes les Labiées.

La Lavande abonde sur les rochers du Midi, où l'on va la chercher pour en extraire l'huile essentielle connue sous le nom d'essence de Lavande ou d'huile d'Aspic. Cette huile est très-employée par les parfumeurs : en en frottant la tête des enfants, elle détruit tout aussi bien les poux que le tabac, sans en avoir les dangers; elle a été aussi préconisée, en frictions, contre la gale.

On cultive souvent dans les jardins la Lavande en bordure; on emploie fréquemment ses tiges fleuries, mêlées à celles de l'Absinthe, pour garantir les étoffes de laine des mites, et les blés des charançons; il suffit pour cela de mettre quelques tiges de Lavande dans les armoires ou dans les greniers.

La Sarriette, que l'on cultive dans tous les jardins, pour son odeur agréable et surtout pour ses usages culinaires.

La Menthe, plante vivace, très-aromatique, à racines traçantes; fleurs petites, roses ou blanches. Les menthes ont une odeur aromatique forte, une saveur poivrée et camphrée, suivie d'une sensation de frais à la bouche. Elles contiennent une huile essentielle abondante. On peut les employer comme toniques, stimulantes, carminatives, vermifuges. On cultive surtout dans les jardins la Menthe poivrée, qui est originaire de la Grande-Bretagne et qu'on appelle vulgairement *thé vert;* on en retire l'essence de menthe avec laquelle on fabrique des pastilles et des tablettes propres à favoriser la digestion. Les autres menthes ont les mêmes propriétés que la Menthe poivrée, mais leur parfum est moins agréable.

Le Thym vulgaire, joli sous-arbrisseau très-aromatique des contrées méridionales de l'Europe.

On trouve partout, en France, sur les coteaux secs, exposés au midi, le Thym serpolet, appelé aussi Thym bâtard, ou simplement Serpolet, dont les propriétés sont les mêmes que celles du thym vulgaire. Les abeilles et surtout les lapins sont très-friands du serpolet, qui communique à leur chair une odeur aromatique très-agréable.

Enfin, le Glécome, Lierre terrestre, Herbe de Saint-Jean. Son nom de Lierre terrestre lui vient d'une certaine ressemblance qu'ont ses feuilles avec celles du Lierre grimpant. Les tiges sont menues, un peu carrées, comme toutes les Labiées, velues, un peu redressées pour fleurir. Les fleurs sont bleuâtres ou blanches, axillaires, paraissant dès le printemps.

Le Lierre terrestre est très-répandu dans les bois humides, les haies, les buissons. Il répand une odeur aromatique; sa saveur est légèrement acerbe; très-employé, en infusion coupée avec du lait, par les gens de la campagne, dans les rhumes et les catarrhes humides de la poitrine. Il faut cueillir le Lierre terrestre avant le mois de juin pour le conserver, et le choisir peu élevé, bien touffu, à peine fleuri, croissant dans les lieux secs et élevés plutôt que bas et humides. La dessication n'altère pas ses propriétés.

La Verveine. Voici encore une plante qui, comme le Gui, nous rappelle les anciennes superstitions des Druides. Ils s'en servaient pour nettoyer les autels avant les sacrifices, et pour prédire l'avenir; elle faisait aussi la base de leur fameuse eau lustrale dont ils se servaient dans leurs enchantements et pour leurs mystères ténébreux et ridicules. Les Grecs en formaient des couronnes pour leurs hérauts d'armes chargés d'annoncer la paix ou la guerre. Mais aujourd'hui que la raison, éclairée par la révélation chrétienne, a remplacé le merveilleux, la Verveine, comme la plupart des plantes tant vantées par les anciens, est tombée dans l'oubli. Il ne faudrait cependant pas croire que c'est par esprit de système ou par réaction que la médecine moderne a abandonné les simples pour se servir des produits chimiques. Cette science, comme toutes les sciences humaines, a eu ses oscillations, ses tâtonnements, mais elle tend tous les jours à se rapprocher des sciences exactes en profitant des découvertes de l'anatomie, de la physiologie et de la chimie; elle n'accorde plus sa confiance qu'aux faits bien avérés et qu'une longue expérience a sanctionnés. Ainsi, elle a abandonné la Verveine officinale, dès qu'elle a reconnu que ses propriétés étaient à peu près nulles; mais elle a, au contraire, préconisé l'usage de la Verveine odorante ou à trois feuilles, parce que les propriétés de cette dernière sont beaucoup plus sûres et plus énergiques.

La Verveine odorante a les tiges ligneuses, plus élevées que celles de la Verveine officinale; elle forme un joli arbrisseau; les feuilles sont verticillées par trois. Cette plante, qui ne se produit en France que par la culture, est douée d'une odeur de citron très-agréable et d'une saveur amère, un peu piquante et aromatique; les sommités fleuries et les feuilles servent à préparer une infusion théiforme qui peut remplacer celles de thé, de mélisse, de feuilles d'oranger et de fleurs de tilleul. Cette infusion est très-utile dans les indigestions, les maux de tête, etc.

Les botanistes séparent ordinairement les Verveines des Labiées pour en former une petite famille sous le nom de Verbénacées. Les Verveines diffèrent des

Labiées par leur tige hexagonale et par un petit fruit charnu.

On cultive dans les parterres plusieurs Verveines exotiques; mais ces jolies petites plantes, qui forment les plus élégantes corbeilles de fleurs, craignent le froid; il faut les rentrer dans la serre tempérée pendant l'hiver.

CHAPITRE XL.

FAMILLE DES PRIMULACÉES.

LA PRIMEVÈRE.

La Primevère est une jolie petite plante qui nous annonce le printemps; tous les enfants la connaissent sous les noms de Pipette, Coucou, etc., et la recherchent pour ses belles fleurs jaunes, odorantes. Ils en tressent de jolies guirlandes, des petites couronnes, ou bien les roulent en balles légères qu'ils lancent sur le gazon que la neige vient d'abandonner pour faire place à la verdure naissante. Profitez, mes enfants, de ces beaux jours où la nature entière vous invite aux plaisirs; cueillez des fleurs, folâtrez auprès de l'aubépine blanche; écoutez ces petits oiseaux, ils se réjouissent aussi; voyez comme ils voltigent de branche en branche en faisant entendre leurs doux gazouillements; ils sont heureux, le soleil réchauffe leurs petites ailes, et leurs petits pieds, longtemps engourdis par les frimas de l'hiver, foulent à présent les tendres gazons fleuris au milieu desquels ils trouvent des insectes pour apaiser leur faim et des brins d'herbe sèche pour bâtir leurs nids, dans lesquels reposeront bientôt des œufs, puis des petits que le père et la mère soignent avec la plus tendre sollicitude. Gardez-vous bien, mes amis, de détruire ces nids, de casser les œufs ou d'enlever ces petits oiseaux à leurs parents; vous leur causeriez un chagrin aussi grand que celui qu'éprouveraient vos bonnes et tendres mamans si un loup vorace venait aussi vous manger vous-mêmes. D'ailleurs, les enfants qui sont assez méchants pour faire du mal aux petits oiseaux sont bientôt punis de leur mauvais cœur et de leur barbarie, car le bon Dieu n'a pas seulement créé les oiseaux pour embellir le paysage et pour nous réjouir par leurs chants si variés et si mélodieux ; les oiseaux servent surtout à détruire ces myriades de chenilles qui chaque année envahissent nos arbres fruitiers pour se nourrir de leurs fleurs et de leurs feuilles. Si les oiseaux ne détruisaient pas les chenilles, nos arbres ne présenteraient bientôt plus qu'un tronc sec sans verdure et, par conséquent, ne produiraient aucun fruit; comme il arrive, malheureusement, dans les saisons sèches, pendant lesquelles les chenilles sont quelquefois si abondantes qu'elles ruinent un verger en quelques jours. Les orages, la grêle même, font souvent moins de mal que ces légions si nombreuses de chenilles : les orages et la grêle ne dévastent ordinairement qu'une localité, tandis que les chenilles ruinent souvent des provinces entières; bien plus, les fruits et les légumes salis par ces insectes repoussants, déterminent des maladies graves et sont souvent la principale cause d'épidémies mortelles. La loi a donc raison de punir sévèrement les enfants qui sont assez étourdis ou assez méchants pour oublier ainsi leur propre intérêt ou pour se donner le cruel et barbare plaisir de faire souffrir et de détruire ces pauvres petits oiseaux qui leur rendent de si grands services. Les sociétés agricoles accordent même une récompense aux gardes champêtres et aux gendarmes qui ont fait des procès-verbaux contre les enfants qui détruisent les nids, parce que sans les oiseaux, les cultivateurs n'obtiendraient bientôt plus que des récoltes chétives et les arbres de nos vergers n'offriraient plus que des fruits pierreux et gâtés.

Dans tous les temps et dans tous les lieux, on a fêté le printemps, parce que c'est la saison de la joie et de l'espérance. Si le printemps est beau, si les arbres se couvrent partout de fleurs, nous avons l'espoir d'une récolte abondante pour l'automne; mais si, au contraire, les orages, les pluies ou les gelées tardives viennent détruire les fleurs et les semences confiées à la terre, la disette se fera sentir. — Vous êtes aussi, mes petits amis, au printemps de la vie; c'est à votre âge que se contractent les bonnes ou les mauvaises habitudes : si vous ne portez pas de fleurs à présent, vous ne recueillerez pas non plus des fruits dans votre vieillesse. Veillez donc avec soin sur votre conduite afin que les orages des passions et des vices ne viennent pas aussi détruire les bonnes semences que vos parents et vos maîtres auront semées dans vos cœurs. Respectez, aimez ces petits oiseaux qui vous donnent l'exemple de l'ordre et du travail; admirez les brillantes corolles des fleurs; ces fleurs porteront bientôt des fruits, les tiges verdoyantes qui les soutiennent se couvriront peu à peu de feuilles et les plantes acquerront enfin leur entier développement pour atteindre le but que la Providence leur a indiqué. Vous aussi, mes enfants, vous grandirez, vous deviendrez un jour des hommes et si vous avez toujours bien appris vos leçons, si, en un mot, vous avez fait des efforts pour acquérir des talents utiles, vous serez aimés et respectés de tout le monde; vous serez heureux, car vous jouirez alors des fruits délicieux que procurent l'étude et l'amour du travail !

Mais pour atteindre ce beau résultat, il faut commencer de bonne heure à bien travailler. Au lieu de courir dans les champs pour déchirer vos vêtements, pour tourmenter les timides oiseaux ou pour fouler à vos pieds ces belles fleurs qui sont l'apanage du printemps, remarquez leur organisation si admirable, apprenez à lire dans ce beau livre de la nature, à la fois si simple et si sublime que toutes les intelligences y trouvent de quoi se satisfaire. Par exemple, avant de cueillir une fleur de Primevère, admirez la belle rosace de feuilles vertes, imbriquées, au milieu de laquelle sort cette fleur jaune, supportée par un petit pédoncule; au sommet du pédoncule, nous trouvons d'abord un calice de quatre ou cinq lobes; ensuite une belle corolle jaune, régulière, monopétale, à cinq lobes; du centre de la corolle s'élèvent cinq étamines, opposées aux lobes, et au milieu des étamines un style unique. Pour les plantes dont la corolle et les étamines sont déjà tombées, on aperçoit à la place de la fleur une petite boule ovale : c'est l'ovaire qui porte les graines.

La Primevère donne son nom à la famille des Primulacées, dont elle sert de type.

Les principales espèces sont :

Les Primevères officinales et élevées, dont les tiges

atteignent vingt à trente centimètres. Les fleurs, petites, en bouquet terminal, paraissent en mars et avril; elles servent, comme celles de violette et de pensée, à faire d'excellentes tisanes pectorales contre les rhumes et les fluxions de poitrine. La Primevère à grandes fleurs, vulgairement nommée Pipette, dont les fleurs, larges et jaunes, semblent sortir du milieu de la rosace formée par les feuilles.

La Primevère auricule, ou Oreille d'ours. Cette plante, dont les feuilles sont épaisses, charnues, habite les rochers de nos montagnes calcaires. Elle est cultivée dans les jardins, où ses fleurs doubles présentent les plus belles nuances de rouge-cramoisi, de violet, de jaune, etc.; elle forme de jolies bordures par la longue durée de sa floraison.

La Soldanelle des Alpes. Jolies petites plantes, à feuilles radicales, arrondies en forme de sou. Elles montrent leurs petites fleurs frangées, violacées, dès que la neige a disparu.

Les Globulaires forment une petite famille voisine des Primulacées, dont elles diffèrent par leurs étamines alternes et par leurs fleurs bleues qui forment une jolie petite tête ronde en forme de globe, portée sur un pédoncule de dix à quinze centimètres, d'où leur nom de Globulaires.

On a quelquefois employé les Globulaires comme purgatives.

CHAPITRE XLI.

FAMILLE DES PLANTAGINÉES

LE PLANTAIN.

Le Plantain est le genre type de la famille des Plantaginées, dont les caractères botaniques sont : pas de tiges; feuilles radicales étalées en rosette; fleurs petites, réunies en épi très-serré au sommet d'un pédoncule plus ou moins long ; chaque fleur se montre à l'aisselle d'une petite écaille, composée de bractées; calice à quatre divisions; corolle à quatre lobes; étamines quatre, saillantes ; style unique; stigmate simple; capsule s'ouvrant en travers, à deux-quatre loges.

On compte plusieurs espèces de Plantain qui ne diffèrent entre elles que par la taille. Ce sont des végétaux herbacés, vivaces, quelquefois annuels, qui se multiplient considérablement dans les prairies épuisées, au bord des chemins, etc. Ils nuisent moins qu'on ne le pense : c'est à leur abondance dans les pâturages des montagnes que l'on doit la bonne qualité du lait des vaches.

Les graines, qui sont mucilagineuses, sont mangées avec plaisir par les oiseaux ; on les utilise quelquefois pour en retirer de l'huile. On a aussi préconisé jadis le Grand Plantain comme fébrifuge.

CHAPITRE XLII.

FAMILLE DES CHÉNOPODÉES.

L'ÉPINARD.

Dans les chapitres précédents, nous avons vu les plantes qui ornent les riches parterres ou qui décorent nos montagnes ; dans celui-ci, nous allons étudier les plantes légumineuses cultivées dans les jardins potagers et qui servent principalement à la nourriture de l'homme. En premier lieu, nous remarquons d'abord les Épinards, que toutes les cuisinières connaissent, et avec les feuilles tendres et vertes desquels elles préparent d'excellents *gratins ;* ces feuilles, assaisonnées de diverses manières, sont un aliment léger, peu nourrissant et même un peu laxatif, mais très-sain et qui convient surtout aux personnes qui mènent une vie sédentaire. Elles servent encore à préparer le bouillon aux herbes, dans lequel nos pauvres cultivateurs trempent leur pain noir. Ce bouillon est tout à la fois pour eux un aliment et une boisson chaude qu'ils prennent avec plaisir après une journée de fatigues, pendant laquelle ils ont essuyé la pluie ou la neige ; le bouillon d'Épinards est donc le punch des paysans, c'est aussi la tisane que préfèrent tous nos pauvres malades ! Aussi cette plante si précieuse est-elle cultivée partout, depuis le riche potager du château jusque dans l'humble jardinet de la chaumière. Près des villes,

les jardiniers en font un commerce considérable. Les Épinards ont aussi le précieux avantage de supporter les froids les plus rigoureux de nos hivers.

Quand on observe un carré d'Épinards, on voit d'abord de belles et larges feuilles vertes, pétiolées, ovales ou en fer de flèche, alternes sur une tige simple, dressée. Quelques-unes de ces plantes portent des fleurs qui répandent autour d'elles une espèce de poussière jaune ; d'autres, au contraire, n'ont point de poussière ; les premières sont stériles et appelées les fleurs mâles ; ces fleurs n'ont qu'un calice, qu'on nomme *périgone*, à cinq divisions ; au milieu du périgone, on aperçoit les étamines, au nombre de cinq, qui répandent la poussière jaune dont nous avons parlé ; cette poussière s'appelle le *pollen*.

Les autres fleurs qui produisent les graines se nomment les fleurs *femelles;* elles ont aussi un périgone à deux, quatre parties, au milieu duquel nous ne trouvons que quatre styles, à la base desquels se forment plus tard les graines. Ces graines sont épineuses, d'où le nom d'Épinard donné à cette plante.

On appelle en botanique plantes ou fleurs dioïques, celles dont les étamines et les pistils se trouvent sur des pieds différents, comme les Épinards, le Chanvre, etc. Alors la moitié à peu près de ces plantes ne produisent point de graines.

L'Épinard sert de type à la famille des Chénopodées, dont les principaux genres fournissent aussi des plantes alimentaires.

La Bette commune, appelée aussi Bette poivrée. Cette plante est cultivée dans les jardins sous le nom vulgaire de *Blette;* on mange ses larges feuilles mêlées à celles de l'Épinard ou à celles de l'Oseille dont elles servent à adoucir l'acidité. Il y en a plusieurs variétés ; mais on ne cultive guère que la Carde poirée, qui est si remarquable par ses grandes feuilles et dont le pétiole, large comme deux doigts, se prolonge en formant la nervure médiane de la feuille ; c'est ce pétiole que l'on mange sous le nom de *Côtes de Blette.*

Les feuilles de Blette sont adoucissantes ; elles servent, avec celles d'Epinard, à faire le bouillon aux herbes des malades et à panser leurs vésicatoires.

La Betterave, nommée vulgairement Carotte, dont il y a trois variétés principales : la rouge, la jaune et la blanche. Ces plantes sont surtout cultivées pour leurs racines, qui deviennent très-grosses et très-longues. On les mange cuites, en salade, on les donne aux bestiaux et on en retire aussi une grande quantité de sucre ou d'alcool. Nous avons déjà vu, en parlant de la vigne, que c'est la fermentation du jus de raisin qui change le sucre en esprit de vin ou alcool ; c'est aussi en faisant fermenter le jus sucré de la Betterave qu'on obtient ensuite l'alcool par la distillation. Pour obtenir le sucre, au contraire, on fait bouillir ce jus pour l'épaissir au point que le sucre se dépose au fond des vases en cristaux, que l'on purifie ensuite par la raffination, pour avoir le sucre que vous connaissez tous. Le sucre de Betterave, bien préparé, bien raffiné, est aussi bon et aussi beau que le sucre de canne qui nous vient des colonies.

Depuis qu'on a établi en France des sucreries et des distilleries de Betterave, sa culture a pris une grande extension et a fait la fortune des provinces du nord. Les feuilles et les débris des racines qui ont servi aux distilleries sont une bonne nourriture pour les bestiaux. Cependant il ne faut pas oublier que ces racines, tirant toute leur nourriture du sol, l'épuisent beaucoup, et que, par conséquent, cette culture exige beaucoup d'engrais, surtout si on les emploie comme plantes améliorantes. Dans les bonnes terres, bien fumées et bien préparées par des labours profonds, leur rendement est énorme; on obtient vingt mille kilos de racines par hectare. M. Koechlin, ancien député et agronome distingué de l'Alsace, a obtenu jusqu'à trois cent mille kilos ou trois mille quintaux métriques de racines de Betterave dans un hectare de terrain. Pour avoir un rendement si prodigieux, voici comment il opéra : au mois de janvier, il sema sur couches des graines de Betterave, comme on sème les graines de Melon et autres plantes du midi; au mois d'avril suivant, c'est-à-dire quand la température fut assez chaude, il repiqua ses plants à 0^m,50 d'intervalle les uns des autres dans un terrain bien fumé et bien préparé par des labours profonds.

Cette méthode devrait être suivie par tous les cultivateurs qui ne sèment qu'une petite quantité de Betterave pour leurs bestiaux; ils pourraient facilement faire leurs semis dans un coin du jardin, à une bonne exposition, et replanter ensuite les jeunes plants en temps convenable. De cette manière, avec peu de terrain, ils auraient des récoltes magnifiques qui les indemniseraient amplement de leur peine. Comme il importe de n'arracher la Betterave que très-tard, attendu que c'est surtout à l'arrière-saison que sa racine acquiert tout son développement, ils sèmeraient l'année suivante, à la place de la Betterave, du chanvre qui viendrait très-bien, des haricots ou du maïs qu'ils laisseraient mûrir ou qu'ils couperaient pour les bestiaux si le climat est trop froid; dans ce dernier cas, ils feraient encore mieux d'y semer de l'avoine qui donnerait alors une belle et abondante récolte.

CHAPITRE XLIII.

FAMILLE DES POLYGONÉES.

LE SARRAZIN, BLÉ NOIR.

Ce nom nous rappelle, mes enfants, ces hordes barbares qui envahirent la France au commencement du vinᵉ siècle, et que Charles Martel anéantit près de Poitiers, en 732; ensuite les Croisades, pendant lesquelles les Français allèrent encore combattre ces mêmes Sarrazins jusque dans leur pays natal, c'est-à-dire en Asie, d'où ils rapportèrent, de l'Asie-Mineure, la plante qu'ils nommèrent Sarrazin, probablement à cause de la ressemblance de la couleur noire de son grain avec la figure des Maures ou Arabes.

Introduit par les croisés, le Sarrazin ne tarda pas à se naturaliser dans toutes les provinces de la France. On l'appelle aussi Blé noir, parce que ses graines, réduites en farine, s'emploient aux mêmes usages que le Blé.

Le grand avantage du Sarrazin pour l'agriculture, c'est qu'il peut venir dans les terrains les plus maigres et que dans les terres substantielles on peut le semer après la récolte du Seigle; ses fruits mûrissent en octobre. Dans le département de l'Isère, les cultivateurs peu aisés des Terres-Froides ne mangent que du pain de Sarrazin ou de Seigle, afin de vendre tout leur froment qui est leur principale richesse. Ils préparent aussi avec la farine de Sarrazin de la soupe et des espèces de galettes appelées *garifelles*.

Le fruit ou graine du Sarrazin est ovale, triangulaire, offrant trois facettes et trois arêtes très-prononcées; les botanistes l'ont appelé Polygone, c'est-à dire ayant plusieurs angles, à cause de cette forme; ils ont aussi donné le nom de Polygonées à toutes les plantes dont les graines, comme celles du Sarrazin, offrent des angles saillants et réguliers.

Les Polygonées forment une famille très-naturelle et qui a beaucoup de rapport avec celle des Chénopodées. Elles en diffèrent seulement par les pétioles aplatis des feuilles qui forment une espèce de gaîne embrassant plus ou moins la tige ; ces feuilles sont acides, au lieu que celles des Chénopodées sont douces, mucilagineuses et sucrées. Les racines des Polygonées sont toniques et astringentes; quelques-unes, comme celles de la Rhubarbe, sont en même temps purgatives.

Les principaux genres sont :

Le Polygone Sarrazin, dont nous avons parlé ci-dessus.

Le Polygone indigo, cultivé dans les jardins pour la beauté de ses fleurs purpurines, qui paraissent vers la fin de l'été; la macération de ses feuilles fournit une belle couleur bleue, connue sous le nom d'*Indigo*.

Le Polygone bistorte. Cette plante abonde dans les prairies humides des montagnes; sa racine, qui est de la grosseur du doigt, est un médicament astringent, souvent employé dans les hémorrhagies passives, dans les diarrhées, etc.

Le Rumex patience croît partout, dans les bas-fonds, dans les vergers, où ses longues racines pivotantes nuisent beaucoup aux arbres. Ces racines, que le cultivateur doit détruire avec soin, sont fréquemment employées, en décoction, contre les maladies de la peau et contre le rhumatisme.

Le Rumex des Alpes ou Rhapontic commun, appelé aussi Rhubarbe des moines, Rhubarbe des pauvres, etc. Cette plante croît dans les pâturages élevés des montagnes; elle abonde sur les bords de la fontaine de Bellefont, à Saint-Pierre de Chartreuse. Ses feuilles larges et épaisses sont mangées, comme celles de l'Epinard, par les habitants du pays. Les racines sont grosses comme le bras, longues d'un mètre; elles sont toniques et purgatives comme celles de la Rhubarbe de Chine, mais il en faut une dose au moins double.

Enfin le Rumex oseille, ou simplement nommé Oseille.

Ce genre comprend plusieurs espèces qui sont communes le long des chemins et dans les bois, où elles fleurissent en mai-juin et refleurissent en automne.

On cultive généralement dans les jardins potagers l'Oseille commune qui est vivace; on en forme ordinairement des bordures le long des carrés; ses feuilles ont une saveur aigrelette assez agréable, due à l'oxalate de potasse qu'elles contiennent; on en prépare, avec les feuilles d'Epinards, des bouillons rafraîchissants et laxatifs; elles servent aussi à préparer des cataplasmes maturatifs. Les feuilles d'oseille, cuites avec la viande de veau, forment un mets excellent et très-sain.

CHAPITRE XLIV.

FAMILLE DES DAPHNACÉES.

LE DAPHNÉ, BOIS-GENTIL.

Vous remarquerez souvent, au printemps, au milieu des bois, un joli petit arbuste, portant au sommet de ses rameaux, encore dépouillés de feuilles, de belles grappes de fleurs roses répandant une odeur très-suave. Cet arbuste, que les gens de la campagne appellent Bois-gentil, porte en botanique le nom de Daphné en souvenir de la métamorphose de la nymphe Daphné.

Le Daphné appartient à la famille des Daphnacées ou Thymélées, dont les caractères généraux sont : calice ou périgone persistant, tubuleux, coloré, à quatre lobes; étamines huit; style et stigmate simples; le fruit est une capsule ou une baie à une graine. Les feuilles sont alternes, rarement opposées, entières, sans stipules.

Outre le Bois-gentil, on remarque encore :

Le Daphné Lauréole, dont les feuilles coriaces, persistantes, sont rapprochées en rosette au sommet des rameaux; les fleurs sont odorantes comme celles du Bois-gentil, mais au lieu d'être d'un beau rose, elles sont d'un jaune verdâtre et disposées en grappes à l'aisselle des feuilles. Le fruit devient noir vers le milieu de l'été, tandis que celui du Bois-gentil reste rouge.

Ces deux espèces croissent dans les bois montueux et sont cultivées dans les jardins.

Le Daphné Garou. Arbuste atteignant plus d'un mètre d'élévation, rameux presque dès la base, à feuilles nombreuses, épaisses, glabres et lisses. Les fleurs sont blanchâtres, odorantes, disposées en panicule à l'extrémité des rameaux. Le Garou croît dans les lieux secs et arides des contrées méridionales de la France, et est aussi cultivé dans les jardins. Il fleurit plus tard que les espèces précédentes, c'est-à-dire en juillet-août. Toutes ses parties sont âcres, très-irritantes, capables même de produire la vésication. L'écorce du Garou, du Bois-gentil et de la Lauréole sert à faire des pommades épispastiques fréquemment employées pour le pansement des vésicatoires et des cautères. Les fruits sont purgatifs, mais très-dangereux à cause de leur âcreté.

Le Daphné Camélie. La Camélie habite les ravins des montagnes; elle abonde au pied du Saint-Eynard, au-dessus de la route de Corenc, au Sappey. Cultivée en pot, cette plante forme des vases du plus bel effet; ses tiges nombreuses, grêles, diffuses, portant des feuilles linéaires en spatules, tombent autour du vase et se relèvent ensuite pour porter à leurs extrémités de jolies fleurs rouges ou blanches, odorantes et qui durent pendant tout le printemps.

CHAPITRE XLV.

FAMILLE DES LAURACÉES.

LE LAURIER.

Par la beauté de son port, par sa verdure perpétuelle et ses émanations balsamiques, le Laurier parut digne aux anciens Grecs, si justes appréciateurs du beau, d'être consacré au dieu de la poésie et des arts : on l'avait également destiné à ceindre le front des vainqueurs. Au rapport de Pline, on le plantait autour des palais des Césars et des pontifes romains ; il avait aussi la réputation de garantir de la foudre les têtes couronnées de ses rameaux. Nos superstitieux ancêtres lui attribuaient encore la vertu de garantir les blés de la *nielle*, et ils se servaient de ses branches comme d'instrument de divination. Les rameaux de cet arbre vénéré étaient employés aux cérémonies religieuses.

La couronne de Laurier est devenue un des attributs d'Esculape, fils d'Apollon et dieu de la médecine. Symbole de la victoire, elle était la récompense des vainqueurs aux jeux olympiques de la Grèce. Dans le moyen-âge, elle a servi, dans nos universités, à couronner les poètes, les artistes et les savants distingués par de grands succès. Cette couronne était faite avec des branches de Laurier garnies de leurs fruits charnus ou baies, d'où sont venus les noms de baccalauréat et de bachelier, qui existent encore aujourd'hui pour désigner les titres universitaires qui sont la récompense des études littéraires et scientifiques.

Le Laurier appartient à la famille des Laurinées ou Lauracées, dont voici les caractères généraux : arbres et arbrisseaux d'un port élégant, ornés en tout temps de feuilles vertes, lisses, luisantes, alternes ou opposées, persistantes et ponctuées. Fleurs dépourvues de corolle, disposées en ombelles ou en panicules; calice simple à quatre ou six divisions; étamines quatre-huit ou douze, insérées sur le calice, libres. Le fruit est une baie dont la base est environnée par une sorte de capsule formée par le calice, qui est persistant.

Le Laurier noble, d'Apollon ou des poëtes, dont nous avons déjà parlé. On l'appelle aussi Laurier-Sauce, parce qu'on se sert de ses feuilles comme condiment dans la préparation des sauces.

Le Laurier, originaire d'Asie, est cultivé depuis longtemps dans les contrées méridionales de l'Europe. Il vient bien en plein champ, exposé au midi, dans les environs de Grenoble, surtout au bas des riches coteaux vinicoles de la Tronche, où l'on en remarque des pieds magnifiques atteignant plusieurs mètres de hauteur.

Presque toutes les parties du Laurier noble exhalent une odeur fragrante et balsamique, suave; les feuilles et les fruits ont une saveur chaude, aromatique et un peu amère; ils fournissent une huile essentielle, volatile, très-odorante et âcre. Ce sont des toniques et excitants qui relèvent les forces digestives et celles des autres appareils.

Le Laurier rouge, qu'on cultive dans l'orangerie.

Le Cannellier, dont l'écorce des rameaux fournit la cannelle du commerce, employée dans l'art culinaire comme condiment, aromate, et en médecine comme un excitant énergique. Originaire de l'île de Ceylan, le Cannellier est cultivé en Chine, aux Antilles et à Cayenne.

Le Laurier camphrier, arbre qui croît dans les contrées les plus orientales de l'Inde; il donne en abondance du camphre lorsqu'on le distille à l'eau chaude. C'est le camphre du commerce dont l'usage est devenu aujourd'hui presque un abus.

L'Avocatier et le Sassafras, espèces d'Amérique; le fruit de la première ressemble à une poire; le bois de la seconde est employé en médecine comme sudorifique.

CHAPITRE XLVI.

FAMILLE DES EUPHORBIACÉES.

LE BUIS.

Joli arbrisseau à bois très-dur, jaunâtre, dont les enfants emploient les jeunes tiges à faire des rameaux le dimanche qui nous rappelle l'entrée triomphante de N. S. J.-C. à Jérusalem.

Le Buis est indigène des contrées tempérées de l'Asie et de l'Europe: il croît principalement sur les rochers, dans les montagnes, au milieu des bois de chêne. Son tronc peut acquérir un volume plus ou moins considérable, selon les contrées et le terrain où il croit. La dureté de son bois le rend propre à une foule d'usages ; on en fait toute sorte d'objets de tabletterie, qui se fabriquent particulièrement à Saint-Claude, dans le Jura ; on grave dessus très-finement.

Les feuilles du Buis sont amères, purgatives ; le bois est réputé sudorifique à la manière du gayac et du sassafras. Les fabricants de bière emploient souvent les feuilles de Buis à la place du houblon ; mais cette fraude a plus d'un inconvénient, à cause de l'amertume moins franche du Buis et du principe laxatif qu'il contient.

Le Buis appartient à la famille des Euphorbiacées, qui se compose d'herbes, de sous-arbrisseaux, plus rarement d'arbres ; les feuilles sont alternes, rarement opposées, simples, stipulées, quelquefois épaisses et succulentes. Fleurs monoïques ou dioïques ; calice à trois-cinq parties, rarement nul, souvent muni en dedans de glandes ou d'écailles ; quatre-vingts étamines dans les fleurs mâles. Les fleurs femelles ont un ovaire libre ; styles deux-trois, simples ou bifurqués ; capsule à deux-trois coques contenant chacune une-deux graines.

On divise les Euphorbiacées en deux grandes tribus :

1° Celles dont les fleurs sont monoïques, c'est-à-dire ayant les fleurs mâles et femelles sur la même plante ;

2° Les dioïques, fleurs mâles sur un pied et fleurs femelles sur un autre pied.

PREMIÈRE TRIBU.

Fleurs monoïques.

Le Buis commun, dont nous avons parlé ci-dessus;

Le Buis nain ou Petit-Buis, qu'on emploie en bordures dans les jardins.

L'Euphorbe. Ce genre renferme plus de quatre cents espèces, qui toutes sont vésicantes si on les applique sur la peau, et purgatives ou émétiques à petites doses intérieurement. Les habitants de la campagne se purgent souvent avec les graines de l'Euphorbe épurge; mais c'est un purgatif drastique qui occasionne souvent des accidents très-graves. J'ai eu souvent à soigner des malades qui avaient contracté des dyssenteries rebelles pour s'être purgés avec des Euphorbes. Voulant expérimenter un jour moi-même l'action du suc des Euphorbes, je pris, dans de l'eau tiède, huit gouttes du suc blanc de l'Euphorbe cyprès, qui est très-commune le long des chemins. Cette dose, quoique prise par petite fraction, peu à peu jusqu'à effet vomitif, m'occasionna des vomissements tellement violents, que je gardai pendant plus d'un mois une irritation de l'arrière-gorge. Aujourd'hui encore, la vue de cette petite plante me fait soulever le cœur, et cependant, pendant mon cours de médecine, j'ai essayé bien des drogues, même les poisons les plus violents, pour en bien connaître les effets physiologiques : aucun ne m'a autant fatigué que ces huit gouttes du Petit-Cyprès. Il faut donc, mes enfants, apporter les plus grandes précautions dans l'usage de ces plantes dangereuses, et mieux s'en abstenir. Il suffit d'ailleurs de se rappeler que c'est dans cette famille que se trouvent les végétaux les plus vénéneux, tels que le Croton qui fournit l'huile de ce nom et qu'on emploie en frictions à la dose de dix à douze gouttes pour amener une rubéfaction très-prompte ; trois gouttes de cette huile dans un véhicule approprié suffisent pour purger un cheval. Le Mancenillier, dans le suc duquel les sauvages des Antilles, où croît cet arbre, trempent leurs flèches pour les empoisonner. L'Arbre aveuglant, des îles Moluques, dont le suc est d'une telle âcreté que, s'il en tombe une seule goutte dans l'œil, on risque de perdre la vue.

Le Ricin commun ou Palme-de-Christ. Dans l'Orient et sur les côtes de Barbarie, le Ricin est un arbre d'une médiocre grosseur ; cultivé dans les jardins de l'Europe, ce n'est plus qu'une très-belle plante annuelle, recherchée pour l'élégance de son port, la forme et la grandeur de ses feuilles. Les semences du Ricin sont de la grosseur d'un haricot. On en retire l'huile qui porte ce nom et qui est souvent employée en médecine; à la dose de huit à quinze grammes pour les enfants et de vingt à quarante grammes pour les adultes, la bonne huile fraîche de Ricin est un excellent purgatif, très-doux et en même temps un bon vermifuge.

Le Médicinier, grand et bel arbre de l'Amérique méridionale, duquel on retire, en faisant des incisions à l'écorce, une grande quantité de suc laiteux. On extrait ensuite de ce suc la plus grande partie du caoutchouc employé aujourd'hui par l'industrie, et dont les usages deviennent de jour en jour plus nombreux. On compte une trentaine d'espèces d'arbres qui fournissent cette substance précieuse.

DEUXIÈME TRIBU.

Fleurs dioïques.

Cette tribu ne nous offre, parmi les plantes indigènes, que la Mercuriale.

La Mercuriale est une plante annuelle, très-commune sur les murs ; sa tige, rameuse, atteint de $0^m,20$ à $0^m,60$. Elle est très-employée par les gens de la campagne pour en faire une tisane rafraîchissante, dépurative, émolliente et relâchante. Ses propriétés laxatives sont connues depuis la plus haute antiquité ; Hippocrate la recommanda au roi Antigone pour se purger. On doit employer cette plante à l'état frais, la dessication lui ôtant ses propriétés.

La Mercuriale vivace ou des prés est une petite plante de $0^m,20$ à $0^m,40$. La tige est simple ; les feuilles sont velues, ponctuées, rudes ; elle est commune dans les bois et les prés. Il importe beaucoup de ne pas la confondre avec la précédente, car elle est à craindre, à cause de son action vénéneuse.

La famille des Euphorbiacées, dont toutes les plantes contiennent un suc âcre plus ou moins caustique, nous offre la même exception que celle des Solanées. Nous avons vu que toutes les Solanées sont vénéneuses, mais qu'une espèce, la Pomme de terre, nous offre un aliment aussi sain que nutritif par sa grande quantité d'amidon ou fécule. Une espèce d'Euphorbe, le Manioc, arbuste de deux à trois mètres de haut, est aussi cultivé en Amérique, comme la Pomme de terre chez nous, pour sa racine qui est alimentaire. Cette racine est très-grosse, tubéreuse, blanche ; elle est formée d'amidon et contient un suc blanc, laiteux, d'une âcreté extrême et qui est un poison des plus dangereux, car il contient de l'acide prussique. Mais ce suc étant fort volatil, on en débarrasse facilement les racines par la torréfaction ; elles deviennent alors un aliment aussi salubre qu'abondant, et que l'on désigne dans les Antilles sous le nom de *Pain de cassave*.

Vous avez sans doute quelquefois remarqué, au fond de l'eau qui a servi à laver des Pommes de terre coupées en tranches pour la soupe, une espèce de farine très-blanche : c'est la fécule de Pomme de terre. Cette fécule est très employée pour la cuisine ; elle sert aussi à faire l'*amidon* dont les repasseuses font un grand usage sous le nom d'*empois*. Lorsqu'on lave également les racines rapées de Manioc, il se dépose au fond de l'eau une grande quantité de fécule qu'on recueille et qu'on fait sécher. Cette fécule, qui est très-blanche et très-douce, est connue dans le commerce sous le nom de Tapioca. On en fait aujourd'hui une grande consommation en France ; on l'emploie comme le Sagou, l'Arrow-root, à faire des gelées et des potages pour les malades et les personnes faibles, en la faisant cuire dans du lait, de l'eau aromatisée ou du bouillon. C'est un aliment très-léger et très-sain que supportent assez bien les estomacs les plus débiles et qui ne pourraient pas digérer une nourriture plus substantielle.

CHAPITRE XLVII.

FAMILLE DES URTICÉES.

L'ORTIE.

Tout le monde connaît et redoute l'Ortie à cause des piqûres cuisantes qu'occasionnent ses poils raides et piquants. Ces poils contiennent un suc très-irritant qui, introduit sous l'épiderme, détermine de petites ampoules assez douloureuses, caractéristiques, qu'on appelle *urtication*. L'urtication est quelquefois mise à profit en médecine pour agir révulsivement dans certains cas de répercussions morbides.

La Grande Ortie est extrêmement commune dans les villages, au pied des murs, dans les décombres, les lieux cultivés et incultes. Elle fleurit en juin-octobre, mais ses fleurs, sans éclat, petites, verdâtres, son aspect triste, son séjour parmi les décombres, et enfin les piqûres que ses poils font, tout cela n'a inspiré pour cette plante que le dédain et même la répulsion.

Mais nous avons déjà vu plusieurs fois, mes enfants, que Dieu n'a rien créé d'inutile, et, si nous laissons périr un grand nombre de plantes au lieu de les utiliser, c'est à notre ignorance et à notre paresse qu'il faut s'en prendre et non à la Providence; car elle ne nous a caché ses secrets que pour nous obliger à travailler. Ainsi, ce n'est que par la culture et après avoir subi les préparations nécessaires que beaucoup de végétaux dangereux, tels que la Pomme de terre et le Manioc, fournissent à l'homme une nourriture aussi savoureuse que délicate et nutritive. Il en est de même pour les Orties : les ignorants et les paresseux les dédaignent, mais les hommes intelligents et laborieux savent en tirer parti. Fauchées et desséchées, ces plantes donnent un excellent fourrage, très-estimé des vaches, dont elles augmentent et enrichissent le lait; fraîche, cuite et réduite en pâte avec un peu de farine, l'Ortie est bonne pour nourrir la volaille, les jeunes dindons en particulier. Murray assure que l'Ortie, plantée autour des ruches, éloigne les crapauds et les grenouilles dont la vue empêche les abeilles de sortir. Si cela était, les apiculteurs auraient un grand avantage à cultiver cette plante, car les crapauds détruisent beaucoup d'abeilles en mangeant celles qui tombent.

On retire des tiges de la grande Ortie, qui ont quelquefois plus de deux mètres de long, une substance filamenteuse qui fournit un fil qu'on peut employer à toutes sortes d'ouvrages. Quelques essais, qu'on a peut-être eu tort de ne pas continuer, ont prouvé qu'on pouvait en fabriquer de bonne toile, mais surtout d'excellentes cordes.

L'Ortie, en latin *Urtica*, donne son nom à la famille des Urticées, qui comprend des arbres, des arbrisseaux et des plantes herbacées. Les feuilles sont alternes, stipulées; fleurs petites, vertes, monoïques ou dioïques; périanthe souvent nul, ou calice divisé profondément en quatre sépales, étamines quatre dans les fleurs mâles, insérées au centre de la fleur; fleurs femelles à calice persistant, à quatre dents; ovaire libre; style deux ou un bifurqué; fruit variable, à une graine. On divise cette grande famille en deux tribus, selon que le fruit est charnu ou non.

PREMIÈRE TRIBU.

Herbes à fruit non charnu.

La Grande-Ortie ou Ortie dioïque, dont nous avons parlé ci-dessus.

L'Ortie piquante ou Petite-Ortie, est une plante annuelle de vingt à cinquante centimètres de haut, rameuse dès la base ; fleurs monoïques. Cette espèce est extrêmement commune et fournit aussi un bon fourrage ; mais ses tiges, petites et rameuses, ne peuvent être utilisées pour la filasse.

Le Houblon. Plante à tige anguleuse, grimpante ; feuilles pétiolées, cordiformes, dentées en scie, simples ou à trois lobes ; fleurs axillaires, dioïques. Le Houblon croît spontanément dans les haies, mais est cultivé en grand dans le nord de la France, en Belgique, en Angleterre, en Allemagne, pour ses cônes fructifères que l'on emploie à la fabrication de la bière, à laquelle ils impriment une saveur amère, franche et agréable. On mange les jeunes pousses de Houblon assaisonnées comme les Asperges ; les tiges servent à faire des liens ; elles fournissent aussi du fil et des cordages usités dans le Nord. Cette plante réussit dans les terrains bas et humides ; on place une longue perche à chaque pied, afin qu'il puisse grimper facilement et acquérir toute sa hauteur. La décoction ou l'infusion des fleurs de Houblon donne une excellente tisane tonique, très-utile chez les enfants faibles ou rachitiques.

La Pariétaire officinale, Perce-muraille ou Casse-pierre. Cette plante croît sur les décombres, dans les fentes des vieux murs. Elle est inodore, mais elle contient du nitrate de potasse ou salpêtre, ce qui la rend émolliente et apéritive.

Le Chanvre. Plante cultivée et généralement connue. Rappelons seulement que ses fleurs sont dioïques, verdâtres ; les fleurs mâles en grappes terminales; les fleurs femelles en épis ramassés, situées à l'aisselle des feuilles supérieures, et portées sur des pieds différents de ceux des fleurs mâles. Par une singularité qui remonte à la plus haute antiquité, c'est aux individus porteurs de graines que l'on donne vulgairement le nom de mâles, et à ceux qui sont munis d'étamines celui de femelles, tandis que scientifiquement c'est le contraire.

Le Chanvre, originaire de la Perse, est aujourd'hui cultivé dans toute l'Europe. Cette plante est douée d'une odeur vireuse, qui peut causer de violents maux de tête et même une sorte d'ivresse si on la respire trop longtemps. Chacun connaît ses précieux usages et sait combien ses qualités sont différentes, suivant les localités où elle croît ; son écorce, filamenteuse, qui ne se détache qu'après le rouissage, donne la filasse avec laquelle on fabrique des cordes et des toiles très-estimées. Les graines, appelées Chenevis, fournissent une très-bonne huile à brûler; elles sont très-recherchées des oiseaux.

Le Chanvre est unique dans son espèce, mais il change de nature selon l'écartement ou le rapprochement des tiges.

Très-rapprochées, c'est-à-dire à deux ou trois centimètres les unes des autres, elles sont simples, lisses, minces et donnent une filasse fine, facile à détacher de la chenevotte et éminemment propre à faire du beau fil et de la belle toile.

Écartées les unes des autres à cinq ou six centimètres, les tiges sont plus grosses, plus vigoureuses et donnent une filasse plus grossière, plus tenace, excellente pour les cordages et les toiles à voiles de la marine.

Enfin, isolées les unes des autres, les tiges se ramifient, se couvrent de nodosités qui rendent le détachement de la filasse très-difficile ; mais la graine qu'elles produisent est plus nourrie, plus huileuse, plus propre à la reproduction.

Le Chanvre se plaît dans les terres douces, légères, sablonneuses et assez profondes pour être fraîches pendant toute la durée de sa végétation, sans être humides au fond. C'est ainsi qu'il étale toute sa magnificence de hauteur (quelquefois sept mètres) et de qualité sur les rives du Pô, en Lombardie, sur les rives de la Loire, de la Marne et de l'Isère, en France. Il aime aussi la profondeur des vallons et les terrains défrichés, dont il est la première récolte. Ce qu'il a de remarquable, c'est qu'il fait exception au principe de l'alternement des récoltes posé par tous les auteurs. En effet, dans les environs de Grenoble, il n'est pas rare de le semer trois ou quatre années de suite sur le même terrain. Quelques auteurs affirment qu'il devient plus beau et plus fin quand on le sème plusieurs années de suite sur une terre qui convient à sa nature. Aussi, il n'est pas rare de trouver dans les campagnes, auprès de la maison, un petit espace de terrain appelé la *chenevière*, sur lequel on sème toutes les années la quantité de chanvre nécessaire pour la provision de toile et de cordes.

Le Chanvre, accomplissant en peu de temps toutes les phases de sa végétation, a besoin d'engrais pulvérulents, les plus divisés, les plus avancés vers leur dissolution et, en même temps, les plus riches en azote. La poudrette, le crottin des moutons et la colombine sont ceux qu'on doit garder pour cette culture.

DEUXIÈME TRIBU.

Arbres à fruit charnu.

Le Mûrier. Originaire de la Chine, le Mûrier blanc est cultivé partout pour la nourriture des vers-à-soie; cependant, comme ses jeunes pousses craignent la gelée, on ne peut pas étendre sa culture dans les pays froids. On en a obtenu un grand nombre de variétés qui diffèrent entre elles par la forme ou la grandeur des feuilles.

Le Mûrier noir, qui nous vient de l'Asie-Mineure, est cultivé en petite quantité pour ses fruits, appelés mûres. Les mûres sont une masse juteuse d'un assez bon goût, formée par l'agglomération de petits fruits qui ont grossi ensemble et qui se sont tassés.

On cultive encore depuis quelques années le Mûrier multicaule que M. Pérotte, naturaliste français, rapporta de Manille en 1822. Ce Mûrier, dont les feuilles sont très-larges, se multiplie par boutures, comme le saule, l'osier, etc.

Les Chinois préparent du papier avec les jeunes pousses du Mûrier. Cet arbre, indépendamment de son utilité indispensable pour la nourriture des vers-à-soie, est une bonne acquisition, car les moutons mangent très-bien sa feuille ; son bois est excellent pour la menuiserie, le tour et la tonnellerie, et il peut encore servir comme bois de teinture.

Le Figuier. Originaire du Levant, cet arbre est

cultivé dans les contrées méridionales de l'Europe depuis plus de deux mille ans. Son fruit consiste en petites graines crustacées, renfermées dans le réceptable accru et devenu pulpeux, succulent, considéré à tort comme un fruit, sous le nom de *figue*. La figue fraîche constitue un aliment agréable et salubre. Dans les pays méridionaux, on en retire, en outre, une liqueur vineuse et de l'eau-de-vie par la distillation. Desséchées, les figues dites grasses font l'objet d'un commerce considérable, plutôt comme médicament que comme aliment. On les emploie, en effet, en tisane émolliente et béchique, dans les inflammations des organes de la respiration, en décoction pour gargarismes émollients.

Parmi les plantes exotiques appartenant à la famille des Urticées, on remarque : l'Anthiar, dont le suc laiteux, très-vénéneux, sert aux Javanais pour empoisonner leurs flèches. Celui de l'Arbre à la vache, au contraire, est doux et nourrissant comme le lait de cet animal.

CHAPITRE XLVIII.

FAMILLE DES JUGLANDÉES.

LE NOYER.

Le Noyer est un bel arbre de la famille des Juglandées, dont il est le seul genre indigène ; son tronc est recouvert d'une écorce lisse dans la jeunesse, mais épaisse et gercée à un âge plus avancé ; la cime est large et touffue; ses feuilles sont grandes, alternes, pétiolées, ailées, d'un beau vert, composées de sept-neuf folioles, quelquefois moins, sessiles, opposées, glabres, aiguës, entières, rarement denticulées; fleurs monoïques, les mâles disposées en longs chatons cylindriques pendants, d'un beau vert, réunis sur le vieux bois, plusieurs ensemble ou solitaires, longs de cinq à six centimètres ; les fleurs femelles sont axillaires, situées vers l'extrémité des rameaux, presque sessiles, au nombre de deux ou trois ; il leur succède, sous le nom de *noix*, des drupes ovales-globuleux, enveloppés d'un brou ferme, épais, d'un beau vert.

Le Noyer est originaire de la Perse, où on le trouve encore à l'état sauvage au milieu des forêts. Quoiqu'il soit cultivé en Europe depuis très-longtemps, il n'y est point encore acclimaté au point de pouvoir résister au froid des hivers rigoureux.

Le Noyer est le plus beau de nos arbres fruitiers. Il paraît exhaler certaines émanations qui nuisent aux autres végétaux et les empêchent de prospérer autour de lui ; les douleurs de tête qu'elles occasionnent aux hommes qui y demeurent longtemps exposés semblent indiquer qu'elles ont quelque chose de vireux. Le bois de cet arbre est très-recherché pour la fabrication des meubles, des coffres de voitures, à cause de sa couleur agréablement veinée et de sa résistance, etc. Sa racine, ses feuilles et l'enveloppe extérieure de son fruit fournissent une couleur jaunâtre, brune, utilement employée dans la teinture.

Les fruits méritent surtout d'être signalés à cause de leurs usages en économie domestique et en médecine. L'enveloppe extérieure (brou de noix) est verte, charnue, d'une saveur styptique très-acerbe ; elle renferme beaucoup de tannin et d'acide gallique, et noircit fortement les doigts. On peut l'employer comme la noix de galle pour fabriquer l'encre commune, très-bonne pour les écoles.

La seconde enveloppe de la noix est dure, sillonnée, comme testacée. L'amande, qui est de forme quadrilatère, est recouverte d'un épiderme jaunâtre, très-mince, qui jouit de propriétés astringentes ; lorsque cette amande est dépouillée de son épiderme, elle est douce, nutritive, adoucissante en raison de l'huile et du mucilage qu'elle contient. L'huile de noix obtenue par expression, et sans trop faire chauffer les noyaux, est aussi agréable que l'huile d'olives. Beaucoup de personnes la préfèrent même à cette dernière ; mais si l'on chauffe trop longtemps les noyaux, l'huile de noix exhale une odeur forte et irrite la gorge.

La culture a obtenu plusieurs variétés de Noyer. On emploie ses feuilles, en décoction, contre les dartres, les scrofules et pour penser les vieux ulcères ; cette tisane, mêlée à la décoction de fleurs de houblon, est excellente pour les enfants faibles et qui ont souvent la tête couverte de croutes d'ecthyma.

CHAPITRE XLIX.

FAMILLE DES AMENTACÉES.

L'ORME.

L'Orme, que quelques auteurs placent dans la famille précédente, et d'autres dans la famille des Amentacées, est un des plus beaux arbres de nos forêts.

Le nom d'Amentacées fut donné par Tournefort à un vaste groupe de plantes comprenant tous les genres dont les fleurs sont disposées en chaton. Plus tard, L. de Jussieu divisa cette immense famille, qui renferme presque tous les grands arbres de nos forêts, en plusieurs tribus; depuis, ces tribus ont été converties en familles distinctes, pour mieux distinguer l'organisation de ces différents genres. Mais ici, nous conserverons encore, comme Mutel, l'ancienne classification comme étant plus élémentaire.

Les caractères généraux des Amentacées sont : fleurs dioïques, monoïques ou rarement hermaphrodites. Les fleurs mâles sont en chatons, munies d'écaille ou d'un calice portant les étamines; les fleurs femelles, solitaires, en faisceaux ou en chatons, munies également d'une écaille ou d'un calice; ovaire simple ou multiple, fruits osseux ou membraneux. Toutes les Amentacées sont des arbres ou des arbrisseaux à feuilles alternes.

SECTION Ire. — FLEURS HERMAPHRODITES.

Ulmacées.

L'Orme, en latin *Ulmus*, donne son nom à cette tribu. C'est un grand et bel arbre, spontané au sol de la France, que l'on plante le long des routes, dans les promenades publiques, etc. Il croît rapidement et sa fécondité est merveilleuse ; ses racines sont douées d'une si grande force de *succion*, qu'elles traversent tous les obstacles pour chercher le meilleur terrain.

L'Orme se lie à l'histoire des mœurs et usages de nos aïeux, qui se livraient sous son ombrage au chant, à la danse et à la poésie. Les Celtes et les Gaulois rendaient la justice sous les Ormes.

Ces arbres acquièrent des dimensions énormes ; il en existe encore plusieurs en France très-remarquables sous ce rapport, et dont l'existence remonte à plusieurs siècles. Vivants ou morts, ils nous procurent de grands avantages ; ils protégent les habitations rurales, les côtes battues par les eaux, donnent des tuteurs à la vigne, se prêtent à la composition des haies ; leurs feuilles font les délices des moutons, des chèvres et des cochons ; leur bois est dur, compacte, propre à la marine, à la charpente, au charronnage, etc.

En médecine, on emploie souvent l'écorce intérieure des jeunes rameaux de l'Orme pyramidal, en décoction, dans le traitement des maladies chroniques de la peau, du scorbut et des scrofules.

Le genre Micocoulier, dont toutes les espèces sont exotiques, excepté le Micocoulier austral ou *Bois de*

Perpignan, qui croît dans le midi de la France. Son bois, liant et flexible, sert à faire des manches de fouet. Il atteint quelquefois douze à quinze mètres de haut et s'emploie alors aux mêmes usages que l'Orme. Les oiseaux sont très-friands de ses fruits, qui ressemblent à une petite cerise; ces fruits sont sucrés et agréables au goût.

A Aix, en Provence, on voyait naguère, s'il n'y est encore, un Micocoulier sous lequel, dit-on, le bon roi René rendait ses arrêts; on lui donne plus de cinq cents ans d'existence.

SECTION II. — FLEURS MONOIQUES.

Bétulacées.

Le Bouleau, en latin *Betula*, d'où on a fait Bétulacées, nom de la tribu, est un arbre plus ou moins élevé, à épiderme lisse, blanchâtre, se détachant par lames; feuilles dentées. Il se plaît dans les bois montueux, les coteaux sablonneux. Son bois, quoique ayant peu de cohésion, sert au charronnage, à la tonnellerie. Dans le nord, on recueille la sève abondante qu'il contient au printemps, pour fabriquer, en la mêlant au houblon, une liqueur fermentée, très-estimée.

L'Aune commun. Cet arbre se trouve dans la plus grande partie de l'Europe et de l'Orient, croissant dans les lieux humides et montrant ses chatons dès le mois de février ou de mars, avant les feuilles, qui sont glutineuses dans leur jeunesse. L'Aune est inaltérable dans l'eau ; aussi s'en sert-on pour faire des tuyaux de conduite, des corps de pompe, des pilotis.

Le charbon qu'il fournit est un des meilleurs pour la fabrication de la poudre à canon. Son écorce est tonique, astringente. Il y a plusieurs espèces d'Aunes.

Le Charme, vulgairement Charmille, est un arbre plus ou moins élevé, à branches étalées, à feuilles pétiolées, ovales, aiguës, etc., qui est très-commun dans les forêts des plaines. Son bois, dur, serré, est très-employé pour le charronnage. Ce végétal a donné son nom aux Charmilles, c'est-à-dire à ces palissades, ces arcades, ces colonnes, qui résultent de la mutilation qu'on lui fait subir en l'empêchant de croître naturellement, et qui servent à la décoration des jardins.

Le Hêtre, ou Fayard, croît naturellement dans nos forêts, ainsi que dans celles de l'Amérique septentrionale. Son bois, assez employé en ébénisterie, est excellent à brûler et à faire du charbon ; ses fruits, appelés *faînes*, sont recherchés par les cochons, les dindons et autre bétail ; ils fournissent une huile qui acquiert, en vieillissant, un assez bon goût de noisette, et qui passe pour la meilleure après l'huile d'olive.

Le Châtaignier. Grand et bel arbre, au port élégant, majestueux, au feuillage composé de belles feuilles ovales lancéolées. Les fleurs mâles, disposées en chaton cylindrique, grêles, munies chacune de douze étamines environ, répandent une odeur vireuse assez forte. L'involucre est composé d'un grand nombre de petites écailles réfléchies qui, à la maturité du fruit, deviennent autant d'épines. Le fruit, appelé Hérisson à cause de ses épines, est une capsule uniloculaire qui s'ouvre en deux ou quatre parties pour laisser tomber autant de grosses graines (châtaignes) qu'il y avait de fleurs dans l'involucre.

Le Châtaignier croît en abondance dans la Grèce, l'Italie, la France, etc.; il se plaît dans les terres légères, les lieux secs, pierreux ou sablonneux. Il acquiert quelquefois des dimensions prodigieuses. Dans le comté de Glowcester, il existe, depuis une longue suite de siècles, un arbre de ce nom, dont la circonférence atteint dix-huit mètres. Celui dit du Mont-Etna, en Sicile, n'est pas moins colossal, ni moins âgé; quoique son tronc soit absolument creux, il ne continue pas moins de végéter; son ombrage peut abriter cent chevaux. A Pressins, il y avait aussi autrefois des châtaigniers énormes, mais ces vieux vétérans s'en vont tous les jours. Je possède encore le plus gros de ceux qui restent; il a plus de six mètres de circonférence; son tronc droit, sain, s'élève à plus de vingt-cinq mètres; il est très-vigoureux et croît toujours. Dans les bonnes années, il produit jusqu'à deux cents kilos d'excellentes châtaignes.

Le Châtaignier réunit de nombreux avantages. Son bois est excellent pour charpentes, constructions, futailles surtout, parce qu'il a la propriété de conserver toujours son volume égal, sans se gonfler ni se resserrer. La greffe, si utile pour propager les bonnes variétés de châtaignes, nuit au tronc de l'arbre qui devient alors *gélif*, et n'est plus bon que pour le chauffage ou pour la teinture.

Les châtaignes, qu'elles soient fraîches ou sèches, crues ou cuites, réduites en farine, préparées en beignets ou en bouillie, sont toujours un aliment sain, agréable au goût et facile à digérer; aussi sont-elles l'ob. et d'un commerce assez important dans toutes les localités où croît ce précieux végétal. Pendant tout le mois de novembre, le marché du Pont-de-Beauvoisin est encombré de belles et bonnes châtaignes qu'apportent les cultivateurs des environs. Les marchands lyonnais s'y rendent en foule pour les acheter et les transporter à Lyon, où il s'en fait un débit considérable sous le nom de *marrons*. Les châtaignes ont le précieux avantage de pouvoir être facilement transportées partout, et même, une fois sèches, de se conserver très-longtemps.

Le Coudrier ou Noisetier sauvage. Voilà encore un végétal que la superstition et la crédulité populaires ont rendu célèbre : Virgile en parle souvent dans ses Eglogues, et Pline dit qu'il formait le flambeau nuptial et qu'il servait aux prétendus sorciers pour découvrir les trésors, les sources, etc. Dans nos campagnes, on croit encore assez tous ces contes ridicules et absurdes. Il paraît même que notre département a eu, de tout temps, quelques-uns de ces charlatans émérites qui ont su exploiter la crédulité publique; car nous voyons, sous la régence du duc d'Orléans, un nommé Jacques Aimar, paysan de Saint-Véran, se rendre très-célèbre dans cet art. Aujourd'hui encore, un de ces charlatans, plus fou qu'intelligent, car j'ai été à même de le juger par ses œuvres, parcourt le département pour découvrir les sources; quelques hasards heureux l'ont enhardi, et il croit, ou plutôt il cherche à faire croire qu'il est doué d'une intelligence surnaturelle. On aurait lieu de s'étonner qu'au xixe siècle, de ce siècle qu'on appelle avec tant d'orgueil le siècle des lumières, il y eût encore tant d'ignorance et de superstition si l'on ne connaissait pas tout le charme qu'a l'erreur pour l'espèce humaine. La plupart des paysans, incapables de réflexion ou ne se donnant pas la peine de chercher la vérité, se laissent éblouir et tromper par le plus grossier mensonge; ils ajoutent d'autant plus de foi que la chose est plus absurde, parce que le merveilleux flatte leur amour-propre ; et ils se livrent ainsi au premier venu qui sait capter leur confiance par des discours plus ou moins insensés. C'est ainsi, mes enfants, que l'homme qui ne se dirige pas d'après les lumières de la raison et du bon sens, sera toujours, comme a dit le bon et spirituel Lafontaine, le plus sot de tous les animaux.

S'il y avait des hommes qui, comme ils le prétendent eux-mêmes, éprouvassent une certaine émotion par suite d'une organisation, d'une sensibilité particulière quand ils se trouvent sur l'eau, le simple bon sens nous dit qu'ils n'auraient pas besoin de se servir d'une baguette fourchue de Coudrier plutôt que d'un autre végétal. Ce n'est donc qu'un simple préjugé, un reste, en un mot, des coutumes païennes. Il y a sans doute des hommes qui possèdent réellement l'art de découvrir les sources, mais ces hommes ne sont pas des sorciers ni des charlatans qui aient besoin d'éblouir les yeux en se servant de la baguette divinatoire ou d'autres prestiges ; ce sont des savants qui, par l'étude approfondie de la géologie et par une observation attentive des phénomènes naturels, savent que dans telles directions ou inclinaisons des diverses couches de terrain, il se forme, par l'infiltration des eaux de pluie ou de neige, des nappes d'eau souterraines plus ou moins grandes selon l'étendue du bassin ; or, si l'eau de ces réservoirs souterrains trouve une issue naturelle ou artificielle, il n'y a pas de doute qu'on obtiendra une fontaine. Ces derniers sont dignes de notre confiance et de notre estime, tandis que les premiers ne méritent que le mépris.

Une chose m'a encore frappé à l'égard de ces prétendus sorciers ou devins à qui la crédulité populaire prête un pouvoir occulte et surnaturel, c'est que tous ces hommes ou femmes sont toujours de pauvres diables. Hé bien ! je vous le demande, s'ils avaient le don de découvrir les trésors cachés, ne s'en serviraient-ils pas pour s'enrichir eux-mêmes?

Le Noisetier, à l'état sauvage, est commun dans les bois. Ses fleurs mâles en chaton paraissent dès le mois de février et fournissent aux abeilles une ample provision de cire, avec laquelle ces industrieux insectes fabriquent les alvéoles symétriques dans lesquelles ils déposeront plus tard leurs œufs ou le miel qu'ils cueilleront au centre des fleurs épanouies. Les jeunes tiges de Coudrier servent à faire des liens, des cercles de tonneaux, etc.; refendues en lanières minces et flexibles, elles servent à fabriquer des paniers.

On cultive dans les jardins plusieurs variétés de Noisetiers, améliorées par la culture. Tout le monde connaît les fruits du Noisetier sous le nom de Noisettes. Les noisettes sont douces, agréables, nourrissantes; elles contiennent environ la moitié de leur poids d'une huile fixe et grasse. On peut en faire des émulsions adoucissantes comme les amandes douces.

Le Chêne. Tout le monde connaît ce bel arbre, au port majestueux et imposant, répandu dans toutes les forêts, dont il est l'orgueil. Sa croissance est lente, mais sa vie se prolonge de plusieurs siècles ; son bois très-dur, élastique, est l'un des plus pesants et des plus incorruptibles. Aussi a-t-il été de tout temps considéré comme l'emblème de la force et de la durée. Les anciens plaçaient en quelque sorte sous son abri le sanctuaire de la justice et des pratiques religieuses; aujourd'hui encore son feuillage sert à faire des couronnes pour les élèves studieux. Son bois est employé dans la menuiserie, le charronnage, la sculpture et dans les constructions de toute nature : son écorce, riche en tannin et en acide gallique, est employée sous forme de poudre, appelée *tan*, pour le tannage des cuirs ; puis elle est recueillie pour former les *mottes à brûler*, si utiles aux familles pauvres. Ses fruits, appelés *glands*, torréfiés et pulvérisés, donnent par infusion, connue sous le nom de café de glands, un médicament précieux pour les enfants et les femmes faibles.

Les Chênes sont nombreux en espèces et en variétés :

1° Les Chênes proprement dits ; ce sont ceux qui peuplent les forêts ;

2° Les Chênes à fruits mangeables, qui habitent l'Asie et les contrées méridionales de l'Europe ; ils sont petits, mais leurs glands plus gros, dépouillés d'amertume, sont comestibles ;

3° Le Chêne à galle est un arbrisseau tortueux d'Orient, sur lequel se développent ces excroissances ligneuses, sphéroïdes, tuberculeuses, produites par la piqûre d'un insecte, le Cinips, et connues sous le nom de *noix de galle*, qui, mêlées au sulfate de fer et à la gomme arabique, servent à faire l'encre dont on se sert pour écrire. Les noix de galle servent aussi à la teinture ;

4° Le Chêne Kermès. Arbre nain du midi de la France, en forme de buisson, toujours vert, sur lequel vit la cochenille, qui, avant la découverte du Nopal, donnait seule à la teinture la couleur écarlate ;

5° Le Chêne liége, qui habite les landes du midi de la France, et dont l'écorce épaisse, crevassée, fournit le liége qui sert à faire les bouchons de bouteilles ;

6° Les Chênes aquatiques habitent les parties moyennes et septentrionales des Etats-Unis d'Amérique.

Enfin, cette tribu nous présente encore les magnifiques Platanes d'Orient et d'Occident, qui servent à décorer les avenues et les places publiques.

SECTION III. — FLEURS DIOIQUES.

Salicacées.

Le Saule, genre difficile à étudier; les espèces se confondent souvent par suite de l'hybridation. Les fleurs en chaton paraissent avant les feuilles. Nous remarquerons seulement :

Le Saule blanc, qui s'élève à dix mètres de hauteur; son feuillage répand un éclat soyeux et argenté, et ses fleurs sont recherchées par les abeilles; les branches fournissent des cercles de tonneaux; l'écorce, qui est astringente, est employée quelquefois à la place du Quinquina.

Le Saule osier, osier jaune, cultivé dans beaucoup d'endroits marécageux, pour ses jeunes tiges flexibles, longues; ces tiges ou rameaux servent à différents usages.

On cultive encore, le long des rivières, des fossés, etc., le Saule rouge et le Saule viminal ou blanc, dont les rameaux servent à faire toutes sortes d'ouvrages de vannerie.

Le Saule pleureur ou de Babylone, originaire de l'Orient, est planté dans les cimetières ou auprès des fontaines; ce Saule se fait remarquer par la finesse et la longueur de ses rameaux qui tombent jusqu'à terre, et qui sont garnis dans toute leur longueur par des feuilles pointues et allongées, d'un vert un peu jaunâtre.

Le Peuplier noir et le Peuplier blanc ou d'Italie sont plantés le long des eaux, dans les prairies humides, où ils croissent d'une manière prodigieuse ; leur bois, quoique tendre et médiocre pour le chauffage, est estimé et employé à différents usages. Les feuilles et les jeunes pousses donnent un assez bon fourrage; l'écorce fournit une teinture en jaune et sert au tannage des cuirs.

CHAPITRE L.

FAMILLE DES CONIFÈRES.

LE SAPIN.

Ce bel arbre, en forme de pyramide, très-commun dans les montagnes dont il fait la principale richesse, nous servira de type pour la grande famille des Conifères, dont voici les caractères généraux : fleurs monoïques ou dioïques. Mâles, en chaton, formées d'une écaille portant ou protégeant les étamines; femelles, solitaires ou en tête, le plus souvent en cône formé d'écailles imbriquées contenant chacune un ou plusieurs ovaires surmontés d'un stigmate simple et devenant autant de capsules osseuses ou coriaces, recouvertes par les écailles accrues et endurcies. Cette famille se compose d'arbres ou d'arbrisseaux résineux, à feuilles toujours vertes.

PREMIÈRE SECTION.

Fleurs toujours monoïques; étamines 2.

Le Sapin proprement dit ou sapin argenté, à cause de la blancheur de son écorce; feuilles vertes en dessus, blanchâtres en dessous, planes, échancrées et un peu élargies au bout. Il fleurit en avril et habite les montagnes de l'Europe.

Le Sapin épicéa ou suisse a l'écorce brune, se détachant par écailles; les feuilles sont d'un vert foncé, aiguës, à quatre angles obtus. Ses cônes sont pendants; il fleurit en avril et habite les mêmes lieux que le précédent avec lequel il est ordinairement mêlé.

Ces deux espèces, que beaucoup de personnes et même des botanistes confondent, se distinguent facilement par la couleur argentée du premier et par la couleur noire, sombre du second. Mais le fait le plus remarquable, et qu'aucun auteur, que je sache, n'a signalé, c'est que le Sapin argenté préfère les bas-fonds et l'exposition nord, croît rapidement; son bois, rouge, très-veiné, se tourmente et se fend facilement; il est aussi plus souvent piqué des gros vers et dure beaucoup moins que celui de l'Epicéa.

Le bois de l'Epicéa est finement veiné, plus dur, plus blanc et plus léger, quand il est sec, que celui du Sapin argenté; les nœuds que forment ses branches sont plus tendres et plus adhérents. L'Epicéa habite surtout les rochers, les endroits exposés au levant et au midi; aussi son bois est-il de bien plus longue durée, et il est rarement piqué des vers. De sorte que je puis assurer, d'après une longue expérience, que le bois de l'Epicéa est bien préférable à celui du Sapin pour les constructions et pour la menuiserie. Depuis longtemps les fabricants d'instruments de musique ont reconnu cette différence, et je ne sais pas pourquoi le commerce ne la fait pas aussi ; cela ne peut tenir qu'à l'ignorance de la plupart des acheteurs.

Ces deux espèces ont les feuilles persistantes et atteignent jusqu'à quarante mètres de haut, et quatre à huit mètres de circonférence. On les plante dans les parcs, où leurs belles pyramides toujours vertes produisent le plus bel effet. Des propriétaires intelligents de Saint-Pierre-de-Chartreuse ont remarqué que le Sapin argenté atteint son maximum de valeur de cinquante à soixante ans, et l'Epicéa de soixante à quatre-vingts ans. Il ne faudrait pas croire qu'à cet âge ces arbres aient acquis toute leur grosseur ; les Sapins gigantesques que j'ai pu étudier avaient, en comptant les couches concentriques, plus de deux cents ans d'existence. Ainsi, par maximum de valeur, j'entends que l'arbre arrivé à un certain âge ne profite plus autant, c'est-à-dire ne rend plus l'intérêt que la somme produirait en le vendant ; tandis que si on le coupe avant cette époque, il y a perte pécuniaire. Vous voyez donc, mes enfants, que les forêts, comme les prairies, comme les terres cultivées, demandent de la part des propriétaires de la réflexion et de l'intelligence, s'ils veulent en retirer le plus grand profit possible.

Le Sapin mélèze habite le nord de l'Europe et le sommet des Alpes ; ses feuilles sont caduques. Son bois est très-estimé et sert aux mêmes usages que les autres Sapins. L'écorce des Sapins suinte une matière aromatique, gluante, visqueuse, appelée térébenthine. Celle de l'Epicéa est épaisse, cassante, et forme la poix de Bourgogne.

Le Pin sauvage est un arbre très-répandu en Europe, où il forme des forêts considérables.

Le Pin rouge ou d'Écosse, dont le bois est rouge.

Ces deux arbres s'élèvent assez haut et leur bois est recherché pour sa durée.

Le Pin maritime abonde le long des côtes, dans les terrains secs, sablonneux et jusque dans la Champagne pouilleuse.

Le Pin cembre ou Aral ne s'élève qu'à dix mètres et habite les sommets élevés des Alpes, du Dauphiné, de la Savoie et du Tyrol.

Depuis quelques années, dans le but de favoriser le reboisement des montagnes et des terrains en pente, l'administration des forêts vend à très-bas prix de jolis plants de sapin et autres résineux utiles.

DEUXIÈME SECTION.

Fleurs dioïques, rarement monoïques; étamines 4-8.

Le Genevrier commun. Arbrisseau de deux-trois mètres, très-rameux, diffus, formant buisson; feuilles linéaires piquantes. Les fruits sont de petites baies, noires à la maturité, très-aromatiques.

Le Genevrier croît en Europe, depuis le cap Nord jusqu'aux bords de la Méditerranée; on le rencontre en Asie et en Afrique dans les parties les plus septentrionales. En France, nous le trouvons dans les bruyères, les clairières des bois sablonneux, sur les coteaux arides. Son bois fait de bons ouvrages de tour et de marqueterie. Comme arbrisseau-buisson, il fait de très-belles haies. Il brûle et chauffe bien ; mais ce sont surtout les fruits qui offrent de l'importance au point de vue médical et de l'économie domestique. En infusion, les baies de Genièvre agissent comme tonique, stomachique, diurétique, selon les cas; on en fait des fumigations stimulantes, pour combattre l'atonie générale, un extrait ou *rob ;* distillées, elles donnent une huile essentielle, une espèce de bière usitée en Suède, une liqueur de table, etc.

Le ratafia de Genièvre, qui se fait en mettant infuser dans huit litres d'eau-de-vie cinq cents grammes de baies, avec un peu de cannelle, de coriandre et deux kilos de sucre, est une excellente liqueur domestique qui facilite la digestion et convient après le repas. Dans les Vosges, on prépare beaucoup de ces liqueurs, qui demandent à vieillir comme toutes les autres liqueurs alcooliques.

Le Genevrier Cade, commun dans les provinces méridionales de l'Europe. Son bois fournit, par la distillation, l'huile de Cade, qui est fréquemment employée en médecine.

Le Genevrier de Virginie, cultivé en France. Son bois est dur, incorruptible, léger, se coupant facilement; il sert pour renfermer les crayons de plombagine.

Le Cyprès, l'un des arbres les plus anciennement observés, est indigène aux pays voisins du large bassin de la Méditerranée. Son aspect, le sombre vert de ses rameaux feuillés, répandent autour de lui un air de tristesse et un lugubre silence qui expliquent l'antique habitude de le planter parmi les tombeaux. Presque toutes les terres conviennent au Cyprès.

Le Thuya forme des forêts en Arabie et en Algérie ; c'est lui qui donne la résine connue sous le nom de sandaraque, employée dans les bureaux pour effacer l'encre.

L'If commun croît spontanément dans les forêts des Alpes. C'est un arbre très-rameux, s'élevant peu, mais dont le tronc peut acquérir une grosseur énorme quand le terrain lui convient. On le taille sous toutes les formes pour en faire des haies, des girandoles, etc.

Les anciens ont regardé l'If comme nuisible aux animaux, aux abeilles, à l'homme lui-même qui dort sous son ombrage. Ils l'ont considéré aussi comme l'emblème de l'immortalité et le symbole de la tristesse. Cet arbre vert ne donne point de résine ; ses fruits sont rouges, succulents. Son bois, d'un rouge brun, veiné de zones rouges plus foncées, est, après le buis, le plus pesant de l'Europe ; il est susceptible d'un beau poli, incorruptible d'ailleurs, et il pourrait remplacer avantageusement, dans l'ébénisterie, les bois que l'on retire à grands frais de l'étranger.

Les Conifères offrent donc une grande importance tant par les nombreux produits résineux qu'ils fournissent que par les usages auxquels on soumet leur bois fort et résistant, quoique léger. Ils fournissent les plus beaux mâts de la marine, et sont généralement cultivés pour l'agrément dans les parcs et les bosquets.

DEUXIÈME EMBRANCHEMENT

OU DIVISION.

PLANTES MONOCOTYLÉES.

Les végétaux de cette division n'ont qu'un seul cotylédon ou feuille séminale au moment où la plante sort de terre, comme le Blé.

CHAPITRE LI.

FAMILLE DES ORCHIDÉES.

L'ORCHIS.

On remarque souvent, au printemps, au milieu des bois et des prairies, de jolies petites plantes, hautes de un à six décimètres, dont l'élégance du port et la belle couleur, assez généralement purpurine ou panachée, de leurs fleurs en épis, brillent au milieu des pâturages. Ces plantes ne doivent pas seulement attirer l'attention par la forme et la bizarrerie de leurs fleurs, les racines sont utiles à cause de la grande quantité de fécule qu'elles contiennent. Recueillis avant la floraison et bouillis dans l'eau, les bulbes ou racines de certaines espèces peuvent se conserver très-longtemps et servir de supplément efficace pour la nourriture de l'homme, en les faisant cuire au lait ou au beurre, après les avoir réduits en poudre fine.

L'Orchis donne son nom à la famille des Orchidées, dont voici les caractères généraux : calice à six divisions irrégulières, trois externes et trois internes, les cinq supérieures, presque pareilles, semblent former la fleur; le lobe inférieur, de forme très-variable, suivant les espèces, s'appelle le tablier. les anthères sont ordinairement sessiles, à deux loges séparées ou rapprochées, insérées, ainsi que le stigmate, à la base, sur le côté ou au sommet d'un style en colonne centrale; capsule à une loge, à trois valves, à graines nombreuses. Les feuilles sont entières, alternes, embrassantes, rarement nulles; les fleurs en épi, munies de bractées.

On divise les Orchis en trois tribus, suivant que les bulbes sont arrondis, palmés ou digités.

L'Orchis mâle ou Grand-Orchis, dont la tige s'élève à soixante centimètres de haut. Sa racine, formée par deux bulbes arrondis, est comestible: c'est surtout de cette espèce qu'on retire la fécule *salep*.

L'Ophrys. La racine est formée de deux-quatre tubercules arrondis; les feuilles sont tachetées et les fleurs présentent l'aspect le plus singulier et le plus bizarre, tantôt on croit voir, sur le labelle ou tablier, une araignée, un brillant coléoptère ou un taon, etc. Ces plantes se trouvent sous toutes les latitudes; elles habitent les prés humides et les bois couverts de la France; elles abondent dans le bassin de la Méditerranée, mais surtout dans les contrées équatoriales.

Le Sabot de la Vierge. Cette plante singulière, assez rare, se trouve dans les bois de Pariset, du Sappey et de la Grande-Chartreuse, où je l'ai cueillie. Elle fleurit en mai; sa tige est garnie de feuilles larges, ovales-acuminées, embrassantes. Les fleurs sont d'un brun-pourpre à tablier jaune, au nombre de un-deux ; le calice est très-étalé, disposé en croix ; le tablier, qui est très-grand, a la forme d'un sabot, ce qui a fait donner à cette plante singulière le nom de Sabot de la Vierge.

. Les Orchidées tropicales ou exotiques s'établissent dans les fentes des arbres, au milieu de la mousse humide qui les recouvre. Cette végétation aérienne rend facile leur culture dans nos serres chaudes, où on les suspend dans des corbeilles à claire-voie, pleines de mousse humide ou de détritus de végétaux. Les fleurs présentent les formes les plus bizarres et quelques-unes répandent un parfum délicieux. Aussi sont-elles très-recherchées par les amateurs de nouveauté, qui dépensent des sommes énormes pour se procurer des espèces nouvelles.

CHAPITRE LII.

FAMILLE DES ASPARAGÉES.

L'ASPERGE.

Genre type de la famille des Asparagées, qui comprend des plantes vivaces à fleurs dioïques ou hermaphrodites ; calice pétaloïde à quatre-six divisions ; étamines en nombre égal, stigmate trois-quatre ; le fruit est une baie ou capsule à trois-quatre loges.

L'Asperge officinale ou commune présente une

souche cespiteuse émettant des jeunes pousses épaisses et charnues, chargées d'écailles terminées par un bourgeon verdâtre, qui est la partie savoureuse que l'on mange.

L'Asperge croît naturellement dans les sables des plages méridionales, et se cultive dans tous les jardins, où on la multiplie de graines et de racines. On ne doit commencer à la couper que la troisième année et même que la cinquième lorsqu'elle provient de semis. Comme sa racine tend toujours à se rapprocher de la surface de la terre, il faut chaque année la recouvrir de fumier et de terre. L'Asperge est un sédatif et un diurétique; sa culture près des grandes villes est très-productive, mais à la campagne elle est assez coûteuse à cause de la grande quantité d'engrais qu'elle exige.

Le Muguet de Mai. Qui ne connaît cette jolie petite plante, haute de quinze à vingt centimètres, émule de la violette et qui fleurit en avril et mai? Elle est très-commune dans les bois, les taillis; ses fleurs, en clochettes, blanches, formant un épi unilatéral, répandent un parfum suave et délicieux qui la fait aimer et rechercher par les jeunes filles. Ses fleurs contiennent une huile essentielle qui agit comme principe irritant, et, réduites en poudre, elles provoquent l'éternuement comme le tabac, sans en avoir ni les dangers ni les inconvénients.

CHAPITRE LIII.

FAMILLE DES LILIACÉES.

LE LIS.

Genre type de la famille des Liliacées, dont les caractères généraux sont : plantes à bulbe écailleux, à feuilles épaisses ou presque verticillées; fleurs très-grandes, dressées ou penchées ; périgone pétaloïde à six divisions ; six étamines; ovaire unique, libre, sessile ; trois stigmates ; capsule à trois loges, à trois valves portant une cloison sur le milieu de leur face interne.

Lis blanc. Chef de la famille, cette belle plante a une tige droite, simple, cylindrique, longue d'un mètre, garnie de feuilles; ses fleurs, remarquables par leur grandeur, leur éclat et leur blancheur, exhalent une odeur exquise, mais fragrante, étourdissante, et qu'il n'est pas sans inconvénient de respirer pendant la nuit dans une pièce où l'air n'est pas renouvelé. Leurs émanations portent sur le système nerveux, et il n'est pas sans exemple qu'elles aient produit la syncope, la mort même.

Cette plante superbe, originaire de l'Orient, et cultivée maintenant dans tous les jardins, a souvent inspiré les poètes ; l'Écriture Sainte en fait mention et nos rois la faisait figurer sur leurs étendards. Le Lis n'était pas seulement poétique, il était aussi médical ; mais ses prétendues vertus sont tombées dans l'oubli ; on n'emploie guère que les bulbes, et à l'extérieur, sous forme de cataplasme, pour favoriser la résolution ou la suppuration dans les inflammations locales, les furoncles, les petits abcès, etc.

L'Ail, dont tout le monde connaît l'espèce cultivée, forme un genre contenant plus de soixante espèces. Les fleurs, en ombelle, sortent d'une spathe à deux valves. L'Ail commun ou cultivé est une plante bisannuelle, à bulbe composé de bulbilles ovoïdes, renfermés dans une tunique commune qu'on appelle vulgairement gousse. Il est originaire des contrées méridionales de l'Europe. Son odeur forte et pénétrante, ainsi que sa saveur âcre et chaude, ont été diversement appréciées. Les Égyptiens en firent un dieu, les Grecs l'eurent en horreur. En France, si l'on en fait une grande consommation dans le midi, à titre de condiment, dans le nord, au contraire, l'ail excite une invincible répugnance. On sait les imprécations que lui a lancées Horace, à cause de l'odeur exécrable de ceux qui en ont mangé.

L'Ail est un stimulant énergique dont il ne faut pas abuser. Quelques mères appliquent sur le ventre de leurs jeunes enfants, comme vermifuge, des gousses écrasées ; mais la pulpe d'Ail étant rubéfiante et même épispastique, il peut en résulter des accidents graves. J'ai vu chez une jeune fille une plaie assez étendue et difficile à guérir, qui avait été faite par un emplâtre d'Ail appliqué au creux de l'estomac pendant deux jours.

On cultive encore dans les jardins : la Ciboule, la Civette, l'Échalotte, l'Oignon blanc et rouge, le Poireau et la Rocambole. Tout le monde connaissant ces plantes et leurs usages dans l'art culinaire, je n'en parlerai pas.

Outre les différentes espèces et variétés de Lis, la famille des Liliacées fournit encore aux amateurs de fleurs : la Tulipe, si riche en variétés cultivées ; Gessner l'a décrite le premier ; on la trouve à l'état sauvage au Mont-Rachais, au-dessus de Grenoble ; la Fritillaire ou Couronne impériale, dont les belles fleurs pendantes paraissent dès le printemps ; les Jacinthes, dont les nombreuses variétés répandent une odeur si suave ; les éphémères Hémérocalles, qui ne durent qu'un jour ; l'Ornithogale ou Dame de onze heures, parce que sa fleur ne s'ouvre qu'à onze heures du matin ; enfin, l'odorante Tubéreuse, originaire de l'Inde, qui donne, en juillet, des fleurs d'une odeur délicieuse, mais trop forte, car elle peut déterminer l'asphyxie dans des appartements peu spacieux.

CHAPITRE LIV.

FAMILLE DES COLCHICACÉES.

LE COLCHIQUE.

Genre type de la famille des Colchicacées, qui comprend des plantes herbacées, vivaces, dont la racine est bulbifère ou fibreuse ; la tige simple ou rameuse ; les feuilles sessiles amplexicaules, à nervures parallèles ; les fleurs sont composées d'un périanthe coloré, à six divisions profondes ; six ou neuf étamines, insérées à la gorge ou à la base du périanthe ; trois carpelles ; ovaires à trois loges et trois styles; pour fruit une capsule à trois loges contenant un grand nombre de graines.

Le Colchique d'automne, ainsi nommé parce que ses fleurs paraissent en automne. On remarque alors dans les prairies basses, pendant les mois de septembre et d'octobre, de jolies fleurs lilas-tendre, grandes, allongées en tube et dépourvues de feuilles ; ce sont les fleurs du Colchique. Les feuilles ne paraissent qu'au printemps suivant, elles sont ovales, dressées autour des fruits (capsules), qui se montrent en même temps qu'elles ; ces fruits sont mûrs au moment de la fauchaison des foins. La racine forme un bulbe arrondi, enfoncé de quinze à trente centimètres dans la terre.

Le Colchique est vénéneux. Les animaux le laissent intact dans les prairies ; s'ils en mangent dans les étables, mêlé à d'autres herbes, ils en sont très-incommodés ; il leur donne un flux de ventre qui, très-souvent, les fait périr. Il faut donc en débarrasser les fourrages autant que possible, et s'il arrive que des animaux soient malades pour en avoir mangé, il faut les tenir à la diète, leur donner à boire des décoctions émollientes de son, d'orge, de mauve, etc.

Employé avec précaution par des mains expérimentées, le Colchique fournit le meilleur remède connu contre le rhumatisme goutteux chronique. Mais les auteurs ne sont pas d'accord sur les doses et sur les propriétés énergiques de cette plante ; les uns la vantent beaucoup, tandis que d'autres lui refusent toute confiance. Cela tient uniquement à ce que les préparations de Colchique varient beaucoup dans leurs effets, selon les soins qu'on y a apportés, et surtout le plus ou moins d'activité de la plante, qui diffère énormément d'elle-même, sous ce rapport, selon le temps où elle a été cueillie. Le tempérament des malades y est aussi pour quelque chose ; ainsi, j'en ai vu qui étaient obligés d'en prendre des doses vraiment énormes pour obtenir un effet salutaire, tandis que chez d'autres, une quantité relativement très-minime amenait des troubles du côté de l'estomac. Exerçant la médecine, depuis plusieurs années, dans un pays où les affections rhumatismales sont très-communes, j'ai dû rechercher avec soin les meilleurs moyens pour les combattre. Toutes les préparations officinales de Colchique sont, en général, faites avec les bulbes desséchés de la plante ; or, ces bulbes sont complètement inertes ou très-dangereux, selon le temps où ils ont été arrachés ; la dessication est aussi très-difficile ; c'est ce qui a donné lieu à tant d'opinions diverses sur les propriétés du Colchique. Afin d'avoir une préparation stable et dont les effets physiologiques fussent toujours les mêmes, j'ai renoncé à employer les bulbes pour ne me servir que des graines parfaitement mûres. Je les fais cueillir avant la fauchaison des foins, pour les faire sécher promptement à l'ombre, et je les conserve ensuite dans des flacons bien bouchés et tenus en lieu sec. Pour l'usage, je fais infuser, pendant une semaine, soixante grammes de graines sèches dans un litre de vin blanc. Après ce temps, on filtre à travers un linge serré et on garde le liquide dans une bouteille bien bouchée. Le malade prend tous les matins de ce vin, une cuillerée à bouche dans une tasse de tisane chaude de bourrache et de feuilles de frêne ; on augmente peu à peu la dose jusqu'à ce que le malade éprouve un sentiment de chaleur au creux de l'estomac. Il faut alors diminuer progressivement cette dose ; il en est de même s'il survient un peu de diarrhée. Depuis que j'emploie cette méthode simple et sûre, je n'ai jamais vu survenir le moindre accident et j'ai toujours obtenu un grand soulagement, et même souvent une guérison complète chez les nombreux rhumatisants que j'ai soignés, soit parmi les religieux du couvent de la Grande-Chartreuse, soit parmi les malades admis à l'hôpital que ces bons Pères ont fondé pour les pauvres malades du canton, soit enfin parmi mes autres clients. Ainsi, cette préparation a non seulement l'avantage d'être le meilleur des remèdes employés contre les affections rhumatismales et goutteuses, surtout si l'on ajoute pendant le traitement quelques purgatifs salins, mais encore celui d'être à la portée de toutes les bourses, puisque chaque malade peut le faire lui-même. Ce sont ces motifs qui m'ont engagé à donner les détails qu'on vient de lire, car le rhumatisme et la goutte sont très-communs aujourd'hui ; heureusement, la Providence a semé partout le Colchique pour les guérir.

Nous remarquons encore parmi les Colchicacées indigènes : le Vératre officinal, appelé encore Varaire, Ellébore blanc, Tue-Chien, Garare, etc. On pense généralement que c'est l'Ellébore noir des anciens. Il pullule sur nos montagnes, mêlé à la Grande-Gentiane jaune, à laquelle il ressemble beaucoup par le port et la largeur de ses feuilles ; mais il importe beaucoup de ne pas les confondre, car le Vératre est un poison violent, tandis que la Gentiane est une plante amère, tonique, très-utile. La tige du Vératre est ronde, celle de la Gentiane est anguleuse ; les nervures des feuilles du Vératre sont parallèles, simples, celles de la Gentiane sont rameuses ; les fleurs du Vératre sont d'un blanc verdâtre, sombres, celles de la Gentiane sont jaunes; enfin, la racine du Vératre est ronde et ressemble assez bien à celle de l'oignon, tandis que celles de la Gentiane sont longues, charnues, ramifiées.

Le Vératre est une plante si dangereuse qu'on est obligé de l'arracher dans les prairies où il abonde, parce qu'il gâterait le foin ; quand les chèvres et les brebis en mangent les feuilles par mégarde, elles sont prises de violents vomissements et finissent par succomber si la dose a été un peu forte ; ses graines font périr les poules et autres volailles.

CHAPITRE LV.

FAMILLE DES AROIDÉES.

LE GOUET OU PIED-DE-VEAU.

Le Gouet, en latin *Arum*, donne son nom à la famille des Aroïdées, dont voici les caractères généraux : fleurs monoïques, ordinairement nues, sessiles autour d'un spadice, le plus souvent entourées d'une spathe colorée. Dans les fleurs mâles, les étamines sont définies ou indéfinies. Dans les fleurs femelles, les ovaires sont séparés des étamines, rarement mêlés avec elles; styles simples ; le fruit est une baie ou capsule à une-trois loges.

Le Gouet commun, vulgairement nommé Pied de Veau, est une plante vivace, sans tige, dont les feuilles, qui naissent sur la souche, sont longuement pétiolées, entières, en fer de flèche. Cette plante est assez commune dans les bois et les lieux ombragés. Elle fleurit en avril et mai et présente ses fruits rouges, agglomérés et dépouillés de tout ornement vers l'automne. Ses fruits sont âcres et vénéneux; on cite des enfants qui sont morts pour en avoir mangé. Les feuilles fraîches appliquées sur la peau sont irritantes et vésicantes; les habitants de la campagne s'en servent pour faire suppurer les vésicatoires. La racine de Gouet est très-riche en fécule, on pourrait l'utiliser en temps de disette, après l'avoir débarrassée de son principe irritant par une décoction prolongée, comme on fait pour la fécule du manioc qui fournit le tapioca du commerce.

Le Gouet comestible est une espèce de l'Asie orientale, de l'Égypte, dont les racines, fort grosses, font la base de la subsistance du peuple. Le Gouet sagitté ou Chou caraïbe, est aussi alimentaire.

L'Acore aromatique croît le long des fossés et sur le bord des étangs. Sa racine est employée en médecine comme aromatique et stimulante.

CHAPITRE LVI.

FAMILLE DES GRAMINÉES.

Nous voici arrivés à l'étude des plantes les plus intéressantes et les plus utiles à connaître, car ce sont elles qui nourrissent les peuples et les troupeaux d'une grande partie du globe.

Dans les familles que nous avons étudiées jusqu'à présent, nous avons vu des plantes remarquables par l'élégance de leur port, l'ampleur de leur feuillage, la richesse, l'éclat et le luxe éblouissants de leurs fleurs ; la plupart de ces reines végétales, apportées des pays lointains, ne prospèrent qu'à force de soins et de dépenses ruineuses au milieu des riches parterres ou dans des serres splendides, chauffées par une chaleur artificielle. Semblables aux beaux-arts, dont elles servent souvent de modèles, elles font l'admiration et l'orgueil des opulentes cités ; mais que serviraient les élégants squares qui embellissent les places publiques, les magnifiques serres, ornées avec tant d'art et peuplées de végétaux rares, si l'on n'avait pas de pain ?... Aussi, la Providence, qui veille toujours sur les faibles humains, fait croître dans les champs des plantes aussi modestes qu'utiles et elle nous a donné les Graminées pour servir de nourriture à l'homme et aux animaux domestiques. Quelques-unes de ces Graminées, appelées Céréales, multipliées à l'infini par les travaux persévérants des cultivateurs, nous fournissent le pain, cette nourriture indispensable des peuples civilisés ; d'autres peuplent nos prairies et représentent, dans la nation, la multitude des cultivateurs et des artisans. Linné, ce prince des naturalistes, dont le vaste génie a embrassé toutes les merveilles de la création, a rendu cette pensée d'une manière admirable par une phrase latine dont chaque mot renferme une allusion piquante. En voici la traduction : « Les Gramens, plébéiens, campagnards, pauvres, gens de chaume, communs, simples, vivaces, constituent la force et la puissance du règne végétal, et se multiplient d'autant plus qu'on les maltraite davantage et qu'on les foule aux pieds. »

Si nous prenons une tige de ces plantes précieuses que tout le monde connaît sous le nom de Froment ou de Blé, nous voyons d'abord une tige simple, herbacée, cylindrique, creuse à l'intérieur, renflée en nœuds au niveau de l'insertion des feuilles ; cette tige s'appelle *chaume* ou paille quand elle est sèche. Les feuilles sont alternes, linéaires, à nervures parallèles, engaînantes dans une grande étendue ; la gaîne est à bords libres. L'épi, qui porte les fleurs et ensuite les grains, est composé d'un axe central, de la nature de la paille, mais d'une consistance plus ferme ; cet axe est articulé, marqué de dents ou d'entailles saillantes et alternes des deux côtés opposés. Chaque entaille de l'axe porte un épillet, qui est un petit groupe de trois à cinq fleurs, dont une ou deux sont ordinairement stériles ; chacune des autres devient un grain. La base de chaque épillet est embrassée par une enveloppe à deux valves faisant l'office du calice dans les autres fleurs, et que, dans les Graminées, on appelle la *glume*. Les fleurs sont verdâtres, hermaphrodites, contenant chacune trois étamines ; style unique portant deux stigmates plumeux ; le fruit, appelé *grain*, est ovoïde, marqué d'un sillon longitudinal et enveloppé dans la *glumelle*, qui forme le son de la farine.

Les Graminées, l'une des familles les plus naturelles du règne végétal, présentent une organisation tellement particulière qu'il est impossible de ne pas reconnaître immédiatement les plantes qui la composent ; mais on éprouve quelquefois de grandes difficultés quand on veut déterminer les genres et les espèces, à cause précisément de l'analogie que toutes ces plantes ont entre elles. On les divise en quatre tribus ou sections, d'après la forme des épis et le nombre des étamines. Je n'indiquerai ici, dans chaque tribu, que les plantes qui ont quelque utilité alimentaire pour l'homme ou pour les animaux domestiques.

PREMIÈRE TRIBU.

Fleurs hermaphrodites en épi, trois étamines.

Le Froment ou Blé, dont tout le monde connaît les usages. Le grain de Froment, appelé ordinairement *Blé*, réduit en poudre fine par l'action des meules et blutée dans un appareil exprès, fournit la farine la plus belle et la plus employée par les boulangers et les pâtissiers. Cette farine contient une substance particulière appelée *gluten*, qui est la partie la plus nutritive, et qui donne de la corde à la pâte du Blé. Plus la pâte est tirante, c'est-à-dire plus elle a de corde, disent les boulangers, meilleur doit être le pain.

On appelle Blés durs ceux dont la cassure est brillante, dure, ressemblant à de la corne; et Blés tendres, ceux au contraire dont la cassure est farineuse. On appelle encore blés d'hiver ou d'automne, ceux qu'on sème avant l'hiver; et Blés de printemps ou de mars, ceux qu'on sème au printemps.

On cultive plusieurs espèces de Froment, qu'on peut diviser en deux séries principales : 1° celle des Froments proprements dits, à grain libre ou nu, se séparant de la balle par le battage ; 2° celle des épeautres ou Froments à balle adhérente.

Dans la première série, on remarque : le Froment ordinaire ; le Froment renflé, Gros blé, Poulard ou

Pétanielle ; le Froment dur ou corné ; le Froment de Pologne, etc.

Dans la deuxième série : l'Epeautre ; le Froment amidonnier ; l'Engrain ou Froment locular, etc.

Parmi les Froments ordinaires on distingue encore les variétés sans barbes ou *Blés moutains*, et les variétés barbues dont la glume est terminée par une pointe allongée appelée *arête*. On appelle encore *Blés blancs* ceux dont le grain est blanc, et *Blés rouges* ceux dont le grain est rouge ou rougeâtre. Les Blés blancs ou tendres sont les plus estimés ; ils donnent quatre-vingt-dix parties de pain sur cent parties de farine ; tandis que les Blés rouges, durs, n'en donnent que soixante-dix parties sur cent de farine ; mais ce dernier pain, quoique moins blanc, est plus savoureux et surtout plus nourrissant à cause de la plus grande quantité de gluten que contiennent ces Blés.

Le Blé ne sert pas seulement de nourriture à l'homme en santé, il lui vient encore en aide quand il est malade.

La farine de Froment est émolliente : on l'applique sur les érysipèles et sur les brûlures pour diminuer l'inflammation. Avec le pain grillé, on forme l'eau panée, boisson émolliente, agréable et utile dans une foule de maladies. Le son, bouilli, sert à préparer des cataplasmes, des lavements et des bains très-adoucissants dans la diarrhée, etc.

On ne connaît pas la patrie du Blé ; quelques botanistes pensent qu'il vient de la Perse ; mais il est probable que la culture a complètement modifié cette plante précieuse de manière à la rendre tout-à-fait méconnaissable, comme on l'observe pour le bœuf et le chien dont on ignore aussi les types primitifs.

La culture du Blé est moins avancée en France que dans plusieurs autres contrées ; mais, depuis quelques années, les cultivateurs français font de louables efforts, et nous espérons que la France produira bientôt assez de Blé pour nourrir ses trente-sept millions d'habitants.

Le Froment aime ce qu'on appelle les terres franches, c'est-à-dire les terres qui ne sont ni trop fortes, ni trop légères ; mais avec des amendements et des engrais en quantité convenable, toutes les terres peuvent produire du Froment. Il importe beaucoup de choisir pour semence le Blé le plus mûr et le plus pur. Des expériences nombreuses ont démontré que la *rouille* et la *carie* se montraient presque toujours sur des semis dont la maturité était imparfaite. Cette maladie du Blé étant occasionnée par une espèce de champignon, on a proposé de *chauler* le Blé avant de le semer. Il y a plusieurs méthodes de chaulage : on emploie fréquemment le vitriol (sulfate de cuivre), mais, comme c'est un poison très-dangereux, il vaut mieux se servir du procédé suivant : on prend de la chaux vive ou éteinte en quantité suffisante pour faire un lait de chaux en la délayant dans de l'eau, on y ajoute deux poignées de sel de cuisine par hectolitre de semence, on fait ensuite tremper le blé pendant une journée dans ce lait de chaux et de sel ; on remue bien pour que tous les grains s'imprégnent du liquide ; on rejette avec soin tous les grains qui surnagent, parce que ces grains, dont la maturité est incomplète, ne produiraient que des tiges étiolées, et on retire ensuite la semence pour la laisser sécher un peu avant de semer, autrement les grains se diviseraient difficilement et le champ ne serait pas semé d'une manière égale.

La paille de Froment sert de litière et d'aliment aux animaux ; seulement il faut se rappeler, quand on veut nourrir ses bestiaux avec de la paille, qu'elle contient trois fois moins de matières nutritives que le bon foin de prairie, et que, par conséquent, il faut en donner trois fois plus que si l'on donnait du foin ; autrement les animaux maigriraient faute d'une nourriture suffisante.

Le Froment rampant, Chiendent, Gramen, etc. Tous les cultivateurs connaissent cette plante sous divers noms; elle fait leur désespoir en se reproduisant avec une rapidité effrayante dans les champs, malgré leurs efforts pour la détruire. Les longues racines de Gramen que la charrue fait sortir de terre ne sont pas tout-à-fait inutiles; elles servent à préparer des tisanes émollientes très-employées dans les maladies inflammatoires; depuis quelque temps, on recommande aussi de mêler les racines des Gramens avec le foin qu'on donne aux chevaux : cette pratique aurait l'avantage de débarrasser les champs, d'augmenter la quantité des fourrages et de rafraîchir les animaux excédés de travail. Les chiens connaissent très-bien les propriétés émollientes des Gramens ; aussi, quand ils sont malades, au lieu de manger comme font beaucoup de personnes, ils jeûnent et avalent des tiges de ces graminées pour se purger.

L'Ivraie enivrante. Plante annuelle, assez commune dans les moissons. Ses graines, loin de nourrir, agissent sur l'économie comme un poison ; mais comme elles ne se trouvent ordinairement qu'en très-petite quantité dans le Froment, on observe rarement leurs effets nuisibles.

L'Ivraie vivace, Fromental, Ray-grass, etc. Cette graminée a les tiges droites, hautes de trois à six décimètres. Elle forme le gazon anglais utilisé dans les parcs pour former ces magnifiques tapis de verdure qu'aucune autre plante ne pourrait égaler en finesse et en fraîcheur. Cette plante réussit mieux dans le nord qu'au midi; en France on ne peut former une prairie avec l'Ivraie vivace que dans les fonds bas et frais, où elle donne un très-bon fourrage. Cependant, comme elle est très-nutritive, elle est encore d'une grande ressource dans les mauvais terrains; ainsi, dans la vaste plaine de la Crau, en Provence, la petite quantité que les moutons trouvent, en faisant rouler les cailloux avec leur nez, suffit à leur alimentation. Les bergers disent que chaque *bouchée fait ventrée* (bouccado vas ventrado).

L'Ivraie d'Italie a beaucoup de rapport avec la précédente; mais elle est plus grande et ne talle pas. Dans les sols frais et substantiels, cette plante végète avec une vigueur remarquable; sa croissance est si rapide qu'on peut obtenir la première année, d'un semis fait au printemps, trois fortes coupes d'un excellent fourrage. Il y a peu de graminées qui produisent autant; mais d'après les observations de MM. de Dombasle et Vilmorin, ses produits vont en diminuant à partir de la deuxième année. Il faut environ quarante kilos de grains de cette Ivraie pour ensemencer un hectare de terrain.

Le Seigle cultivé diffère du Froment en ce que les épillets ne renferment que deux fleurs, qui portent une arête au sommet de la valve externe de leur balle, ce qui donne à l'épi la forme comprimée, chargé de longues arêtes.

Originaire de l'Asie-Mineure, il est cultivé en Europe et connu généralement. La farine de cette céréale fournit un pain gras, un peu dense, rafraîchissant et qui ne constipe pas comme celui de Froment; aussi, depuis quelque temps, l'usage s'en répand beaucoup dans les villes. Cadet de Vaux a remarqué que ceux qui font usage de pain de seigle sont rarement atteints d'apoplexie; cela s'explique facilement par la propriété qu'il a de maintenir la liberté du ventre.

La farine de Seigle, mêlée à celle de Froment et blutée avec soin, procure un pain excellent, fort agréable au goût, qui se conserve longtemps frais et qui réunit les propriétés de ces deux céréales. Si ce pain n'a pas la blancheur et la légèreté de celui que fabriquent les boulangers avec la farine de Froment mêlée à une petite quantité de farine de fèves et quelquefois avec des substances minérales, il a l'immense avantage d'être très-sain et très-nourrissant; je suis persuadé qu'il contribue beaucoup à donner cette fraîcheur et cet embonpoint qu'on admire chez nos jeunes paysannes. La farine de Seigle sert aussi de nourriture aux animaux domestiques.

Le Seigle a encore une propriété précieuse pour l'agriculture, c'est de prospérer dans beaucoup de lieux où la culture du Froment serait impossible, ou tout au moins peu productive. Les étés si courts des régions élevées et des contrées voisines du cercle polaire lui suffisent pour arriver à maturité complète, et sa précocité dans les plaines permet au cultivateur de retirer encore du sol une seconde récolte.

On ne chaule pas ordinairement les grains de Seigle avant de les semer; on a tort, parce qu'il est probable que le chaulage détruirait aussi un champignon qu'on y observe souvent et qu'on appelle l'*Ergot*. Le grain de Seigle atteint par l'Ergot devient noir, grossit considérablement, et, quand il y en a beaucoup, produit un pain très-dangereux pour la santé.

L'Ergot de Seigle, réduit en poudre, est fréquemment employé en médecine pour arrêter les hémorrhagies. En Auvergne, on recueille l'Ergot sur le Froment; ici je l'ai rarement observé sur les grains de Froment.

La paille de Seigle est tellement utile qu'il arrive parfois qu'on en préfère la récolte à celle du grain même. On l'emploie généralement comme litière. On en fabrique du papier, des paillassons, des chapeaux communs; enfin elle sert à faire d'excellentes toitures.

L'Orge. Les épillets sont à une fleur par trois sur chaque dent du rachis, plus rarement biflores, les latéraux étant mâles ou neutres, souvent pédicillés; glume à deux paillettes, dont l'inférieure terminée par une soie.

Tout le monde connaît l'Orge, parce qu'elle est une des plus cultivées, surtout dans le nord et les contrées stériles, pauvres, à terrains maigres et calcaires. Ses semences nourrissent le pauvre et servent à préparer sa boisson dans les pays où le blé et la vigne ne peuvent réussir: elles sont donc extrêmement utiles comme aliment, outre qu'elles rendent d'éminents services en médecine pour préparer des tisanes émollientes et rafraîchissantes, dont l'usage remonte à la plus haute antiquité et qui sont très-utiles dans les maladies inflammatoires.

La farine d'Orge fait un pain grossier, lourd, mais rafraîchissant, assez substantiel. Elle sert aussi à préparer des cataplasmes comme celle de Seigle, mais l'usage en est moins usité pour cela que la farine de Graines de lin.

L'Orge germée, mêlée au houblon, sert à la préparation de la bière, boisson saine, nourrissante et antiscorbutique. On mange aussi l'Orge à l'état de gruau ou d'*Orge mondé*. En grain, elle est souvent substituée, dans le midi surtout, à l'avoine, pour la nourriture des chevaux. Trempée, et encore mieux écrasée, elle augmente considérablement le lait des vaches, engraisse rapidement les bœufs, les cochons, les volailles, etc.

Sa paille est supérieure à celles du Froment et du Seigle comme fourrage sec. En Suède et en Laponie, l'Orge est cultivée de préférence à tout autre grain, à cause de la rapidité de sa croissance, qui s'accomplit ordinairement en moins de huit semaines. Dans les contrées méridionales, il n'est pas rare d'obtenir en une année deux récoltes d'orge sur le même terrain.

On cultive plusieurs variétés d'Orge. On remarque dans nos contrées : l'Orge commune, l'Orge à six rangs, l'Orge à deux rangs et l'Orge-riz, qui varient beaucoup dans leurs produits selon les terrains et selon les saisons.

DEUXIÈME TRIBU.

Fleurs hermaphrodites en panicule ; trois ou deux étamines.

L'Avoine. Cette graminée a les épillets disposés en panicule rameuse ; glume à deux valves ; ovaire poilu supérieurement.

L'Avoine, excepté dans les pays froids, montagneux, sert rarement de nourriture à l'homme. Ses grains rendent peu de farine et le pain qu'on en obtient est noir, lourd, amer et d'une saveur désagréable. Cette même farine sert à faire des bouillies et des gâteaux de plusieurs sortes. Le gruau d'avoine est utilisé dans quelques lieux comme aliment; il donne une soupe plus agréable que le gruau d'Orge; on l'emploie aussi en médecine. On extrait de l'eau-de-vie des grains de cette plante. Les fanes ou tiges vertes procurent un fourrage abondant et très-sain pour tous les ruminants. La paille sèche est particulièrement destinée aux vaches, pour lesquelles on la considère comme un excellent fourrage. Parfois on la donne en petite quantité sans l'avoir battue. Mais ce sont ses grains qui font incontestablement le principal mérite de l'Avoine pour la nourriture des animaux de travail. Les chevaux auxquels on veut donner de l'ardeur, les moutons et les bœufs qu'on engraisse, les brebis nourrices dont on veut augmenter la quantité de lait, les oiseaux de basse-cour dont on cherche à accélérer la ponte printanière, se trouvent également bien d'en manger. La pellicule qui enveloppe les graines, et qu'on appelle *balle* ou *pousse* d'avoine, sert à préparer le coucher des petits enfants et les lits des cultivateurs pauvres; elle sert aussi à rembourrer des coussins pour les malades.

L'Avoine présente plusieurs variétés qu'il serait peu intéressant de passer en revue.

Cette utile graminée est peu difficile sur le choix et la préparation du terrain; elle vient presque partout. Mais si elle récompense le cultivateur négligent, ses produits sont toujours en rapport avec les soins qu'on a donnés à sa culture. Cette plante aime les sols humides; sa véritable place, dans les assolements, est après une récolte sarclée et fumée, ou sur le défrichement d'une prairie naturelle ou artificielle.

On a souvent cherché à comparer les produits de l'Avoine à ceux de l'Orge, pour faire ressortir les avantages de la culture de l'une ou de l'autre de ces céréales. Pécuniairement parlant, la différence tient surtout à deux causes dont on n'a pas toujours assez tenu compte : le climat et les moyens de consommation. Si, dans le Midi, l'Orge est généralement plus productive, dans le Nord il arrive souvent le contraire. A cet égard, c'est au cultivateur, avant de se fixer, à bien étudier le pays qu'il habite. D'un autre côté, le prix relatif de ces deux grains varie selon les besoins du commerce, pour la fabrication de la bière ou la nourriture des chevaux, de manière que chacun, sous ce rapport, ne doit encore prendre conseil que de la position dans laquelle il se trouve.

La Folle-Avoine est une espèce annuelle, qui se resème d'elle-même et qui désole les cultivateurs, parce que ses racines étouffent les céréales. Les Hollandais en couvrent leurs dunes pour en raffermir les sables mouvants.

L'Avoine élevée ou Grand fromental, l'Avoine jaunâtre ou Petit fromental, l'Avoine pubescente, Avoine velue, Avrone et l'Avoine des prés, sont des plantes vivaces qui forment d'excellentes prairies, très-productives, connues sous le nom vulgaire de *Fenasse*. Comme ces plantes redoutent une grande humidité, on doit surtout les semer dans les prairies en pente, élevées, et où l'eau manque pour les irrigations. On sème ordinairement cinquante à soixante kilos de graines par hectare. Fauchées avant la maturité des graines, ces avoines donnent un foin très-estimé pour les bestiaux, surtout pour les chevaux; mais après la maturité, leurs tiges, longues d'un à deux mètres, deviennent dures comme de la paille et sont alors peu recherchées par les animaux domestiques. Or, comme ces graminées forment la base du plus grand nombre des prairies, il vaut mieux les faucher trop tôt que trop tard ; le foin est plus tendre, meilleur, et la seconde coupe repousse plus vite.

Le Roseau, Canne de Provence, qui croît aux bords des eaux, dans la Provence et le Languedoc, fournit des tiges longues de plusieurs mètres, creuses, légères, employées à divers usages.

La Canne à sucre. C'est l'une des plus belles et des plus grandes des Graminées. Originaire des Indes-Orientales, elle fut introduite à Saint-Domingue et dans toute l'Amérique tropicale, en 1506 ; sa tige, droite, haute de trois à quatre mètres, renferme du sucre en si grande quantité qu'elle est devenue une source de richesse pour les contrées où on la cultive. Elle met cinq à six mois à parvenir à son entier accroissement ; mais on la récolte avant la floraison, qui détruit toujours une certaine quantité de sucre. C'est le jus de la Canne à sucre, comme celui de la Betterave, qui, après avoir subi diverses préparations, fournit le sucre du commerce.

La Flouve odorante. C'est une petite Graminée qui ne s'élève qu'à trente centimètres ; mais elle vient partout, et elle se recommande aux cultivateurs par sa grande précocité et par son odeur aromatique, qui la fait avidement rechercher par tous les herbivores. C'est elle qui communique au bon foin ce parfum agréable qui le caractérise ; aussi les marchands la mêlent souvent à des foins de mauvaise qualité pour les parfumer, afin de les revendre ensuite comme bons.

Le Vulpin des prés est une plante fourragère des plus précieuses par sa précocité et l'abondance de ses produits. Sa tige, simple, droite, s'élève à un mètre et produit un foin un peu gros, mais qui convient à tous les bestiaux, surtout aux vaches et aux chevaux. Cet excellent fourrage aime la fraîcheur ; il convient particulièrement aux prés bas, aux étangs desséchés. Il faut environ vingt kilos de graines par hectare. On peut lui associer, pour former une prairie naturelle, le Ray-Grass, la Houque laineuse, la Flouve odorante, etc.

Le Vulpin des champs et le Vulpin genouillé donnent aussi un assez bon fourrage.

La Fléole des prés ou Thimothy des Anglais, Fléau, a une tige droite, haute d'un mètre, feuillue. C'est un gramen très-estimé à cause de l'abondance de ses fanes et de la bonne qualité de son fourrage pour les bestiaux de toute sorte. Il se plaît de préférence et donne ses meilleurs produits dans les terrains humides, quelle que soit d'ailleurs leur composition, argileuse, sableuse ou même tourbeuse. Le foin de cette plante, quoique gras, est très-bon. Le Thimothy étant une des Graminées les plus tardives, si on l'emploie pour former le fond d'une prairie permanente, on doit éviter de lui adjoindre les espèces très-hâtives, les Agrostis, la Fétuque élevée et des prés sont celles qui, sous ce rapport, iraient le mieux avec lui. La graine du Thimothy se sème en septembre-octobre ou en mars et avril, à raison de sept à huit kilos par hectare.

Le Phalaris roseau, Rubanier. Ses tiges, droites, s'élèvent à près de deux mètres et poussent facilement des racines de chacun de leurs nœuds. Quoique cette belle Graminée ait, en quelque sorte, l'apparence d'un roseau, elle en diffère cependant essentiellement par le fait. Ses tiges, dans leur jeunesse, produisent, sous la faulx, un fourrage abondant, tendre et nourrissant. Il ne croît spontanément que dans les terrains aquatiques ; mais des expériences ont démontré qu'il vient très-bien dans les terrains secs et calcaires.

Le Phalaris fléole est beaucoup moins élevé que le Rubanier ; ses feuilles sont larges et courtes. On le rencontre ordinairement sur les terrains élevés et peu fertiles, où il fournit un herbage recherché de tous les bestiaux et surtout des bêtes à laine.

Le Panis élevé ou Herbe de Guinée est une excellente acquisition pour nos départements du midi. Il produit une grande quantité de fourrage particulièrement propre à être donné en vert aux chevaux, aux vaches et aux bœufs.

Le Panis ou Millet d'Italie, le Millet commun et le Moha, sont généralement cultivés pour leurs graines. Ces plantes aiment une terre légère, substantielle, profondément ameublie et richement fumée. On mange les graines du Millet commun à la façon du riz, cuites dans du bouillon ou du lait ; on les emploie à la nourriture de tous les animaux domestiques, et surtout des petits poussins. Ses feuilles sont avidement recherchées par les bestiaux ; aussi cultive-t-on souvent, dans le midi, les Panis comme fourrage.

Le Sorgho diffère peu du Millet, si ce n'est par sa tige qui s'élève à deux mètres ; c'est une plante du midi ; sa culture, essayée dans nos contrées, n'a pas réussi.

Le Paspale stolonifère est une plante du Pérou, introduite depuis peu en France, et qui convient surtout aux contrées méridionales. Ses tiges, hautes d'un mètre, et les feuilles, larges, tendres, sont très-sucrées. On peut les couper trois à quatre fois par an.

L'Agrostis vulgaire a les tiges longues de trois à six centimètres et donne un foin fin et délicat. Cette plante est commune dans les prés et les bois.

L'Agrostis stolonifère ou traçant a des tiges nombreuses, couchées, rameuses à leur base, et pousse des racines de tous les nœuds qui se trouvent en contact avec le sol. Dans les champs, cette plante est, à bon droit, redoutée des cultivateurs ; mais elle est précieuse comme fourrage, et notamment dans les localités froides, humides, tourbeuses, parce qu'elle procure un foin de bonne qualité.

L'Agrostis d'Amérique, l'Agrostis des chiens et l'Agrostis paradoxal donnent également un bon fourrage, et, comme tous les Agrostis, aiment les terrains frais, un peu humides. Il faut environ quatre à cinq kilos de graines des différentes espèces d'Agrostis pour ensemencer un hectare de terrain.

La Houque laineuse, ainsi nommée à cause du duvet cotonneux qui abonde sur la gaîne des feuilles. Ses feuilles sont larges et tendres ; ses tiges s'élèvent peu dans les lieux arides, mais elles atteignent plus d'un mètre dans les prés bas qui paraissent lui convenir de préférence. Elle fait le fond des meilleures prairies de la France. On peut mélanger la Houque laineuse à la plupart des autres gramens, parce qu'elle tient le milieu entre les espèces hâtives et les espèces tardives, et qu'elle a d'ailleurs l'avantage de se conserver encore verte et succulente quelque temps après la fructification. Elle convient à tous les bestiaux ; aussi toutes ces circonstances réunies en font une de nos plantes les plus précieuses pour la formation des prés et des pâturages.

P. B. — 23.

La Fétuque des prés, la Fétuque élevée et la Fétuque ovine donnent aussi de bon fourrage ; mais elles sont très-tardives et ne conviennent guère qu'aux prairies basses.

Le Paturin flottant ou Fétuque flottante convient surtout dans les prés marécageux, sur le bord des étangs, etc. Tous les ruminants et les chevaux les mangent en vert avec avidité.

Le Paturin aquatique vient dans les mêmes lieux que le précédent et donne aussi en vert un fourrage estimé.

Le Paturin commun, le Paturin des prés et le Paturin des bois donnent le meilleur foin connu. Ces gramens sont très-précoces et viennent bien partout, excepté dans les terrains trop humides. Il faut dix-huit kilos de graines pour ensemencer un hectare de terrain.

Le Paturin canche et le Paturin des marais servent à utiliser les terrains marécageux ; mais les bestiaux ne les recherchent qu'à l'état frais ; secs, ils ne peuvent servir qu'à faire de la litière.

Les Brômes et le Dactyle ne sont remarquables que par leur grande rusticité. Ils viennent dans les plus mauvais terrains, mais ne donnent qu'un fourrage très-médiocre qui ne peut être mangé qu'en vert.

TROISIÈME TRIBU.

Fleurs hermaphrodites ; six étamines.

Le Riz cultivé. Cette graminée a des racines touffues, capillaires, qui produisent plusieurs tiges hautes d'un mètre ; les feuilles sont fermes, semblables à celles de nos roseaux.

Originaire des Indes-Orientales, le Riz s'est répandu rapidement dans tous les pays où il a pu être cultivé, car toute espèce de sol lui convient, pourvu qu'il puisse retenir l'eau et qu'il soit disposé de manière à pouvoir s'assécher et s'inonder à volonté. C'est, après le Froment, la plante la plus utile : il le remplace chez les Indiens, dont il est le principal aliment. Ces peuples, ainsi que les Malais et les Chinois, se sont appliqués à la culture de cette graminée dès la plus haute antiquité. En Piémont et en Lombardie, la culture du Riz est pratiquée depuis assez longtemps ; mais cette culture a ses inconvénients : les fièvres intermittentes et malignes y sont presque endémiques, ce qui paraît ne pas avoir lieu hors de l'Europe ; ce sont les exhalaisons délétères qui s'élèvent des rizières qui ont fait renoncer le plus souvent à la culture du Riz dans le midi de la France, notamment en Auvergne, dans le Roussillon, dans la Camargue ; cependant on obtient depuis quelques années d'excellents produits de cette céréale dans les Landes, grâce surtout aux efforts de la Société des rizières de la Teste.

Il est une variété de riz qui croît sans eau, dans les terrains secs : et cette espèce devrait bien remplacer l'espèce aquatique, qui cause tant d'émanations malfaisantes par ses rizières.

Outre les usages domestiques et médicamentaux du Riz, qui sont généralement connus, cette céréale peut fournir, par la distillation, une espèce d'eau de vie aussi forte que celle du raisin. La paille sert à fabriquer les élégants chapeaux qui ornent la tête des femmes.

QUATRIÈME TRIBU.

Fleurs monoïques.

La seule espèce qui nous intéresse dans cette tribu est le Maïs cultivé ou Blé de Turquie. C'est une plante forte et vigoureuse, dont la tige s'élève jusqu'à deux à trois mètres, qui se termine par un beau panache de fleurs mâles, et qui porte deux, trois et même quatre gros épis ornés d'une barbe soyeuse du plus beau vert, dont chaque brin est un pistil qui va s'attacher à chacun des grains qui doivent former ces beaux épis dorés sur lesquels on a compté jusqu'à sept cents grains de la grosseur d'un pois.

Il n'est aucune plante d'un intérêt plus grand et d'une utilité plus générale que le Maïs. Il croît sous les tropiques, à côté du Manioc et de l'Igname, et ses épis féconds se retrouvent, dans une grande partie des régions tempérées, rivaux de ceux du Blé. Il sert, sous un grand nombre de formes différentes, à la nourriture des hommes et à celle des animaux domestiques, aux besoins de l'économie industrielle, et il offre des ressources précieuses à la médecine hygiénique.

En effet, on utilise ses grains, tantôt bouillis, tantôt réduits en farine et sous forme de pâte, d'une digestion facile, à laquelle on a donné, selon sa consistance, le choix des assaisonnements et le mode de préparation, les noms de *Polenta*, de *Gaude* ou de *Millias*; d'autres fois on le sert, sous forme de pain ou de gâteaux, avec ou sans mélange de farine de froment, de seigle, de sarrazin, de fécule ou de pulpe de pomme de terre. Soumis à la fermentation alcoolique, le Maïs peut remplacer l'Orge ou le Blé dans la fabrication de la bière. On en extrait, par infusion, après l'avoir torréfié, un breuvage qui a l'apparence du café et dont les Chiliens sont fort avides. Sous les tropiques, la tige de cette plante est tellement sucrée que les Indiens la sucent comme la canne à sucre. Le suc qu'on en extrait, même en France, peut servir à la préparation des liqueurs spiritueuses et former d'excellent vinaigre. Ce même suc fournit une boisson saine, agréable et très-rafraîchissante.

Les grains de Maïs sont encore une excellente nourriture pour tous les animaux ; les chevaux s'en accommodent fort bien ; les porcs ne s'en dégoûtent jamais, et l'on sait combien les oiseaux de basse-cour en sont avides.

On peut employer les feuilles du Maïs pour la fabrication du papier. En Amérique, on fait avec ses spathes, c'est-à-dire avec les feuilles qui enveloppent l'épi, des chapeaux assez solides. Ailleurs on en fait des nattes, on en remplit les paillasses, matelas, coussins, etc., et ce dernier emploi est d'un très-bon usage.

On cultive encore le Maïs pour être coupé en vert. Dans ce cas, on sème très-épais et on coupe les tiges dès qu'elles commencent à fleurir. C'est un excellent fourrage pour les chevaux et les vaches, et il augmente considérablement la quantité de beurre et de lait chez ces dernières.

De plus, le Maïs vient dans des terrains trop humides ou trop secs pour la culture du Froment ou de l'Orge; mais à côté de ces avantages, il a l'inconvénient d'être une des plantes les plus épuisantes, et qu'on ne peut, par conséquent, introduire que de loin en loin dans les assolements. Il ne doit jamais précéder ni suivre une récolte de Blé, à moins que le terrain ne soit très-fertile ou bien fumé.

On connaît plusieurs espèces et variétés de Maïs qui diffèrent entre elles par le produit, la précocité, la couleur et la forme des grains. Partout où le Maïs peut prospérer, il n'est pas de céréale qui donne de plus abondants produits; dans les bons terrains, il rend plus de cent pour un.

Nous venons de voir, mes enfants, en parcourant les principales graminées, que ces végétaux si précieux et si indispensables à notre existence ne viennent que dans les contrées tempérées. Mais Dieu, qui a créé l'homme pour dominer sur toute la surface habitée du globe, a aussi partout pourvu à ses besoins; ainsi, dans la zone torride, où le Maïs lui-même pourrait à peine résister aux rayons brûlants du soleil, nous remarquons les superbes Palmiers qui réunissent à l'élégance de la forme les produits les plus divers. On retire de l'intérieur de leurs tiges une fécule aussi pure que la plus belle farine de froment; leurs têtes se chargent de fruits charnus et sucrés, d'amandes féculentes, ou de bourgeons réunissant toutes les qualités de nos meilleurs légumes. Ils fournissent encore des liquides susceptibles de fermenter et de former des boissons spiritueuses, des huiles grasses également propres à l'alimentation comme aux divers usages domestiques, des filaments solides pour des cordages ou des étoffes grossières, et enfin des bois de construction qui, pour la force et la durée, peuvent être comparés à tout ce que les autres végétaux fournissent de meilleur en ce genre. On peut donc dire que les Graminées et les Palmiers, deux familles voisines, se partagent le monde pour le **combler de leurs dons.**

TROISIÈME EMBRANCHEMENT.

PLANTES ACOTYLÉES.

Tous les végétaux que nous avons vus jusqu'à présent avaient deux ou un cotylédon, c'est-à-dire deux ou une feuille séminale. Les tiges étaient ligneuses ; chaque tige portait un nombre plus ou moins grand de feuilles ; mais à mesure que nous descendons l'échelle végétale, nous trouvons des végétaux de plus en plus simples dans leur organisation. On n'aperçoit plus de cotylédons au moment où la graine lève ; aussi leur donne-t-on le nom d'Acotylées, comme nous avons déjà vu qu'on appelait Dicotylées ou Monocotylées les plantes qui avaient deux ou un seul cotylédon. De plus, les Acotylées n'ont pas de tige proprement dite, du moins dans nos climats ; on ne remarque plus des faisceaux ligneux allongés, mais seulement des faisceaux celluleux qui s'ajoutent les uns aux autres pour former un *rhizome* ou tige souterraine, et des feuilles appelées *frondes* qui s'élèvent dans l'air. On n'aperçoit jamais de fleurs ni de fruits sur ces végétaux si simples : les semences se forment dans de petites *utricules* (sores) remplies d'une matière organique (sporules), qui fait l'office de graines. Ces sores sont éparses ou rapprochées, ou enfin réunies dans des espèces de poches ou sacs membraneux, connus sous les noms de conceptacles, sporanges, urnes, thèques.

On divise les plantes acotylées en deux grandes classes.

1° Les Acrogènes : Plantes pourvues d'axe et d'appendices

latéraux et qui croissent par l'allongement de leurs extrémités. Cette classe comprend : les Fougères, les Equisétacées, les Lycopodiacées, les Mousses et les Hépaticées.

2° Les Amphigènes : végétaux d'une structure entièrement celluleuse, dépourvus d'axe et d'organes appendiculaires, se développant par toute leur circonférence ; à cette classe se rapportent les familles suivantes : les Lichens, les Champignons et les Algues.

PREMIÈRE CLASSE.

Acrogènes.

CHAPITRE LVII.

FOUGÈRES.

Les fougères forment une vaste famille composée de plantes ordinairement herbacées, à tiges souterraines, rampantes et vivaces, que l'on regarde communément comme les racines. Dans certaines espèces exotiques qui croissent sous les tropiques, cette tige devient ligneuse et assez semblable à celle des Palmiers ; elle s'élève à une hauteur plus ou moins considérable. Leurs feuilles ou *frondes* sont alternes, roulées en volute ou en crosse avant leur entier développement ; elles sont simples ou composées. Les graines occupent la face inférieure des feuilles ou constituent des espèces de grappes ou d'épis terminaux.

Les Fougères se distinguent facilement des autres plantes et forment une famille très-naturelle, mais la distinction des genres et des espèces ne pouvant se faire que par l'étude de caractères très-difficiles et souvent à peine visibles à l'œil nu, nous ne parlerons ici que des Fougères en général.

Il n'y a point de plantes vénéneuses dans cette immense famille. Quelques-unes contiennent dans leurs tiges souterraines une petite quantité de fécule et servent d'aliment grossier et peu substantiel aux peuples de l'Australie. Les feuilles d'un grand nombre de fougères sont mucilagineuses, légèrement aromatiques et astringentes, et employées comme béchiques: telles sont les espèces désignées sous le nom de capillaires, avec lesquelles on prépare un sirop très-connu et fréquemment usité. D'autres contiennent dans leurs racines un principe amer, acerbe, plus ou moins âcre, et sont employées comme anthelmintiques. La racine de Polypode de chêne, qui est assez commune dans nos forêts, offre au contraire une saveur sucrée assez agréable qui la fait rechercher par les enfants; réduite en poudre, cette racine est employée comme absorbante pour rouler des pilules, comme la poudre de réglisse.

On emploie encore les feuilles de nos grandes fougères indigènes pour garnir les paillasses et les matelas qui servent de lit aux enfants rachitiques. Elles font aussi une bonne litière pour les animaux et augmentent ainsi la masse des engrais dont un cultivateur intelligent a toujours besoin pour fumer ses terres et ses prairies.

Equisétacées.

Les Equisétacées sont des végétaux herbacés, croissant dans les prés humides et marécageux. Les tiges sont simples, striées longitudinalement, offrant de distance en distance des nœuds ou articulations d'où naissent des feuilles qui forment comme une sorte de gaîne fendue en languettes nombreuses, verticillées ; quelquefois des rameaux également verticillés partent de ces mêmes nœuds. Un seul genre compose cette famille : la Prêle (equisetum) ou queue de cheval, qui fournit dans nos contrées sept espèces et quelques variétés. La seule employée est la Prêle d'hiver ou des tourneurs, qui contient dans ses tiges longues, flexibles, une quantité considérable de silice. On s'en servait autrefois pour polir les bois et même les métaux, mais aujourd'hui on préfère employer pour cet usage le papier verré dont il est facile de choisir le numéro convenable. La Prêle d'hiver ne sert plus guère aujourd'hui que pour récurer la vaisselle commune.

Les Prêles connues vulgairement sous le nom de *chevaline,* sont un peu astringentes ; vertes, elle sont assez recherchées par les chevaux, mais les cultivateurs ont remarqué que, mêlées au fourrage, elles diminuent la quantité du lait chez les vaches, qui au reste ne les mangent que difficilement.

Lycopodiacées.

Les Lycopodiacées sont des plantes vivaces, pourvues d'une tige rameuse, souvent roulée et rampante, quelquefois dressée ; feuilles très-nombreuses et très-petites, serrées ou imbriquées et toujours vertes, qui, par leur port, tiennent le milieu entre les mousses et les fougères. Un seul genre, le genre Lycopode, qui renferme aussi sept espèces indigènes.

Les Lycopodes étaient autrefois administrés comme purgatifs. Les Druides attribuaient au Lycopode sélage des vertus merveilleuses, et leurs prêtres le récoltaient avec grande cérémonie.

L'espèce la plus commune est le Lycopode en massue, connu vulgairement sous les noms de *soufre végétal*, Mousse terrestre, Pied-de-loup. Sa poussière fécondante est d'un jaune de soufre, pulvérulente, subtile et susceptible de s'enflammer subitement quand on la projette sur un corps en ignition ; elle brûle en outre sans aucune odeur, ce qui fait qu'on l'emploie au théâtre toutes les fois qu'on veut simuler des éclairs, et pour fabriquer des torches ardentes. Cette poudre, appelée par les nourrices *poudre de vieux bois*, est employée comme absorbante pour saupoudrer les surfaces cutanées qui sont le siège de rougeurs humides, de gerçures, etc., chez les nouveau-nés. Les pharmaciens s'en servent aussi pour enrouler leurs pilules.

Les Lycopodes se trouvent dans les lieux ombragés et frais des bois.

Mousses.

Les Mousses sont de petites plantes vivaces, venant en général par touffes plus ou moins serrées dans les lieux ombragés, secs ou humides, à terre ou sur le tronc des arbres, sur les rochers, les murs et les toits de nos habitations. Leur tige est simple ou rameuse ; leur racine fibreuse ; leurs feuilles alternes, sessiles, entières, dépourvues de nervures.

Toutes les mousses recherchent les lieux bas et

humides ; c'est là que, serrées les unes contre les autres, elles forment ces beaux tapis de verdure qui remplacent, dans les bois, ceux que les graminées forment au milieu des prairies. Certaines espèces couvrent les vieux arbres et les grosses branches d'un manteau protecteur, qui les préserve des vicissitudes atmosphériques. D'autres envahissent les marais, et, par l'accumulation de leurs débris, soulèvent peu à peu le sol et finissent par former les Tourbières, dépôts précieux de combustibles pour certains pays privés de bois. Ces plantes nous rendent donc trois services importants : d'abord en garantissant nos arbres de l'action des froids rigoureux ; ensuite en desséchant nos marais, qu'elles rendent ainsi propres à la culture, et enfin en nous procurant une substance combustible qui remplace le bois et le charbon de terre, dans les pays qui en sont dépourvus.

Les Mousses servent encore à emballer les objets fragiles, à garnir les matelas, à faire de la litière et par conséquent à augmenter la masse des fumiers dans les fermes. Dans la nature, les Mousses jouent un rôle très-important: elles servent à retenir et à favoriser la germination des graines des grands végétaux qui, sans elles, ne pourraient lever sur les terrains arides et dénudés. Ainsi, sans les Mousses que vous foulez tous les jours sous vos pieds, nos belles montagnes ne se seraient probablement jamais couvertes de ces magnifiques forêts de sapins qui font l'ornement et la richesse de notre pays.

On connaît plus de mille espèces de mousses, qu'on trouve répandues dans toutes les parties du monde, mais surtout dans les régions septentrionales, dont elles forment la principale végétation. On les a divisées en une cinquantaine de genres, dont les principaux sont : les Sphaignes qui peuplent les marais; les Bryes, qui forment de si belles pelouses à l'ombre des forêts ; les Mnies, qui cachent l'aridité des rochers et forment peu à peu une espèce de terreau dans lequel poussent de plus grands végétaux qui finissent par couvrir les montagnes les plus escarpées ; les Fontinales, dont une espèce, connue dans toute l'Europe, a été surnommée *incombustible* parce qu'elle arrête le feu par l'humidité dont elle est imprégnée et qui l'empêche de s'enflammer.

Hépatiques ou Hépaticées.

Petites plantes végétant sur la terre humide, sur l'écorce des arbres, dans les cours humides et ombragées, etc. Intermédiaires entre les Mousses et les Lichens, elles offrent des frondes vertes, tantôt étalées et diversement découpées, tantôt pourvues d'un axe chargé de petites feuilles. Quoique voisines des Mousses et des Lichens, elles sont très-distinctes des unes et des autres.

Les principaux genres sont : la Jungermanie, qui serpente sur le sol de tous les bois humides ; La Marchantie, dont une espèce, la Marchantie polymorphe, est très-commune dans les cours humides et ombragées, sur la margelle intérieure des puits et au bord des ruisseaux dans les bois. Elle s'y montre sous l'apparence de croûtes ou expansions vertes, plates, membraneuses, étalées, divisées en lobes allongés et obtus.

Les anciens considéraient cette plante comme propre à dissoudre les engorgements qui se forment quelquefois dans les viscères abdominaux et particulièrement dans les maladies du foie. De là le nom vulgaire d'Hépatique, sous lequel elle est connue.

P. B. — 24.

DEUXIÈME SECTION OU CLASSE.

Amphigènes.

CHAPITRE LVIII.

LICHENS.

Type de la famille des Lichénacées, les Lichens sont des végétaux très-singuliers, qui n'ont ni racines, ni tiges, ni fleurs, ni feuilles, et qui se présentent le plus souvent, comme les *dartres* dont on leur a donné le nom grec, sous la forme de pellicules adhérant aux écorces des arbres et aux rochers par de petites fibrilles dont leur face inférieure est souvent hérissée; par fois ce n'est qu'une poussière brune, grise ou noire, qui s'étend sur toute la surface d'un monument ou d'un rocher : la couleur sombre que tout le monde remarque sur les vieux monuments est due à un lichen microscopique. D'autres fois les Lichens présentent des couleurs assez vives : il y en a de jaunes citron, ponctués de noir, de couleur orange; d'autres, d'un beau rouge écarlate, ont l'odeur de la violette. Un grand nombre s'élèvent de quelques centimètres au-dessus du sol et présentent alors des rameaux déliés ou finement découpés.

Les Lichens croissent également sur la terre, sur

les rochers, sur les arbres, sur les pierres les plus dures, pourvu qu'ils soient abrités du soleil et entretenus par l'humidité ; aussi se trouvent-ils en beaucoup plus grande quantité dans les contrées septentrionales et sur les hautes montagnes couvertes de brouillards. Si ces végétaux indiquent un sol stérile, ils servent à le fertiliser par leur décomposition, qui lui fournit l'*humus* dont il a besoin.

On compte plus de quinze cents espèces de Lichens. La plus connue est le Lichen d'Islande. D'une consistance ferme et coriace et d'une couleur olivâtre, cette espèce croît par touffes sur la terre, dans les prairies des montagnes de la Grande-Chartreuse, aux lieux arides et montueux ; elle est surtout très-abondante en Hollande et dans les régions septentrionales de l'Europe. Réduit en poudre, ce Lichen produit une farine alimentaire abondante, dont les habitants de l'Islande préparent des potages, des bouillies, etc. Mêlée à la farine de blé, elle fait de bon pain, dont la saveur est légèrement amère. Cette plante est recommandée dans les affections de poitrine, les catarrhes chroniques, les phthisies pulmonaires ; on l'administre sous diverses formes, en tisane, dont il faut jeter la première eau, en gelée, en pastilles, etc. En un mot, c'est une des plantes les plus utiles contre toute espèce de rhume. Enfin, le Lichen engraisse les porcs, nourrit les chevaux, les bœufs ; on l'emploie aussi en teinture pour teindre la laine en jaune.

Le Lichen pulmonaire, qui croît en abondance sur les arbres où il forme de larges expansions membraneuses, a les mêmes propriétés que le Lichen d'Islande et peut être employé aux mêmes usages ; seulement comme il est encore plus amer, il importe de le faire tremper dans l'eau bouillante pendant vingt-quatre heures pour le débarrasser de cette amertume.

Le Lichen orseille, qui croît sur les rochers arides, fournit une belle couleur violette ou purpurine fort employée dans l'art de la teinture.

Enfin le Lichen des rennes, qui croît en abondance dans les climats glacés du Nord où toute autre végétation est impossible. Dans ces régions qui ne reçoivent que des rayons obliques du soleil, et encore pendant quelques mois seulement, nos animaux domestiques ne pourraient trouver leur subsistance; mais la Providence, qui pourvoit partout aux besoins de l'homme et qui fait pousser sous l'équateur les superbes palmiers pour remplacer les graminées qui forment la principale richesse des régions tempérées, a donné aux Lapons le renne qui leur tient lieu du cheval et de la vache. Sans cet utile animal, qui se contente des chétifs Lichens cachés sous les épaisses couches de neige glacée, l'homme n'aurait jamais pu habiter les contrées arides et désertes du nord de la Russie et de la Norwége; de même que sans le chameau et le dromadaire, il ne se serait jamais hasardé à franchir les vastes plaines couvertes de sable brûlant et dépourvues de toute végétation du centre de l'Afrique et de l'Asie. — Chaque région a sa flore spéciale appropriée au climat pour nourrir les animaux qui l'habitent; l'homme seul, mes enfants, ce représentant de la Divinité sur la terre, a la faculté d'habiter et de voyager sur toute la surface du globe, et encore la race blanche, qui est la plus parfaite des races humaines, résiste mieux que les autres aux divers changements de climats. C'est un de ses plus beaux priviléges; elle le doit à sa civilisation et surtout à la religion chrétienne qui est presque partout la religion de cette race privilégiée. La religion chrétienne nous enseigne en effet à suivre les sages préceptes de l'hygiène pour nous garantir des vicissitudes des saisons et des climats les plus opposés.

Champignons.

Les Champignons forment une famille de végétaux dont la structure est extrêmement celluleuse, et qui n'offrent ni frondes, ni feuilles, ni fleurs, ni fruits. La forme, la consistance et la couleur des Champignons sont extrêmement variables. Tantôt ce sont de simples tubercules à peine perceptibles, tantôt des filaments déliés, d'autres fois ils ont la forme de corail, de parasols bombés ou concaves en dessus, et recouverts en dessous de lames perpendiculaires rayonnantes, de tubes, de pores, de stries, de pointes, etc. Cette partie supérieure porte le nom de chapeau, et le pied qui le soutient celui de stipe ou pédicule, qui manque quelquefois; le chapeau est alors sessile. Quelquefois le Champignon tout entier est caché, avant son développement, dans une espèce de bourse close qui se rompt irrégulièrement, et qu'on appelle *valva*. Assez fréquemment, la face inférieure du chapeau est recouverte d'une membrane horizontale qui s'attache d'une part à sa circonférence et, de l'autre, à la partie supérieure du pédicule, et qui, lorsqu'elle vient à se rompre, forme autour du stipe une sorte de *collier* ou d'anneau découpé.

Les Champignons naissent toujours d'un corps généralement filamenteux, nommé *mycelium*. On trouve les Champignons dans les lieux un peu humides et ombragés, tantôt à terre, tantôt sur le tronc des arbres, ou sur des matières animales en décomposition.

Les Champignons ont une destination bien différente selon les espèces : quelques-uns sont employés dans les arts, en médecine, plusieurs servent à la nourriture de l'homme ; d'autres sont des poisons violents, la plupart ne sont utiles à rien ; mais presque tous recèlent des légions de larves d'insectes qui vivent à leurs dépens.

Il est très-difficile de donner des indications générales propres à faire connaître les bons Champignons et à éviter les mauvais. Les climats, les contrées, certaines causes inconnues, font que des Champignons vénéneux dans un pays sont mangés impunément dans d'autres, et *vice versa ;* de sorte que le meilleur moyen de se garantir de tout danger, c'est de ne manger que ceux qu'on connaît parfaitement.

Il faut aussi remarquer que les bons Champignons sont très-nourrissants et que, par conséquent, si on en mange trop on peut avoir une indigestion grave ; de plus, les Champignons se putréfiant promptement, il ne faut les manger qu'à l'état très-frais. Il ne se passe pas une année sans que les journaux citent plusieurs familles empoisonnées par les Champignons. Cet empoisonnement est caractérisé généralement par des coliques violentes, des douleurs aiguës dans le ventre, des vomissements et des déjections alvines, enfin par des convulsions et quelquefois du délire ou de l'assoupissement. — Aussitôt qu'une personne éprouve ces malaises après avoir mangé des Champignons, même ceux qu'on connaît bien (car, comme je l'ai dit plus haut, les Champignons se gâtent promptement et deviennent alors très-dangereux), il faut se hâter de faire vomir le malade en lui faisant avaler de l'eau tiède et en chatouillant le fond de la bouche avec les barbes d'une plume ou avec le doigt; prendre ensuite dix centigrammes d'émétique et trente grammes de sulfate de soude que l'on fait fondre dans un demi-litre d'eau chaude et que l'on fait boire au malade par verrées toutes les cinq minutes. Après que l'estomac sera débarrassé du poison, on appliquera des cataplasmes émollients sur le ventre, on donnera des lavements d'eau de mauves ou d'eau savonneuse. On préparera ensuite une tisane émolliente ou une limonade au citron, etc. Dans les cas graves, il faut se hâter d'appeler un médecin.

Les principaux genres de Champignons sont:

La Carie et la Rouille, qui se développent si souvent sur les grains de blé, qu'ils réduisent en une sorte de poussière noirâtre.

La Sphacélie des céréales, qui produit l'*ergot* du seigle, du maïs, etc.

Les Moisissures du pain; l'Oïdium, qui fait le désespoir des vignerons depuis quelques années et qui, sans la découverte du *soufrage*, menaçait de détruire les vignes. Nous avons aussi vu que le meilleur moyen de détruire la Carie, la Rouille et l'Ergot dans les céréales était de chauler les semences avant de les confier à la terre.

Enfin la Muscardine, qui fait périr tant de vers à soie, et le Muguet des enfants sont aussi des Champignons.

Le Lycoperdon, ou Vesse de loup, ainsi nommé parce qu'à la moindre pression son enveloppe éclate et laisse échapper un nuage de poussière. Ce Champignon est commun dans les prairies des montagnes où les bergers s'amusent souvent à les faire sauter ou à les faire éclater. Il y en a de très-gros. On se sert du Lycoperdon en guise d'amadou, pour arrêter les hémorrhagies capillaires dans les petites plaies.

La Truffe noire, si recherchée des gourmets. Ce Champignon met ordinairement une année pour acquérir tout son développement. Au printemps, il se présente sous la forme d'un petit tubercule arrondi, pisiforme, rougeâtre ; au commencement de l'été, il est plus gros et blanc intérieurement, il constitue alors la *Truffe blanche*, qui est un peu indigeste et sans parfum. A la fin de l'automne et au commencement de l'hiver, sa surface est noire, chagrinée ; sa chair est brune, marbrée, très-odorante.

Les Truffes se rencontrent particulièrement dans les régions méridionales, dans les forêts de chênes. En France, les plus estimées sont celles du Périgord. C'est un mets fort recherché et assez cher, qui ne vaut cependant pas, sous le rapport de l'utilité, la bonne Truffe commune, c'est-à-dire la Pomme de terre.

Les Clavaires, les Morilles et les Helvelles, qui sont comestibles et dont on fait une grande consommation. Ces Champignons sont très-communs dans les bois.

Le Bolet du mélèze, ou Agaric blanc est un purgatif drastique employé en médecine.

Les Bolets du chêne et du hêtre, appelés vulgairement Amadouviers, avec lesquels on fabrique l'amadou qui était autrefois d'un usage général, avant l'invention des allumettes chimiques.

On remarque encore dans les bois et les forêts, les Agarics, les Aménites, etc., dont quelques-uns sont comestibles, mais dont le plus grand nombre forme la classe des Champignons vénéneux. Ce sont ces Champignons qui ont occasionné tant d'empoisonnements par suite d'erreurs bien faciles à commettre, à cause de leur grande ressemblance.

Algues.

Les Algues sont des végétaux aquatiques entièrement cellulaires, qui apparaissent comme des filaments sans consistance, mais parfois coriaces, cornés, généralement d'une couleur verte, ce qui les distingue des Champignons. Leurs frondes surnagent ou vont au fond de l'eau, selon que les cellules dont elles sont garnies se remplissent ou se vident d'air. Elles se reproduisent par des divisions mécaniques de leurs filaments. Ce sont les dernières plantes de la série végétale ; quelques-unes présentent même les caractères de l'animalité.

Les deux séries, animale et végétale, commencent de la même manière, c'est-à-dire par une simple vésicule ; mais elles s'éloignent d'autant plus l'une de l'autre qu'elles se compliquent et se perfectionnent davantage.

Les Algues se divisent en deux sections :

1° Les Conferves, qui vivent dans l'eau douce ou dans l'air humide.

2° Les Varechs, qui tapissent le fond et les rivages des mers.

Ce sont des Conferves ces végétaux qui croissent sur la terre par les temps humides, et qui forment comme un tapis de verdure par l'entrelacement de leurs myriades de filaments déliés. Ce sont aussi des Conferves qui couvrent bientôt l'eau paisible des bassins et des mares stagnantes.

Une espèce de conferve, la Conferva conjugata, qui

est très-commune dans les eaux paisibles des bassins, des pièces d'eau et des fossés, peut rendre de grands services à la médecine des pauvres gens de la campagne. On peut avec cette Conferve fraîche préparer des topiques émollients dans les inflammations oculaires, les brûlures, les panaris, etc. ; desséchée au soleil, elle peut remplacer la charpie dans le pansement des plaies et des vieux ulcères, etc.

Les Varechs, nom vulgaire donné, sur nos côtes, à toutes les plantes marines de la famille des Algues, et notamment au fucus que la mer rejette sur le rivage, et qu'on recueille soit pour fumer les terres soit pour fabriquer de la soude. On extrait aussi des Varechs un sel impur avec lequel on falsifie le sel marin ou de cuisine, et l'iode dont la médecine fait un grand usage.

Quelques Varechs, comme la *Mousse de Corse,* forment un excellent remède pour détruire les vers ou helmintes chez les enfants. Il suffit de faire bouillir 10 à 15 grammes de Mousse de Corse ou Mousse de mer dans une verrée d'eau, de couper le liquide avec du lait, de le sucrer et de le donner à boire aux enfants, le matin à leur lever. La Mousse de mer est encore un excellent remède pour les enfants chétifs, scrofuleux ou atteints du goître, à cause de l'iode qu'elle contient.

Enfin les Algues ne renferment aucune plante vénéneuse ; elle sont toutes formées en grande partie d'une espèce de fécule analogue à celle des Lichens. Aussi plusieurs espèces sont-elles employées comme aliments dans quelques contrées maritimes.

CHAPITRE LIX.

ORGANOGRAPHIE VÉGÉTALE.

Nous avons vu, au commencement de ce livre, que tout végétal se compose de deux parties : l'une s'enfonce dans la terre et porte le nom de *racine ;* l'autre, appelée tige, s'élève dans l'air et porte les feuilles, les fleurs et les fruits.

Racine.

La racine est dite :

— arrondie, conique, ou fusiforme, lorsqu'elle présente les formes rondes, en cône ou en fuseau.

— noueuse, quand les fibrilles se renflent de distance en distance.

— fibreuse, lorsqu'elle est composée de filets minces, allongés, peu ou point rameux.

— pivotante, quand elle s'enfonce dans la terre, comme la Carotte:

— tubéreuse, quand le faisceau se compose de fibres très-renflées à leur milieu.

— simple, quand elle n'a qu'un seul corps, comme la Carotte, le Navet.

— composée, quand elle se divise en branches, comme dans la plupart des arbres.

— stolonifère, quand elle produit des stolons, comme le Fraisier.

— ligneuse, quand elle est dure comme le bois.

— charnue, quand elle est grasse et tendre, comme la Betterave.

— bulbeuse, formée d'écailles charnues qui se recouvrent les unes les autres et forment un bulbe, comme l'Oignon.

— tuberculeuse, renflée en tubercules plus ou moins volumineux, de formes variées, comme la Pomme de terre.

— annuelle, quand elle périt chaque année.

— bisannuelle, quand elle dure deux ans.

— vivace, quand elle persiste plusieurs années.

Tige.

Toutes les plantes ont une tige plus ou moins apparente ; quelquefois elle est tellement petite qu'elle paraît nulle, comme dans la Primevère, la Jacinthe ; alors le support des fleurs se nomme hampe. La hampe naît du collet de la racine.

Dans la tige on considère la consistance, la forme, la composition, la direction, les accessoires, la surface.

1° Sous le rapport de la consistance, la tige est dite :

— ligneuse, comme dans les arbres et les arbrisseaux; on l'appelle encore tronc quand elle s'élève à une certaine hauteur.

— herbacée, lorsqu'elle est tendre, peu élevée, et périt d'ordinaire aux premiers froids. Les plantes à Tige herbacée se nomment *herbes*.

— solide, lorsqu'elle est tout à fait pleine.

— fistuleuse, lorsqu'elle est creuse à l'intérieur, comme l'Oignon, etc.

— charnue, lorsqu'elle est épaisse et tendre, comme la Joubarbe.

— articulée, lorsqu'elle est formée de portions réunies bout à bout avec ou sans nœuds, se séparant facilement surtout dans leur vieillesse.

— noueuse, lorsqu'elle offre de distance en distance des nœuds solides plus ou moins renflés, difficiles à rompre, comme dans l'OEillet, les Graminées ; la tige des Graminées se nomme encore *chaume*.

2° Sous le rapport de la forme, la tige est dite :

— cylindrique, triangulaire, carrée ou quadrangulaire, anguleuse, etc. selon que la coupe tranversale représente un cercle, un triangle, un carré, un polygone, etc.

On la dit encore :

— comprimée, lorsqu'elle est applatie dans sa longueur.

— grêle, lorsqu'elle est très-longue en comparaison de sa grosseur.

— filiforme ou capillaire, lorsqu'elle est fine comme un fil ou un cheveu.

3° Sous le rapport de la composition, la tige est dite :

— simple, lorsqu'elle s'élance d'un seul jet.

— rameuse, lorsqu'elle se divise en branches et rameaux.

— fourchue, lorsqu'elle se divise au sommet en deux branches simples.

— dichotome ou plusieurs fois bifurquée, lorsqu'elle se divise en deux branches qui sont elles-mêmes une ou deux fois divisées en deux, comme la Mâche.

— gazonnante, lorsque par la réunion de plusieurs tiges courtes et feuillées, elle forme le gazon.

On nomme *aisselle* le point où les branches sont insérées sur la tige, les rameaux sur les branches, les feuilles sur les rameaux.

4° Sous le rapport de la direction, la tige est dite :

— dressée ou verticale, lorsqu'elle est perpendiculaire à l'horizon.

— droite, lorsqu'elle est sans courbure ni flexion dans toute sa longueur.

— raide, lorsqu'elle se relève tout-à-fait avec une sorte d'élasticité toutes les fois qu'on la courbe.

— oblique, inclinée, couchée; ces termes se comprennent facilement.

— rampante, lorsqu'elle s'attache à la terre par des racines plus ou moins nombreuses qu'elle pousse çà et là, comme le Lierre terrestre, etc.

— stolonifère, lorsque le collet de la racine émet des jets qui s'enracinent et produisent des fleurs, comme dans le Fraisier, la Violette, etc.

— grimpante, quand elle se sert, pour s'attacher aux corps voisins, de vrilles ou de crampons, comme le Lierre, le Pois.

— sarmenteuse, lorsqu'étant longue et flexueuse, elle s'entortille sur les corps voisins et s'y soutient à l'aide de vrilles, comme la Vigne.

— volubile, quand elle s'entortille en forme de spirale autour d'un support, comme le Haricot, le Houblon.

5° Sous le rapport des accessoires, on dit que la tige est :

— feuillée, épineuse, aiguillonnée, écailleuse, ailée, lorsqu'elle porte des feuilles, des épines, des aiguillons, des écailles, ou des ailes saillantes (le Genet à tige ailée).

6° Sous le rapport de la surface, on dit que la tige est :

— glabre, lorsqu'elle n'a pas de poils (la grande Pervenche).

— pulvérulente ou poudreuse, lorsqu'elle est couverte d'une poussière produite par la plante (la Molène poudreuse).

— tachetée ou ponctuée, lorsqu'elle est parsemée de taches ou de points colorés, comme la Ciguë.

— striée, lorsqu'elle est relevée de petites côtes longitudinales rapprochées.

— sillonnée ou cannelée, lorsqu'elle est creusée dans sa longueur de sillons ou de cannelures.

— velue, poilue, hérissée, lorsqu'elle est couverte de poils plus ou moins longs et plus ou moins raides.

— soyeuse, cotonneuse, laineuse, quand les poils sont mous, plus ou moins serrés.

Feuilles.

Les feuilles sont des expensions fibro-membraneuses qui naissent sur la tige ou sur les rameaux, par suite du développement des bourgeons. Ce sont des organes appendiculaires, presque généralement verts, composés de deux parties, le *pétiole* et le *limbe*.

Le pétiole (queue de la feuille) est la petite tige

allongée qui sert de support au limbe. Composé de faisceaux vasculaires provenant de la tige ou du rameau d'où il naît, le pétiole traverse le limbe sous le nom de *côte*. De chaque côté de cette côte émanent des prolongements appelés *nervures*, qui, se subdivisant, donnent naissance aux *veines*, lesquelles se ramifient à leur tour pour former un réseau fin dont les mailles sont remplies par le tissu utriculaire de la feuille. — Le pétiole est dit ailé, lorsqu'il est garni d'une expension marginale de même nature que le parenchyme de la feuille, comme dans la Bistorte.

Le *limbe* ou *lame* est la partie plane, membraneuse, foliacée de la feuille ; on considère en elle la face supérieure, la face inférieure, la circonférence ou bord, la base et le sommet : toutes ces choses, ainsi que le pétiole et les nervures, présentent des dispositions particulières qui servent à distinguer et à classer les plantes.

La feuille est dite :

— pétiolée, quand elle est pourvue d'un pétiole.

— sessile, quand elle est dépourvue de pétiole.

— peltée, dont le pétiole s'insère à la face inférieure du limbe, et qui figure un bouclier, comme dans la Capucine.

— amplexicaule ou embrassante, qui embrasse la tige dans toute sa circonférence.

— engaînante, feuille amplexicaule se prolongeant au-dessous du point où elle s'unit à la tige, en formant une sorte de tube ou gaîne.

— décurrente, feuille sessile, dont le limbe se prolonge de chaque côté sur la tige, au-dessous de son point d'attache, en formant deux ailes membraneuses, comme dans la Consoude.

— perfoliée, qui embrasse la circonférence de la

tige, de manière que celle-ci semble la traverser dans son milieu.

— caulinaire, naissant sur la tige, ou qui appartient à la tige.

— radicale, naissant près de la racine ou lui appartenant.

— florale, qui accompagne les fleurs.

Par rapport à la forme du limbe, on dit que la feuille est :

— arrondie, ovale, aiguë, obtuse, selon que la circonférence de la feuille forme une figure ronde, ovale, aiguë ou obtuse.

— cordiforme, en forme de cœur.

— lancéolée ou hastée, ayant la forme d'un fer de lance.

— subulée, étroite et aiguë comme une alène.

— linéaire, très-étroite et aplatie, comme la feuille du blé.

— sagittée, en forme de fer de flèche, comme celle de l'Oseille.

— entière, dont le bord est régulier, sans dents, comme le Lilas.

— dentée, quand le bord présente des dentelures, comme le Châtaignier.

— bifide, trifide, etc., quand elle offre des incisions qui la partagent en deux, trois lobes, etc., plus ou moins profonds.

— laciniée, quand les incisions sont latérales, profondes et inégales, comme les feuilles du pissenlit.

— palmée, dont les lobes partent en divergeant ou en rayonnant du sommet du pétiole, comme le Ricin.

— lyrée, en forme de lyre : les feuilles du Laitron.

Composition de la feuille.

La feuille est dite :

— simple, quand elle n'a qu'un seul limbe.

— composée, pennée, digitée, quand la feuille présente plusieurs folioles.

— stipulée, quand elle est munie à la base d'une petite membrane foliacée, appelée stipule : le Rosier.

Disposition des feuilles sur la tige.

Les Feuilles sont dites :

— Alternes, quand elles naissent une à une, de chaque côté de la tige, dans des points différents, comme le Poirier.

— opposées, qui naissent seule à seule, dans deux points opposés et à la même hauteur de la tige : le Millepertuis.

— géminées, disposées deux à deux, ou qui naissent par paires d'un même point : le Pin cultivé.

— verticillées, quand plus de deux feuilles naissent circulairement d'un même nœud et forment une espèce de couronne autour de la tige : la Garance.

— fasciculées, qui émanent, en grand nombre, d'un même point de la tige : le Pin du nord.

— éparses, disposées sans ordre apparent sur la tige.

— divariquées, qui forment un angle plus ou moins grand avec la partie qui leur donne naissance.

Fleur.

La fleur est cette partie passagère du végétal composée des organes de la fécondation, nus ou accompagnés d'enveloppes.

Elle est dite :

— mâle, lorsqu'elle ne renferme que des organes mâles ou étamines.

— femelle, lorsqu'elle ne renferme que des organes femelles ou pistils.

— hermaphrodite, lorsqu'elle porte les deux sexes.

— unisexuelle, lorsqu'elle ne porte qu'un seul sexe.

— complète, lorsqu'elle réunit les organes des deux sexes et une double enveloppe.

— incomplète, lorsqu'il lui manque une, deux ou trois des quatre parties qui constituent une fleur complète.

Les plantes, selon les fleurs dont elles sont pourvues, sont :

— hermaphrodites, ou portant des fleurs hermaphrodites.

— dioïques, ou portant des fleurs mâles sur un individu et les fleurs femelles sur un autre, comme le Chanvre.

— monoïques, quand les fleurs mâles et femelles, quoique séparées, sont sur le même individu, comme le Maïs, le Noyer.

— polygames, quand ces diverses fleurs se trouvent sur le même sujet.

On dit encore que la fleur est :

— sessile, lorqu'elle naît immédiatement sur la tige ou sur les rameaux.

— pédonculée, lorsqu'elle naît au sommet d'un support particulier nommé pédoncule; le pédoncule est uniflore ou multiflore, selon qu'il porte une ou plusieurs fleurs.

On nomme pédicelles les rameaux d'un pédoncule divisé, ou encore les pédoncules minces et uniflores. Le pédoncule prend le nom de hampe lorsqu'il semble naître de la racine; la hampe est toujours dépourvue de feuilles.

A l'égard des rameaux, la disposition des Fleurs s'exprime par les mêmes termes que celle des feuilles. Ainsi, elles sont:

— radicales, caulinaires, éparses, opposées, verticillées, solitaires, géminées, agglomérées, unilatérales, terminales, axillaires ou placées à l'aisselle des feuilles.

Quant à l'ensemble des Fleurs on dit qu'elles sont:

— en épi, quand elles sont sessiles ou à peu près, et disposées le long d'un axe ou pédoncule commun et allongé (le froment).

— en chaton, quand elles sont unisexuelles, munies d'écailles tenant lieu d'enveloppe florale, et portées sur un axe commun (le saule).

— en spadice, quand elles sont unisexuelles, sessiles sur un pédoncule commun et renfermées dans une spathe ou enveloppe membraneuse en forme de sac (le gouet).

— en grappe, quand elles sont portées sur des pédoncules simples ou très-peu divisés (le raisin).

— en thyrse ou en bouquet, quand elles sont disposées en grappe ovale dont les pédoncules sont rameux et plus longs au milieu qu'aux deux bouts.

— en panicule, quand elles sont portées sur des pédoncules écartés à ramifications assez étalées et allongées, surtout dans les pédoncules inférieurs (l'avoine). La panicule peut être lâche, diffuse, serrée, rameuse, etc.

— en verticille, quand elles sont disposées circulairement et par étage autour de la tige et des rameaux (les labiées).

— en ombelle, quand les pédoncules partent du même point et arrivent à peu près à la même hauteur; les fleurs forment une surface continue, plane ou convexe. L'ombelle est simple, quand les pédoncules portent immédiatement les fleurs (l'oignon); elle est composée, quand chaque pédoncule se divise au sommet en *pédicelles*, également disposées en ombelles partielles ou *ombellules* (la carotte, le cerfeuil). Les folioles qu'on voit souvent à la base des ombelles forment ce que l'on appelle l'*involucre*, celles qui accompagnent les ombelles partielles ou ombellules forment l'*involucelle*.

— en corymbe ou en *fausse ombelle*, quand les pédoncules partant de différents points arrivent à peu près à la même hauteur (la millefeuille).

— en cîme, quand les pédoncules intérieurs, partant environ du même point, sont accompagnés d'autres pédoncules extérieurs partant de points différents, et que les fleurs forment à peu près une surface continue (le sureau).

— en tête, lorsque les fleurs, très-nombreuses, sessiles ou à peu près, sont serrées et ramassées au sommet d'un pédoncule commun ordinairement élargi, et souvent muni d'un involucre composé de folioles ou d'écailles placées sur un ou plusieurs rangs ou imbriquées (l'artichaut, la scabieuse).

Parmi les fleurs en tête on remarque celles improprement nommées *composées* (l'artichaut, la laitue). Elles se distinguent de toutes les fleurs en tête, parce qu'elles ont les anthères soudées en tube. Aussi la plupart des botanistes les appellent aujourd'hui, avec raison, synanthérées.

DE LA FLEUR EN GÉNÉRAL.

Si l'on prend une fleur complète, par exemple le Liseron blanc, si commun dans les haies, on remarque d'abord une espèce de cloche blanche assez grande, plissée sur ses cinq angles, c'est la *corolle;* la corolle est entourée à la base de cinq petites feuilles vertes composant le *calice*, et de deux plus grandes qui sont les *bractées*.

Si l'on fend en long la corolle, on verra qu'elle porte vers le bas cinq petits supports, grêles, inégaux, un peu élargis à la base, et terminés au sommet par une petite masse allongée, jaune et pleine de poussière; ce sont les organes mâles ou étamines. Au centre de la fleur et entre les étamines, on remarque un petit corps oblong, surmonté d'un filet allongé, et terminé au sommet par une petite masse à deux lobes ; l'organe *femelle* ou pistil.

Si l'on prend au contraire une fleur de Lis blanc, on voit au centre de la fleur le pistil, et autour six étamines, mais on ne trouve qu'une enveloppe à six parties ; ainsi le Lis a une fleur incomplète puisqu'elle est dépourvue de calice.

Enfin, si l'on prend une fleur de Bourrache, outre les deux enveloppes florales, les étamines et le pistil, on remarque encore vers l'orifice du tube de la corolle cinq appendices particuliers qu'on nomme les nectaires.

Dans toute fleur, on appelle *réceptacle* la portion de la plante où sont attachées les diverses parties composant la fleur. Il y a donc six parties ou organes à étudier dans la fleur : 1° le réceptacle ; 2° le calice ; 3° la corolle ; 4° les étamines ; 5° le pistil ; 6° les nectaires.

1° Du Réceptacle.

Dans la plupart des fleurs, le réceptacle termine le pédoncule ; dans les synanthérées, il se dilate en plateau ; le réceptacle est quelquefois *sec*, charnu, concave, plane, convexe, conique, etc.

2° Du Calice.

Le calice forme l'enveloppe extérieure des fleurs complètes. C'est le prolongement de l'écorce du pédoncule ; il est ordinairement vert comme les feuilles. On donne le nom de sépales aux petites folioles composant le calice.

Il est dit : polysépale, lorsque les sépales sont distinctes ou à peu près.

— Monosépale, quand les sépales sont soudées dans presque toute leur étendue.

Relativement à sa forme, le calice est dit : tubuleux ou en tube, en cloche, en godet, renflé, ventru, cylindrique, anguleux, sillonné, nu, écailleux ou muni en dehors de petites écailles, aigretté ou terminé par de petites aigrettes (la Valériane), labié ou formant deux lèvres inégales et entr'ouvertes (les labiées), éperonné ou portant à la base un prolongement creux en forme de corne ou d'éperon.

Le calice est encore dit :

— entier, lorsque son bord n'est pas divisé.

— denté, lorsque le bord est découpé en petites dents.

— lobé ou divisé, quand les dentelures sont larges et profondes; dans ce cas le calice est dit bifide, trifide ou multifide, selon qu'il y a deux, trois ou plusieurs lobes.

— caduc, quand les sépales se détachent d'eux-mêmes à l'époque de la floraison.

— persistant, quand il reste jusqu'à la maturité des graines.

— adhérent, quand il est soudé à l'ovaire.

— libre, quand il n'est point attaché à l'ovaire.

3° *De la Corolle.*

La corolle est cette partie appelée vulgairement fleur, et ornée le plus souvent des plus belles couleurs. Les parties colorées composant la corolle s'appellent les *pétales*. Le pétale a deux parties, le limbe et l'onglet.

La corolle est dite :

— monopétale ou polypétale, selon qu'elle est formée d'un ou de plusieurs pétales.

— régulière ou irrégulière, selon que ses divisions ou ses pétales sont symétriques ou non.

La corolle monopétale régulière est dite :

— en entonnoir, lorsqu'elle est évasée au sommet et rétrécie à la base, terminée en tube (le tabac).

— en soucoupe, lorsque le limbe s'évase en forme de soucoupe.

— en roue, lorsque le tube est très-court et le limbe très-ouvert, à peu près plane (la Bourrache).

La corolle monopétale irrégulière est dite :

— labiée, lorsque le limbe est fendu latéralement en deux lèvres plus ou moins écartées, l'une supérieure, qui peut être comprimée, voûtée, en casque, entière, échancrée, etc.; l'autre inférieure, ordinairement à trois lobes (les Labiées).

— personnée, en mufle ou en masque, lorsque les deux lèvres sont formées par une saillie intérieure de la gorge, qu'on nomme palais (le Mufle de veau).

— éperonnée, lorsqu'elle est prolongée en éperon à la base (la Violette, la Linaire).

La corolle polypétale régulière est dite :

— cruciforme, lorsque les quatre pétales forment une croix.

— rosacée, lorsqu'elle est composée de plusieurs pétales égaux (le Rosier, le Pommier).

— caryophyllée, lorsqu'elle est composée de cinq pétales disposés en roue, mais dont les onglets, fort longs, sont cachés dans le tube du calice (l'OEillet).

La corolle polypétale irrégulière présente une foule de formes diverses, parmi lesquelles on distingue seulement la forme dite Papillonacée (le Pois), qui donne son nom à la famille des Papillonacées ou Légumineuses.

4° Des Étamines.

Les étamines sont les organes mâles des plantes. Si on les supprime, la fleur reste stérile. Les jardiniers emploient souvent ce moyen pour obtenir des fleurs nouvelles par l'hybridation, c'est-à-dire qu'ils arrachent avec soin les étamines d'une fleur sur laquelle ils secouent ensuite la poussière fécondante des étamines d'une autre fleur. Les graines qui en proviennent produisent ordinairement les nuances qui distinguent les deux types primitifs ; l'hybridation se produit souvent dans la nature, à l'aide des vents ou des insectes.

L'étamine est ordinairement composée de deux parties, le filet et l'anthère. Le filet, ou support de l'anthère, n'est pas d'une nécessité absolue, puisque l'anthère est sessile dans certaines fleurs (les Orchis); il peut être cylindrique, plane, dilaté à la base, denté, dressé, incliné, etc. Chaque filet porte ordinairement une étamine, rarement plusieurs.

L'anthère, partie essentielle de l'étamine, est un petit sac presque toujours à deux loges, et rempli de poussière fécondante, souvent jaune, nommée pollen.

Les Etamines sont dites :

— libres ou distinctes, lorsqu'elle ne sont soudées par aucune de leurs parties.

— monadelphes, diadelphes, triadelphes, polyadelphes, selon qu'elles sont soudées par leurs filets en un, deux, trois ou plusieurs corps.

Les étamines sont dites :

— indéfinies ou définies, selon que leur nombre dépasse ou ne dépasse pas douze.

— didynames, lorsqu'étant au nombre de quatre, deux sont plus longues (les Labiées).

— tétradynames, lorsqu'étant au nombre de six, quatre sont plus longues (Crucifères).

Enfin, les Etamines, considérées dans leur position relativement au Pistil, sont dites :

— hypogines, périgines ou épigines, selon que

leurs filets sont attachés au-dessous, autour ou sur l'ovaire. Cette position relative des étamines est un des principes fondamentaux de la méthode de Jussieu, comme leur nombre, leur grandeur respective et leur adhérence mutuelle forment la base du système **de Linné.**

5º *Du Pistil.*

Le pistil est un petit corps qui s'élève au milieu du calice, de la corolle et des étamines. Il est composé de trois parties distinctes: 1º l'Ovaire; 2º le Style; 3º le Stigmate.

1º L'ovaire est la partie inférieure du pistil. Il est toujours plus ou moins ovale ou renflé, et contient les *ovules* ou petits embryons destinés à donner *graines* par la fécondation; c'est l'ovaire qui, par son développement, forme le fruit souvent accompagné par le calice persistant jusqu'à la maturité. Dans un grand nombre de plantes, il est divisé en compartiments nommés *loges*; en général, le nombre des ovaires ou des loges détermine celui des parties ou des loges du fruit; mais quelques ovaires peuvent avorter.

Ordinairement l'ovaire est *sessile*, ou repose immédiatement par sa base au fond de la fleur.

2º Le style est un filet délié plus ou moins long, plus ou moins constant, surmontant l'ovaire et servant de support au Stigmate. Il est ordinairement cylindrique et garni à l'intérieur de faisceaux de fibres au moyen desquelles le stigmate communique avec l'Ovaire; quelquefois le style persiste après la fécondation et surmonte le fruit (la clématite, le cerfeuil).

3° **Le Stigmate** termine le pistil dont il semble former la tête. A la rigueur, le nom de Stigmate ne devrait s'appliquer qu'à la partie ordinairement un peu visqueuse et garnie de papilles recevant le pollen envoyé par les anthères; mais on le donne encore par extension aux divisions supérieures du Style ou de l'Ovaire. Le stigmate est sessile lorsque, par défaut de Style il repose immédiatement sur l'Ovaire. Au reste, il offre des formes très-variables qu'on désigne par les termes employés précédemment.

6° *Des Nectaires.*

On donne le nom de *nectaires* à des corps glanduleux ordinairement placés sur le réceptacle ou sur l'ovaire, et distillant des sucs particuliers. Ce sont ces sucs que cueillent les abeilles pour en former leur miel.

Fruit.

Le Fruit est l'Ovaire ou la réunion de plusieurs ovaires parvenus à la maturité. Le Fruit est simple, lorsqu'il provient d'un seul ovaire (la Pêche, la Cerise); composé, lorsqu'il provient de la réunion de plusieurs ovaires (la Framboise).

On remarque dans le fruit deux parties essentielles : le Péricarpe et la graine.

1° *Le Péricarpe.*

1° Le Péricarpe est la partie du fruit qui enveloppe les Graines. Il est garni de deux membranes, l'une extérieure recouvrant sa surface, l'autre intérieure tapissant la cavité où sont placées les graines; entre ces deux membranes se trouve la chair du fruit, souvent très-apparente, comme dans la Pomme, la Poire, etc.

La membrane intérieure du péricarpe durcit quelquefois et devient osseuse, comme dans la Pêche, la Cerise.

On distingue encore dans le Péricarpe : 1° les loges ou cavités contenant les graines ; 2° les valves ou pièces distinctes dont se compose à l'extérieur tout Péricarpe s'ouvrant de lui-même à la maturité.

3° Les cloisons ou diaphragmes, qui partagent la cavité intérieure du péricarpe en plusieurs loges.

4° Le placenta ou partie intérieure du Péricarpe, où sont fixées les graines.

Il existe une infinité de sortes de fruits, qu'on peut toutes ramener à deux divisions principales: les fruits secs ou non charnus, et les fruits charnus.

2° *De la Graine.*

La Graine ou *semence* est l'œuf végétal fécondé contenant les rudiments d'une nouvelle plante semblable à celle qui l'a produite. Elle est renfermée dans le péricarpe et attachée au placenta par un petit filet ou cordon ombilical : le point de la graine où ce cordon aboutit se nomme le *hile* ou ombilic : le côté opposé au hile est le sommet de la graine.

L'amande de la graine n'est autre chose que l'*embryon*, seul ou accompagné dans certaines familles d'un corps particulier nommé *périsperme ;* c'est le périsperme du grain de blé qui fournit la farine. Le périsperme paraît destiné à la nourriture du jeune embryon avant la germination des graines.

L'Embryon est composé de trois parties distinctes. la Radicule, la Plumule et les Cotylédons.

1° La Radicule ou rudiment de la racine est la partie de l'embryon qui est dirigée vers l'extérieur de la graine, et forme à la germination la racine de la nouvelle plante. C'est elle qui sort la première des téguments de la graine et pompe dans la terre la nourriture de la jeune plante.

2° La Plumule ou rudiment de la tige ; à sa sortie de la graine elle tend vers le ciel, comme la radicule cherche à s'enfoncer dans la terre, et elle forme peu à peu la tige, les rameaux, les feuilles, etc.

3° Les Cotylédons sont des corps charnus, blanchâtres, composés d'une substance mucilagineuse, dont se nourrit la jeune plante au moment de la germination. Ils forment les premières feuilles qui paraissent sur la tige au moment de sa sortie de terre.

Les graines déposées dans le sein de la terre ont besoin, pour germer, du concours de trois circonstances extérieures, l'humidité qui les humecte, les gonfle et les dilate ; la chaleur qui anime l'embryon et l'oxygène de l'air qui le vivifie. Bientôt ses enveloppes se déchirent, les cotylédons s'écartent, livrent passage à la radicule qui s'enfonce dans la terre, tandis que la plumule se redresse, s'allonge et les entraîne avec elle : alors la plante se développe et la germination est achevée.

FIN

TABLE DES MATIÈRES.

	Pages.
PRÉFACE.....................................	1
CHAPITRE PREMIER. — La Botanique...............	7
— II. — Le Bouton d'or.....................	11
— III. — L'Épine-Vinette.....................	15
— IV. — Le Nénuphar blanc.................	17
— V. — Le Pavot..........................	20
— VI. — La Fumeterre.....................	23
— VII. — Le Chou...........................	24
— VIII. — La Violette........................	29
— IX. — L'OEillet...........................	32
— X. — Le Lin.............................	35
— XI. — La Mauve..........................	38
— XII. — Le Tilleul.........................	44
— XIII. — L'Oranger.........................	48
— XIV. — Le Millepertuis....................	51
— XV. — L'Erable...........................	53
— XVI. — La Vigne..........................	55
— XVII. — La Balsamine.....................	62
— XVIII. — L'Oxalide........................	66
— XIX. — Le Nerprun........................	69
— XX. — Le Pois............................	72
Première Section. — Légumineuses alimentaires........................	74
Deuxième Section. — Légumineuses fourragères......................	77
Troisième Section. — Légumineuses employées dans les arts............	86

Pages.

Chapitre XXI.	— La Rose...................	90
	Première Section. — Fruits à pépins...	94
	Deuxième Section. — Fruits à noyau...	99
— XXII.	— La Courge	108
— XXIII.	— Le Groseillier.............	110
— XXIV.	— Ombellifères	113
	Première Section. — Alimentaires.....	114
	Deuxième Section. — Médicinales	117
— XXV.	— Le Sureau.................	119
— XXVI.	— Le Gui....................	123
— XXVII.	— La Garance................	126
— XXVIII.	— La Valériane..............	131
— XXIX.	— La Grande-Marguerite........	133
	Première tribu. — Carduacées........	135
	Deuxième tribu. — Radiées..........	138
	Troisième tribu. — Chicoracées......	144
— XXX.	— La Campanule	147
— XXXI.	— La Bruyère	149
— XXXII.	— Le Jasmin..................	154
	Première tribu. — L'Olivier.........	155
	Deuxième tribu. — Le Lilas.........	157
— XXXIII.	— La Pervenche..............	160
— XXXIV.	— La Gentiane jaune..........	162
— XXXV.	— Le Liseron.................	163
— XXXVI.	— La Bourrache..............	168
— XXXVII.	— La Pomme de terre.........	170
	Première tribu. — Fruit charnu......	177
	Deuxième tribu. — Fruit sec.........	180
— XXXVIII.	— Le Muflier	183
— XXXIX.	— La Mélisse	187
— XL.	— La Primevère	194
— XLI.	— Le Plantain	199
— XLII.	— L'Epinard	200
— XLIII.	— Le Sarrazin................	204
— XLIV.	— Le Bois gentil	207
— XLV.	— Le Laurier.................	209

		Pages.
Chapitre XLVI.	— Le Buis...................	214
—	XLVII. — L'Ortie	217
—	XLVIII. — Le Noyer.................	223
—	XLIX. — L'Orme...................	226
—	L. — Le Sapin....................	236
—	LI. — L'Orchis...................	242
—	LII. — L'Asperge.................	244
—	LIII. — Le Lis....................	246
—	LIV. — Le Colchique	248
—	LV. — Le Gouet...................	252
—	LVI. — Les Graminées.............	253
	Première tribu. — Le Froment......	256
	Deuxième tribu. — L'Avoine........	263
	Troisième tribu. — Le Riz..........	270
	Quatrième tribu. — Le Maïs	272
—	LVII. — Les Fougères	276
	Equisétacées.................	278
	Lycopodiacées................	278
	Mousses	279
	Epatiques....................	281
—	LVIII. — Lichens	282
	Champignons................	285
	Algues	289
—	LIX. — Organographie végétale........	291
	La Racine	291
	La Tige.....................	292
	Les Feuilles.................	295
	La Fleur....................	298
	Le Fruit	308

www.ingramcontent.com/pod-product-compliance
Lightning Source LLC
Chambersburg PA
CBHW060409170426
43199CB00013B/2065